松下圭一 編著

自治体改革＊歴史と対話

法政大学出版局

自治体改革＊歴史と対話／主要目次

自治体改革＊歴史と対話／詳細目次

1

自治の歩みと自治体再構築（二〇〇七年）

[1] 自治体職員ははたして変わったか

【今井　照　『地方自治職員研修』創刊四〇周年企画として、再構築に取り組む自治体の課題を整理し、今後の方向性を提起する連続インタビューを行うことになりました。

その第一回目として、松下圭一さんをお迎えし、自治体改革の節目ごとに本誌へ寄せられた論考（図1-1、図1-2）に沿いながら、この四〇年間の地方自治の流れとこれからの課題を考えていきたいと思います。

本誌が創刊された一九六七年は、革新自治体のひとつのシンボルである美濃部都政が誕生した年です。当時の自治体組織と職員の状況を現在から振り返ってみるとどのようにお考えでしょうか?】

一九六三年、革新自治体の新鮮な登場については、私の回顧『現代政治＊発想と回想』（二〇〇六年、法政大学出版局、三八頁以降、六一頁以降）にその意義をまとめておきましたが、日本の自治体史の画期でした。

戦後、日本国憲法とともに、地方自治法ができたとはいえ、「二〇〇〇年分権改革」まで、旧内務官僚がつくったこの地方自治法によって明治国家型官治・集権の「機関委任事務」方式というトリックは残されていく。このため、戦後半世紀、自治体職員は、一般的にいって戦前とおなじく国の官治・集権手法である通達・補助金のシクミにどっぷりつかっていた。そのうえ、議員も、まだ本業の農業や商店主など自営業、すなわち旧中間層の小遣銭かせぎが中心で、サラリーマン層出身はすくなく、都市でもムラ選挙をやっている。

一九六〇年前後の自治体では、日本はまだ、都市をふくめて《農村型社会》のため、職員は明治国家型の官治・集権意識をもち、議会はムラ型、そして地域そのものもムラ原型の町内会・地区会が押さえていた。そこには美田はなく「泥田」の連続でした（鳴海正泰さんらとともに私も参加した杉並区の調査、都政調査会『大都市にお

図1－1　月刊『地方自治職員研修』掲載論文

1979年9月号	行政の理念と方法―求められる行政の哲学（連載第1回）
1979年10月号	行政の理念と方法―求められる行政の哲学（連載第2回）
1980年4月号	続・シビル・ミニマムの思想
1981年4月号	市民文化と市民行政
1989年1月号	【対談】地方自治の構築に向けて〔＋西尾勝〕
1995年7月号	行政の劣化と考える職員
1999年3月号	政策法務とは何か
2000年1月号	【対談】地方分権元年〔＋西尾勝〕
2001年1月号	【インタビュー】分権型自治体計画への転換［**本書**6］

図1－2　『地方自治職員研修』臨時増刊号掲載論文

1979年2号『文化行政読本』	【対談】市民文化と行政の文化化〔＋田村明〕
1985年19号『行政の文化化読本』	新しい行政スタイルと職員像
2002年71号『自治基本条例・参加条例の考え方・作り方』	なぜ、いま、基本条例なのか
2003年72号『破綻する自治体、しない自治体』	転型期自治体における財政・財務

ける地域政治の構造』一九六〇年を参照ください。本書4で詳述）。当時における「戦後民主主義」の《表層性》が、この調査にするどく露呈しています。

一九六三年、画期となった革新自治体の出発といっても、首長がほぼ戦前からの地方名望家出身知識人の革新系というだけでした。私が革新首長を「泥田の中の丹頂鶴」といった理由です。当時の自治体の実態は、まだ前述のように戦前、戦中とほぼ同型で、今日的意味での市民起点の「自治体理論」も、私が構築しはじめるまで日本になかった。また、この一九六〇年前後、日本は中進国型の経済高成長にはいり、農村型社会から《都市型社会》にはいりはじめますが、この都市型社会に対応する政策開発ないし法制再編もなく、国の省庁官僚はもちろん、自治体職員の意識も変わってこない。

半世紀昔の社会・政治現実については、一九六〇年前後における日本の社会・政治をとりあつかった拙著『戦後政党の発想と文脈』（二〇〇四年、東京大学出版会）、あるいは『昭和後期の争点と政治』（一九八八年、木鐸社）をみてください。

私は一九六〇年、《自治体改革》という言葉を造語して時代の課題を明示し、その後《シビル・ミニマム》の公共整備を《都市型社会》の新政治・行政戦略として提起します。しかし、現実の自治体、さらに国はこの新しい都市型社会の独自課題に対応できないため、当時、「市民運動」といわれた市民活動が激発する。ここから、一九六三年の自治体統一選挙以降での革新自治体の群生をみることになる。公害、福祉から下水道をはじめとする《現代》都市問題の噴出をめぐって、これへの対応のタチオクレのいちじるしい、戦前型官治・集権の国にたいして、この革新自治体が政策先導性を担っていきます。

《革新自治体》は一時、当時の市の三分の一、さらに大都市圏で革新知事をだしたいくつかの県もふくめますが、ほぼ一九七〇年代末まで続く。日本での都市型社会が成立する一九八〇年代からは、この自治体改革の課題はさらにひろく保守系をふくむ、改革派首長による《先駆自治体》にうけつがれます。当然、この一九八〇年代以降は、市民活動もまた多元・重層化しはじめる。

私はたえずお伺いして御教示いただきましたが、当時は新型の市民活動として、歴史まち並みの保存・修景をおしすすめる地域名望家層、あるいは地域経済の活性化をめざす各地の青年会議所、さらには自治体改革をかかげて出発した自治体職員を中心とする「自治体学会」など、幅広い層による地域づくりがはじまります。この時点でも、まだ省庁官僚、大学教授など、また当時の旧保守・旧革新系いずれの政治家をふくめ、戦前型の官治・集権発想をつづけ、自治・分権発想が不可欠となる都市型社会への対応能力をいまだもちません。

［一九七一年に出た『都市政策を考える』（岩波新書）では、自治体職員の市民性を指摘した三面性論（市民・公務員・労働者）が展開されていますが、松下さんの最初の本誌執筆は、一九七九年の「求められる行政の哲学」です。］

この最初の寄稿で、国家統治から政府信託へというかたちで「行政の市民改革」をのべています。すでに一九七一年の『都市政策を考える』は日本で最初の《現代》都市政策論でした。また一九七五年、『市民自治の憲法理論』（岩波新書）を書くまで、日本の自治体理論は、まだ戦前からの「国家統治」、つまり官僚が許容する「団体自治・住民自治」という、今日もつづく不毛な議論にとどまり、《市民自治》に考えがいたっていない。

私なりには、この一九七〇年代、「都市型社会」の《市民》による《シビル・ミニマム》（日本国憲法二五条）、つまり今日でいう安心・安全ネットの〈空間システム化〉として、自治体理論と現代都市政策論を統合し、さらに今日では国際理論常識ですが、自治体を土台に国を補完と位置づける「補完原理」を、『ＥＵ地方自治憲章』（一九八五年）、また国連の『世界地方自治憲章（案）』（二〇〇一年）以前、一九七五年の前掲『市民自治の憲法理論』ですでにかたちづくっています。

まず、一九六〇年前後、私は、日本の《現代》都市・自治体理論の未熟をめぐって、国家観念から出発する当時の日本の社会・政治理論を、市民から出発する「地域民主主義」つまり「市民自治」「地域自治」を起点に転換させるため、その包括批判にとりくみました。とくに旧革新系の主流理論だった国家統治をめぐる階級闘争＝労働組合という考え方では、「自治体改革」はできないという問題提起となります。この論点を最初にまとめたのが、いまだ地域からの市民活動がカタチをなしていないため、理論としては熟していないのですが、『思想』一九六一年五月号の「地域民主主義の課題と展望」でした。

自治体職員については、「労働者」「公務員」という職員の二面性を、当時、自治労がかかげていました。だが、すでに一九七〇年代には、私は自治体職員は、国の官僚もおなじですが、まず生活者としての「市民」でなくてはならないと強調する三面性をのべ、自治労も公式にこれをみとめていきます。しかし、その後も自治労は二面性からくる賃上げ中心にとどまりがちで、市民への情報公開なき、自治労の庁内におけるナレアイ体質が、今日ではひろく市民から批判されるにいたります（本書8参照）。

そうしたなかで一九六七年創刊の『地方自治職員研修』が、一九七九年、《自治体改革》を提起する私に原稿を書かせます（図1-1本書三頁）。当時としては編集部の大英断だった。編集において、従来の自治省の考え方、ないしは官僚法学・講壇法学から自立しようという試みだったのでしょう。題名は編集部の要望だったのですが、いま、最初に寄稿した「求められる行政の哲学」を読み返してみますと、今日の退職金危機もすでに見透していますし、私の考え方の骨格がまとまりつつあるようです。

［その後一九八〇年に公刊された『職員参加』（学陽書房）では、「職員は『市民とともに考える』のではなくて『市民として考える』のでなければならない」とお書きになっているわけですが、実際に自治体職員が変わってきたな、とお感じになるのは、いつごろのことでしょうか？］

変化がはっきり出はじめたのは、一九八六年の自治体学会設立のころです。時間がかかっています。最初、「地方の時代」を提唱した長洲一二神奈川県知事が、「自治体学会」の設立を提案しました。ただし学者中心につくろうという話でしたので、私は「現場を知らない学者中心につくるのは無理だし無駄です。いま少し職員が変わるまで待ちましょう」といって、設立を一〇年遅らせせました。市民型自治体理論の出発がはじまったばかりで、それだけの時間が必要でした（その創立については本書二七三頁以降参照）。

また、一九八〇年の拙編『職員参加』は職員が変化せざるをえない当時の事態を、職員の方々から直接の問題提起を基本にあつかっています。

［自治体学会の設立から、二〇〇〇年の分権改革、そして二〇〇七年の今日にいたるまで、自治体職員という存在の意味と実態はどのように変化してきたとお考えでしょうか？］

社会・政治ないし文化は直線的には変わりません。たしかに市民活動によってきたえられた自治体は変わってきています。だが、一般的にみて県レベルは、県の中枢に各省庁の出向官僚が戦前とおなじく今日もおりますし（本書二九五頁参照）、また市町村と国との間の中二階ですから市民からも遠く、また最近でも官僚出身の多い知事の個人資質は当然「現場」に無知で、改革能力も欠如する殿様型のため、「二〇〇〇年分権改革」後もオカミという戦前体質が多寡はあれ、県ではガンコにつづいている。市民活動にきたえられて、市民参加方式・情報公開制度の開発がすすんだ少数の「先駆」市町村の職員から、ようやく変わってきたというのが実状です。

全体としてみれば、「二〇〇〇年分権改革」後の今日も、市町村、県ともに、戦前型のムラ＋官治・集権行政という、相変わらずの「泥田」がつづく。私のいう目をさまさない、つまり自治の誇りと熟度のない「居眠り自治体」がまだ多い。

この自治体の旧体質があらためて顕在化したのが、国内市場拡大、デフレ対策などの名での、国の無責任な自治体財源動員、あるいは市町村合併に躍った市町村、公共事業のムダをかさねた県の財務破綻です。二〇〇〇年代の今日、自治の誇り、熟度なき、オカミまかせの市民、また職員、長・議会それぞれをふくめ、いずれにも責任がある自治体の水膨れ借金体質を、きびしくみなければなりません。

さらに、庁内には市民には見えない雑給や裏金、さらに官製談合など、いまだにつづきますが、実質、これらはいわば「公務員の犯罪」です。自治体によっては、国の官僚とおなじく、自治体職員も市民にたいする「責任」というその自覚はいまだない。

ただ、いわゆる自治体職員厚遇問題は、一九六〇、七〇年代は職員の給与が民間より低かったという背景をもち、雑給や退職金などで生涯賃金をうめあわせしようとしてきた惰性が、情報公開がないため今日までのこっている自治体からきています。当然、各自治体が議員についてもふくめて、それぞれこれらのヤミ問題を整理するまで、これらの自治体は新生できません（本書8参照）。

[2] 市民活動・協働・コミュニティの考え方

[「求められる行政の哲学」やそれに続く「続・シビル・ミニマムの発想」（一九八〇年）では、「市民自治を原点に、行政のスタイルの転換、行政技術の革新が急務」とされ、「市民のできないところを職員がやればよい」とのべられています。

現在、各地の自治体でも、財政の逼迫もあって、いわゆる「市民協働」が叫ばれていますが、ここで松下さんが展開されていることとは、かなり異なる様相を呈しているのではないかと思います。たとえば、「私は、単に安上がりの行政をいっているのではない。自治体の本来の課題を達成するために、行政は市民自治ついで都市経営という観点にたって、どういう新しいスタイルを創造するかを問題にしているのである」「市民みずからの福祉活動と、自治体、国の行政による福祉施策とを区別する必要がある」「市民行政は『行政の補足』ではなく『行政の起点』」というような指摘こそ重要に思えるのですが、現在の「市民協働」の現状についてどのようにお考えでしょうか？]

これらの今日的論点をとりあげていただいたことに感謝します。私のシビル・ミニマム提起から三〇年たって、二〇〇〇年代の今日ようやく理解されはじめてきた論点です。シビル・ミニマム論は「市民自身でできることは市民でする。市民でできないところはまず市町村、県、ついで国が「補完」するが、これらの政府はいずれもミニマム以上のことはできないため、ミニマム以上は市民の自由選択の領域だ」と最初から位置づけています。

さらに、シビル・ミニマムの課題領域はまず、市民自身あるいは団体・企業がになう（**図1-3**）。市民による新しい《公共》の構成がこれです。政府政策は市民、また団体・企業がつくる公共政策の一部をなすにすぎません。この考え方が今日の政府経営の基本になるべきです。

また、いつものべていますが、今日、借金づけの自治体財務現実にみられますように、過剰行政は長つづきしない。行政は本来ミニマム以上はできないのです。もしそこにカッコよくオプティマムつまり「最適」を考えますと、実質はマキシマム（最大）になって、各政府レベルはそれぞれ財務破綻をおこす。国をふくめそれぞれの政府のレベルは、それぞれの時代でのミニマムしかできないのだという自覚が、たえず要請されます。国ならびに自治体の政策はそれぞれのミニマム政策の空間システム化です。

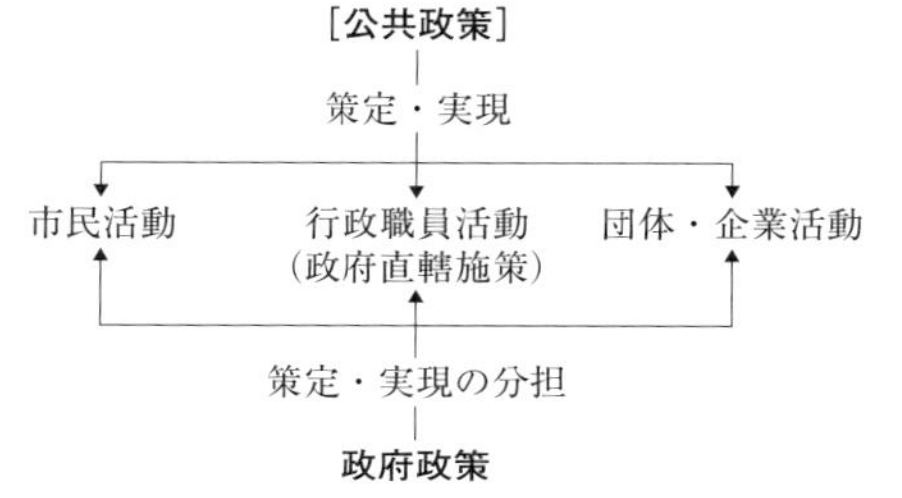

図1－3　公共政策と政府政策

ところで、市民が怠け者だったら職員が増え、市民の自治活動が成熟するにつれて職員は減る、という関係にあります。市民行政と職員行政は反比例の関係にある。だが、昨今のアヤシゲな「協働」論には、この緊張が抜けおちている。「市民相互」の協働は当然としても、市民から行政への協働は〈参加〉つまり「批判・参画」となりますが、行政から市民への協働は行政による市民の「とりこみ」、あるいは市民の「オカミだより」、つまり協働という言葉の悪用にほかなりません。

この意味で、協働とは行政職員からみて使い心地のよい言葉です。行政と市民の間には必ず、しかもたえず、対立が起こるので、市民参加、情報公開の手続について、主権者市民と受託者行政との間に今日では『自治体基本条例』（本書7参照）という、市民自治型の基本法をつくれるかこそが、たえず問われなければなりません。

ただ、職員から市民との協働という考え方が出てきたことは、私も半分だけ評価します。各政府レベルの決定は、戦前はもちろん、戦後も「公権力」

の行使として、「庁内」だけで決定・実現できるという、官治型行政法学の中枢理論が破綻したわけですから（前掲拙著『市民自治の憲法理論』参照）。つまり、協働では、庁内だけではもう政府決定はできない、事前の市民との合意手続が必要という、政治・行政発想の転換への自覚が、自治体職員にもようやくはじまってきたとみてよいでしょう。

基本としていえば、主権者は市民であり、職員は、それに国の省庁官僚もおなじく、市民の税金で生活し、市民直接の⑴市民活動、ならびに市民が選挙する⑵長・議会によって、ハサミウチのかたちで、二重に制御されます。とすれば、主権市民の「選挙」と「納税」によってはじめて、自治体、国の政府・行政機構は成立する。

だが、明治国家の考え方がのこる日本ではその逆で、国、自治体いずれでも、官僚・行政職員は「国家統治」にかかわるため、みずからをエライと今日も考え、給料も「国家」から出ているという迷信をいまだにもつ。困ったものです。この明治国家モデルの「絶対・無謬」をかかげてカリスマ性をもつ「国家」観念自体、現実の政治家の未熟、官僚の劣化の露呈のため、この二〇〇〇年代では、日本の市民のなかですでに崩壊しました。

いずれにしろ、二〇〇〇年代の今日、自治体、国をとわず、政府は基本法、つまり国では憲法、自治体では私が提起した基本条例にもとづくのですが、市民から《信託》（日本国憲法前文）された権限・財源によって、公共政策のなかでの特定部分を政府政策として担うにすぎない。**図1－3**にみたように、公共政策は、市民ないし団体・企業もみずから策定・実現している。しかも、政府政策についても公務員が独占できず、市民、団体・企業もみずから、策定・実現を分担します。

［最近、地域自治組織の法制化が行われたり、地縁的なコミュニティに立脚する行政を再評価する意見もみられます。］

とんでもないことで、困った考え方です。今回の「平成市町村合併」をめぐって、自治体規模が大きくなるものですから、地域でのミニ自治との関連で、またまた、一九六〇年代、都市型社会への移行にともなう町内会・地区会の崩壊加速をみて世間知らずの官僚が考え、しかもすでに破綻した、省庁主導のコミュニティ幻想の形骸をもちだしているにすぎません。

いわば、コミュニティ論は幻想で、町内会・地区会での実質加入率の激減、さらには社会の高齢化に対応して、危機管理、近隣扶助を名目とする行政「下請け」、つまり今日のまちがった幻想用語では「協働」組織として、あらためて都市の町内会、農村の地区会を再編しようという目論みです。

しかし、阪神・淡路大震災のときに起こったことは、直接の被災地では、行政下請け型で老人支配の町内会・地区会など、さらには県、市町村という政府機構自体も崩壊して、各避難場所の管理・運営には自発性をもつ活動家型の市民たちが中心になって、自由に「原始自治」ないし自治準則をつくった。つまり、たえざる、しかも多様な、多元・重層の市民活動による、市民自治訓練の地域蓄積こそが不可欠なのです。

大災害時の直接被災地では、町内会・地区会ばかりか、自治体機構自体も崩壊します。阪神・淡路大震災の時、当初の二日間、市役所、県庁に登庁した職員は二～三割でした。東京で起これば、国の内閣、省庁、当然警察庁、消防庁、防衛省も一時崩壊する。

こうした危機管理をめぐる構想力が、政治・行政ないし市民自治訓練をめぐって、緊急に問われている。この点で、「行政不滅」をいつも想定している今日の国の「防災計画」「有事立法」などの考え方がいかにまちがっているかについては、拙著『都市型社会と防衛論争』（二〇〇二年、公人の友社）でまとめています。

［行政組織や職員はどうしても市民に下請けをさせようという発想をしてしまうことがおおいのですが、まさに市民が「行政の起点」なのですね。］

そうです。下請けさせるという官治発想の最たるものとして、たとえば、ＮＰＯは批判型でなく参加型でなくてはならない、という要綱を知事命令でつくったナサケナイ県もある。主権市民への干渉ではありませんか。批判型であるからこそ参画型になりうる。そのうえ、担当職員を配置して市民活動ないしＮＰＯを「指導・育成」しようということ自体もマチガイです。また団体補助がなければツブレルＮＰＯならばつぶれてよい。

都市・農村をとわず、市民活動は無限の可能性さらに想像をこえる多様性をもつため、単純に、あるいはキメツケで、行政が理論化、法制化を考えることはできません。《市民活動》はたえず創意性がわきでる、しかも地域個性をいかしながら、市民相互の自由な自治ネットワークを、多元・重層型にかたちづくります。

この市民活動ないしミニ自治の領域は、法律はもちろん条例もふくめて「法制化」になじまない、それぞれ地域個性をもつ市民の自由な〈自治空間〉です。官僚や学者が一義的に、中世モデルのコミュニティ（市民共生）、あるいは近代モデルのアソシエイション（市民連携）といったかたちで、それもカタカナで概念化することに私は反対です。

今後は、日本の都市型社会のはじまる頃から活躍してきた団塊世代も地域にどっと進出し、当然、市民活動もさらに活発になります。この世代以後は、各自の職業でさまざまな組織活動をおこなってきただけでなく、社会分業からくる専門の情報・経験でも、官僚・自治体職員よりも水準がたかく、考え方もゆたかとなっています。

ここからも、明治国家を原型とする従来型オカミ行政の劣化は、今日すでにおきているように、露呈せざるをえない。しかし、そこに、市民が批判・参画しようにも、政治参加・情報公開の手続を市民みずからが策定していないとき、参加しようがないという悪循環がある。このとき、市町村、県、国の政治家、また官僚、職員はあらためて、きびしく市民からの批判をうける。

（本書追記　これが本書［7］にみる自治体基本条例策定問題です。）

［協働については、市民の側にも、自治体の政治や行政との関係をうまく整理し切れないところがあり、役所

から頼まれてこんなにやったのに、議会や首長に修正されてしまい裏切られたという感覚をもつ場合もあるようです。今、一般に「協働」と括られている概念を、もう少していねいに分析して、実践に適用していく必要があると思います。

さて、政府政策は公共政策の一部であり、公共政策は団体・企業や市民も担う、政府政策においても行政職員が直轄するだけではなく、市民が担う領域もある、とご指摘されました。このとき、行政職員や市民などが担う政府政策の統制は、首長や議会が行うことになると思いますが、最も重要な留意点は何でしょうか？」

基本論点は、まず政治家たち、つまり長・議会の市民型責任感への問いになる。これには、市民あるいは長・議会さらに職員にすらも、〈わが〉自治体について考えるのに不可欠の政策情報が、国と同型で作成・公開されていないという事態が問われる。情報公開がないためひろがるのですが、国ついで自治体における「公務員の犯罪」ともいうべき公金のムダづかいないし行政の水膨れ、さらにこれにともなう財務破綻がその典型です。

財務省官僚はいまだに国全体の借金を正確につかんで、公表していない。自治体については夕張市問題が誇張されていますが、これは日本の明治以来はもちろん、地方自治法をはじめ、とくに戦後の旧自治省・現総務省の情報公開をめぐる行政水準の低さを、日本の全自治体をめぐってその一端を露呈させただけです。総務省の自治体バランスシート・モデルも資産過大、負債過小となって、黒字倒産の論理になっているではありませんか。私がかねがね提起している借金の累積総額のわかる連結財務方式も、最近ようやくとりくむという始末です。

また、日本の自治体職員はいまだに、人件費コミの原価計算・事業採算の手法開発もなく、また施策別の予算・決算書や連結財務諸表の作成ができないのみならず、この問題意識すらもっていない。財政学者も全国統計で考えてきたため、個別自治体についての、以上にみた論点での問題設定もできず、二〇〇〇年代での退職金危機にも最近まで気づいていなかったという有様です。

私が市町村・県・国という政府レベル間での財源配分という「財政」と、市町村、県、国それぞれ個別政府の自己責任による政策選択という「財務」とを、区別せよという理由です。

（本書追記　拙著『日本の自治・分権』一九九五年、岩波新書以来、私は強調している。）

また、さきほど今井さんご指摘の協働の問題点は、市民の生活課題をめぐって情報の整理・公開による解決模索の「制度化」ではなく、オカミが市民提案を聞きおくだけというアヤシゲな参加の「儀式化」のため、市民に裏切り感がのこることからきています。市民参加の手続策定については、かつての拙著『市民文化は可能か』（一九八五年、岩波書店）を参照ください。この論点は、今後も持続しますが、またかつての拙著の執筆当時とも変わっていません。

［3］　地域社会で暮らしつづけるために

［「求められる行政の哲学」のなかで、自治体の五課題のうちのひとつとして、「都市・農村改造を含む地域経済力の適正配備」が掲げられ、六〇年代の産炭地問題を例に、地域の基幹産業が崩壊すると地域社会そのものが崩壊するとあります。また、西尾勝さんとの対談「地方自治の構築に向けて」（一九八九年）では、東京問題とその裏返しである地域間格差というテーマに触れられています。

都市型社会が進展するなかで、地域が経済的、財政的に自立するということはどういうことを意味するのか、またそのためにはどのようにすべきなのでしょうか？］

かつて長くつづいた、有名な三割自治の時期では、当時、財源では国が七割（今日でも六割）の財源をもち、そのうちの四割の補助金、地方交付税交付金で、三割の自治体財源を操作してきた。財源でも、権限における官治・集権型の機関委任事務方式と同型ないし表裏の関係でした。その結果、自治体職員はその学歴水準は戦後たかくなったにもかかわらず、戦後も国の省庁をむくだけで、《わが地域》を「考えない職員」となっていた。「二〇〇〇年分権改革」後も、職員には惰性として、「行政とは国法の執行」という官治・集権の考え方がつづく。

もちろん、自治体学会出発以来、ようやく変わりはじめたともいえますが、国の言うママというこの「考えない職員」を組織的に育成するため、戦後、自治省は自治大学校、市町村アカデミーもつくった。日本の市民ついで自治体公務員を明治以来長年、政治無能においた官僚統治ついで今日もつづく官僚法学・講壇法学は今日の市民からみて〈犯罪性〉をもっていた。

としますと、地域経済力をめぐって、ご指摘の地域特性・地域課題に個別・具体性のある政策・制度づくりのできる市民、また職員、ついで長・議員も例外としてしか、戦後もほとんどいなかったことになります。くりかえしますが、官治・集権型の戦後政治・行政また大学法学部をはじめ教育の、とりかえしのつかない失敗でした。

「二〇〇〇年分権改革」後も、参考にすぎなくなった旧通達・新通知への依存もいまだにつづいている。

そのうえ、人口の東京圏一極集中もこの官治・集権型の政治・行政、経済・文化の帰結でした。自治・分権型への再編は、私たちが主張したように、日本の人口が中進国型経済高成長によって急速に脱農して都市化する一九六〇、七〇年代からすすめておくべきでした。とすれば、今日と異なって、それぞれの地域での分権型活性化がすすんだでしょう。日本の全人口の四分の一が集住して東京圏が過剰肥大し、日本全体では急速な人口の老化・減少となる二〇〇〇年代では、もうおそすぎです。

一九七〇年代から、私は自治体の五課題として、①市民参加による市民の自発性結集、②シビル・ミニマムの公共整備、③都市・農村改造をふくむ地域経済力の適正配備、④国の政治・経済・文化の分権型再編、⑤自治体機構の透明化、効率化・効果化、をあげてきました。この五課題は変わっていませんし、今日も基本です。

とすれば、もうおそいのですが、この五課題に、あらためて工夫をこらして地域個性ある政策・制度をつくりながら、私たち市民、さらにその各自治体がそれぞれとりくむしかない。一挙解決の万能薬はありません。しかも、この地域での独自工夫がなければ、国からの官治・集権型での補助・支援はかえってマイナスないしムダというのは、先駆自治体では周知の常識となっています。

[たしかに公共事業への依存体質など、むしろ国政によって誘導されたために地域の体力が落ちたという側面があり、地域における政策転換が遅れたということは否めないと思います。そのうえで、これからの展望として、地方はどのような方向性をえがくことができるのでしょうか?]

すでに国もムダづかいのかさなりで財務破綻状況にはいって、二〇〇〇年代では国ないし省庁官僚への幻想がくずれたのですから、明治以来の「国家」崇拝、さらに国のバラマキへのオネダリという心性を私たちはきりかえて、あらためて市民自治ついで地域自治という考え方からの出直しが急務です。今日では、各地域の問題性はそれぞれ各地域の市民の自己責任となり、国は戦略支援にとどまります。地域課題またその解決方法も地域個性をもつため、「天は自ら助くるものを助く」としか、いいようがありません。

今後も、地域の不均等性ないし格差は、地域に生きる人材のあり方いかんでますますひろがるでしょう。地域個性をいかすよう、自治・分権型の政策・制度づくりをめざした、国の政治・行政改革の不可欠性が基本にありますが、各自治体それぞれも「破産状態」で、〈無能〉な国に助けてくれと泣き言をいう時代は、すでに終わっています。

そのとき、国が国の独自課題領域としてのナショナル・ミニマム整備をめざす国の負担金は別として、国からのいわゆる奨励的補助金は危機管理を除いてやめ、自治体の自由な財源にしていく。今日の補助金は税制改正まては、さしあたりヒモツキナシの交付金にくみこんでよい。もちろん、この交付金配分は、「基準財政需要」といった総務省の「サジ加減」による不透明な現在の積算方式ではなく、［1］面積・人口に比例、地域経済力に反比例させ、［2］これに高齢化率と積雪率を付加して、分権型で財源の地方配分をたかめるという、誰にもわかる《客観基準》方式になおすべきです。配分基準における面積の比率をたかめれば、自然保全にもみあって、山間地にも地域個性をもつ政策工夫・雇用創出がひろがります。

なお、政府間の財源配分という「財政」とは異なるのですが、各自治体がもつ今日の財源を膨大な借金返済をふくめていかに独自責任で政策運用するかという「財務」については、明治以来の通達・補助金行政、さらに今日では借金行政にナレキッタ日本の自治体は、いまだ十分とりくんでいない。そのうえ、日本の財政学者はこの財政と財務の区別もできていません。「財務」は各自治体における個別政策の選択責任とむすびついているため、私は「政策法務」とならぶ「政策財務」と位置づけ、自治体の新戦略課題領域とみなしています。

［ただ、現状でしばしば指摘されるのは、市町村合併の過程でも露わになったように、市町村の首長や議員が目前の損得や国への依存に走りがちで、結局は地域の資源を有効に活用してこなかったということです。］国ないし官僚は「絶対・無謬」という明治国家の考え方がのこるため、今日も国依存発想がつづく無責任自治体も多い。総務省が自治体への誘導方式をやめ、私のいうような「客観基準方式」をとるときは、国からのヒモツキつまり監視がなくなるため、市町村、県はムダをするという批判が、かならずシタリ顔で省庁官僚や官治型発想の理論家などからでます。

だからこそ、私は自治体の《財務》責任を、各自治体みずからの財務情報の作成・公開とあいまって、市民がたえず問い、自治体の長・議員、職員の思考を、明治国家の官治・集権惰性から市民政治型の自治・分権活力にきたえなおす必要があると、問題提起しているのです。

しかも、ムダないしバラマキで天文学的借金をつみあげて日本全体を国として財務破綻にしたのは、今日の官僚中核の政官業複合、とくに天下り先の輝く旧大蔵省、現財務省官僚ではありませんか。また自治体についていえば、私がいつも問い返しているように、今日の膨大な自治体借金についても、ムダづかいや人件費の非公開をめぐって、各自治体にもそれぞれ政府責任がありますが、自治体を借金づけにしたのは、地域総合整備事業債、合併特例債などの乱発、国の政策への自治体財源動員など、とくに旧自治省・現総務省官僚の無責任性です。

一九六〇年代、市町村職員の学歴がたかくなる都市型社会の成立期から、私たちがのべてきたような権限・財源の分権化によって自治体の政府責任の強化をつづけておれば、この試行錯誤のなかで二〇〇〇年代、今日よりも日本の自治体の自治熟度はたかまり、政府としての自治体の自立に不可欠な、私が造語しながらあらためて提起している、前述の「自治体法務」「自治体財務」の能力もすでに身につけはじめていたでしょう。

「二〇〇〇年分権改革」後ですら、「特区」というかたちで、「現場」についての政策能力もなく、省益を尺度に判断するだけで、時代錯誤の省庁官僚が、なぜ自治体政策のいわば「事前審査」をしたのか。「二〇〇〇年分権改革」後は、国ないし官僚の越権行為ではありませんか。問題があれば、司法などによる事後手続でよい。

そのうえ、省庁官僚が全国津々浦々の自治体に「正しい」財源・事業の配分ないしその箇所づけができるという、財務省の主計官をはじめとする省庁官僚の万能性を想定した、この奇怪な前提自体が、二〇〇〇年代、国の借金づけ、また官僚の劣化、さらに政治家の口利きの露呈とともに、すでにくずれさったではありませんか。

[こうした状況のなかで、自治体政治における議会改革はどのように進めるべきでしょうか?]

最初にお話しした自治体政治・行政の「泥田」状況を「美田」にするという課題は、市民の政治熟度ないし市民文化の熟成というかたちで、たえずつづいていきます。この泥田こそが、今日の若い人々には必読なのですが、一九五〇・六〇年代、文学系のきだみのるや杉浦明平などがくりかえしえがきだした、数千年つづく農村型社会の基層文化ないし日本の政治原型としての、《ムラ状況》です。事実、自治体議会もつい最近まで、会派ないし政党の会合を「ムラの会合」とよんでいました。

議会改革では、まず、議会審議に不可欠の関連政策情報を入札現実をふくめて徹底的に公開することです。公開されれば、議員は勉強さらに調査もせざるをえなくなり、これをしたくない議員はやめていく。また、議員が情報をもつとき、議会運営では、議員相互の「自由討議」もできるようになります。となれば、知事をふくめ市町村長も、職員作文を読むだけに、もはやとどまりえない。

しかし、問題はこの関連政策情報のなかでも、とくに人件費をふくむ原価計算、事業採算から連結財務諸表までの財務情報を、すでに一般の企業はつくるのに、行政は官庁会計の「家計簿方式」のためいまだにつくれないことです。ようやく、二〇〇七年の『地方財政健全化法』で連結財務指標（指数）のいくつかを法定するというナサケナサです。これまで、自分の自治体の借金総額すら、市民、首長、議員はもちろん財政課職員すらも、また職員労働組合をふくめて、わかっていなかった。夕張市など自治体破産問題の背景がこれです。

つまり、個別各自治体の「財務責任」という考え方自体が、日本の財政学の低水準、さらに国の官治・集権型過剰介入もあって確立していなかった。これでは、日本の市町村や県の現実は「自治体」ではなかったのだというべきでしょう。企業ならとっくにツブレタのです。

官僚・職員は選挙職の長・議員を素人とよんで批判しますが、この官僚・職員水準では相互に同水準ないし同型です。さらに入札方法を改革する勇気が長・議員、また職員にもないため、これも「公務員の犯罪」ともいうべき、二、三割はたかい官製談合となり、各自治体の政官業複合も持続する。地方メディアをふくめて、新聞・テレビの記者や学者・評論家も、自治体問題についてはあまりにも不勉強で、不甲斐ない。

ともかく、「情報なくして討議なし」です。議会の再出発は、文書質問、自由討議などの手続づくりとその実現、また議会への市民参加としての公述人、参考人の位置づけ直し、とくにオカミへのナサケナイ法律用語としての「陳情・請願」については市民主権による「市民提案」への改称、また職員ヌキで議員だけの全員協議会・委員会協議会の積極活用による通年議会への実質移行などからはじまります。これらの自治体議会みずからによる自己改革が今日の《議会基本条例》策定の課題です。

自治体議会の活動・生態についていえば、まだ、市民オンブズマンの活動などによって情報の公開にふみだしたばかりの段階にとどまっています。政務調査費や費用弁償あるいは視察旅行のムダないしカラクリも表にでてきたばかりで、議員の定数や報酬をふくめ、議会のあり方をきびしく私たち市民が検討することになります。

そのとき、各自治体議会は旧内務省官僚が帝国議会をモデルに戦後、全国画一を想定してつくった現行の「標準議会運営規則」とサヨナラしたい。すでに始まりつつありますが、各自治体議会は自ら独自の工夫をかさねて、地方自治法の大枠はふまえるものの、自由に「議会運営条例」、さらには長とともに「自治体基本条例」(本書7)をつくり、自治の誇りをもつべきでしょう。当然、地方自治法の過剰規定も、国会は削除すべきです。

今後は、市町村、県をとわず、職員をふくめ、長・議員、また弁護士などの市民自らも、条例立法能力をたかめることが不可欠です。各県の各議長会にはそれぞれ、各自治体議会を支援する「法務センター」を、さしあたり定年退職後の法務に有能な数人の元自治体職員で設置すべきでしょう。かねてからの私の提案によって、すでに先駆町村会にも「法務センター」、各先駆市には「法務室」を設置しはじめています。

[4] 道州制論議のどこが問題か

[分権改革と同時に、市町村合併がすすめられました。市町村の自治はそこで大きな打撃を受けたと私は考えています。また、最近では合併と同様に自治を強化するという名目で、道州制が論じられています。]

「二〇〇〇年分権改革」をめぐり、当時、分権の受け皿として市町村合併論がでた。だが、私たちはまず権限を市町村、県におろす「垂直分権」を行うべきとして、受け皿論を保留させた。このため、二〇〇〇年の分権改革ができる。だが、この分権改革の定着すら見きわめず、安易かつ無謀にも国は市町村合併に急遽つっこむ。

市町村合併では、明示できる必然性があるところは合併があってよいと私は考えますが、合併の考え方、手続、手法が問題で、今回のような合併特例債などカネのバラマキ型のアオリを国がかけ、それも県の無責任な主導で合併するというのは、日本の政治・行政、というよりも「自治」の品性が問われているというべきでしょう。しかも、既成の巨大借金のうえに、合併特例債関連でムダづかいをして、自治体は借金をまた増やす。

「二〇〇〇年分権改革」の成果を一〇年ぐらいつみあげたうえで合併を行えば、その間、自治体職員の独自政策水準のたかまりもあり、また各自治体それぞれの大借金を整理する見通しをたて、さらにはわが自治体の少子・高齢化ないし人口減の問題点を検討しえたことでしょう。だが、総務省は分権改革が終わってすぐ、合併特例債であおるという愚行で合併促進に入った。このため、分権改革・財務整理も定着せず、おおくの無責任な学者、ジャーナリストも躍って、市町村の関心はひたすら市町村合併に向かってしまった。

タイミング測定に総務省は失敗したのです。各自治体がもつ大借金の返済、ついで人口減・高齢化、職員退職金増、さらに学校、橋梁、水道など老朽施設の改築もあり、今後は自治体財源が実質縮小します。くわえて、合併特例債にともなうハコモノなどのたかいランニング・コストの急増もあり、やがてこの合併特例債はムダづかいという批判をのこすだけでなく、多くの地域に廃墟をつくっただけとなる。

［道州制の議論はさらに早すぎるということになりますか?］

早すぎるというよりも、道州制論議は、今のところ国会議員や評論家、学者のお遊びのオモチャとなっている。省庁はいつもながら、県出向など既得権固守の視点はもちろん、県レベルでの省庁縦割権限・財源、また地方支分部局さらには省庁自体の整理・再編になるため、ここでは動かない。それに道州制と一言でいっても、憲法上の自治体にあたるのか。論者もつめていないというナサケナサがその実態です。

（本書追記　ようやく政権交代後の二〇〇九年、民主党内閣は市民からの「補完原理」にもとづいて、従来の無邪気な道州制論議を撤回したようである。）

いずれにせよ、次のような基本をめぐる議論を、前もって、その準備として、つみあげる必要があります。まず、従来の《統治原理》による国からの「限定分与」でなく、《補完原理》にたつ市民からの新しい「包括信託」というかたちでの立論ができうるかが、この道州制をめぐって問われるでしょう。この包括信託というかたちで基礎自治体の全市町村が政令市なみの権限をもつことが、そこでは議論の出発点となります。そのとき、政令市なみの権限といっても個別市町村で必要のない権限は使わないでよいため、村で地下鉄をつくることもない。としますと、各市町村が政令市の権限・財源をもつのですから、一県に県なみの政令市がいくつもあるのはオカシイというようなムダな議論もなりたたなくなる。

ここから、その考え方としては、基礎自治体たる市町村における政令市ナミの権限・財源拡大が基本ですから、県の権限・財源、ついで職員を整理するとともに、市町村への大幅移転となる。このため、市町村の行政水準はあがり、市町村・県の二重行政もなくなる。とすれば、県は実質上身軽になるため、国の内政でのおおくの権限・財源また人員を整理しながら県に移行する。当然、関連省庁の広域支分部局も県単位に分割、さらに整理・再編して人員縮小しながら県に移す。

だが、このような分権型の制度設計の基本論点を、国会議員など道州制論者は把握していない。道州制いかんにかかわらず、まず以上の分権論理で、国レベルで必要な権限・財源だけが国にのこることになるので、国会議員の「口利き」のチャンスが減る。このため、国会議員自体、新たに「口利き」から国レベルでの「政策・制度づくり」に今日から転身ないし自己訓練すべきことすらわかっていない。ここには、この当の国会議員が道州制という「言葉アリキ」だけを自己目的として推進している、というコッケイな逆説がある。

ついで、日本はアメリカ・カリフォルニア州ほどの面積しかないのに、四七も県が必要か、という議論があります。しかし、日本の国土を考えれば、ほとんどが山地で可住地域は二、三割ほど。そこにアメリカの人口の半分近くが住む。このため、解決すべき政策課題の地域密度がたかくなり、広域の道州制では具体性のある市民課題に制度対応はできません。前にのべたように、基礎自治体たる市町村の権限・財源強化こそが基本です。

［そうですね。アメリカの五〇州のうち、約三分の一は私の住む福島県より人口が少ないのです。一般に道州制の制度設計にはどのような技術問題がありますか。］

制度設計としては、次の論点についてひとつひとつ解答をつめていかなければならない。

第一に、道州制の単位で行政ができるかという基本の問いがあります。実際に、東京都、大阪府をはじめ各県をみれば、今の狭い県域で、とくに都はカネもあるのに、ムダや汚職のレベルだけでなく、国と同型で行政水準自体が低い。すぐれた個別施策があるとしても、県の全体水準は行政経営としてみるとき低い。ところが道州制となれば、見たことも、行ったこともない、はるか遠くの「地点」をめぐる施策について、道州庁の職員さらに長・議会は行政・政治決定をしなければならない。これは不可能です。

国がやっているではないか、といっても、国の省庁は戦前にひきつづき、こぞって県の中枢に省庁縦割の「出向官僚」を置き、またオカミ依存心性でナサケナイのですが、自治体からの「陳情」、あるいは国会議員の「口利き」を組織して、そこからも情報収集をするという、官治・集権のヤミ手法で戦後はしのいできた。だが、すでにこの官治・集権のヤミ手法は破綻して、権限・財源の分権化が日程にのぼります。

現実にも、道州規模の北海道は広すぎるため、道庁の「支庁」のあり方をめぐって、管轄規模、権限・財源、人員など、その解決方法がなく、たえず変わるという苦労をしつづけています。市町村に分権化して支庁廃止による北海道分割も一案でしょう。この北海道の支庁問題をみるだけでも、安易に北海道をモデルとするような今日の道州制論議の甘さがはっきりします。しかも、北海道も財政破綻状態です（本書[9]参照）。

二番目。ようやく県の広さは交通の整備でいま日帰りになってきた。だが東北地方なみという、道州規模の北海道では、テレビ会議方式をつかうとしても、支庁の職員が研修もふくめ札幌にくる、あるいは道内出張でも、航空便ないし長時間の夜行列車をつかわざるをえないところがおおく、職員の負担やコストもたかくなる。道州議会でも、日帰りできなければ、議員数が減っても、議員宿舎をふくめて議員コストもたかくなる。市民からみれば道州庁がはるか遠のくのはもちろんです。

三番目。道州庁における職員問題です。南関東四県が合併して、東京に道州庁がおかれるとき、神奈川、埼玉、千葉の幹部職員は通勤距離も長くなり、東北や九州などでは転居となります。また市町村への移籍職員とは別に、旧県庁を支庁とし、おおくの一般職員をのこすとなれば、道州制の効率・効果はあがらない。そのうえ、そこには、前述の困難な「支庁問題」がでてきます。旧県庁に支庁をおくならば、道州庁は屋上屋になるにすぎない。

四番目。道州の区域分けがうまくいくか。すでに、広島県と岡山県、福岡県と熊本県などの道州庁舎争いがあり、新潟、山梨、長野、福井などはどの道州にはいるのか。また巨大人口の東京圏をどうするのか。省庁の地方支分部局の管轄区域も各省庁でバラバラなので、省庁自体がその再編・廃止を現在の県単位でまえもってやらない限り、道州の区域分けはうまくいきません。そのうえ、たとえば、京都府、兵庫県、滋賀県などは大阪府の、神奈川県、埼玉県、千葉県は東京都の輩下になるのかという、銀行、企業や市町村の合併と同型ですが、対等合併でおきているムダな主導権アラソイの永続もあらたにでてきます。

五番目として、現にある県それぞれの借金の不均等の問題があります。大都市県は税収も多いが、いずれも累積借金の総量がケタチガイにおおきい。道州制移行ではその借金を近隣県もかぶることになるため、合意が得られるかどうか。大阪府歴年の失政からくる借金を道州制にうつしてチャラにし、他の県が実質これをひきうけるというのでしょうか。大都市県は借金をへらさないかぎり、道州制を叫ぶ権利はありません。

ついで、道州案ができるその時、各道州は世界でみれば中堅国なみの経済力をもつことになり、国会議員や省庁はあらためて、たじろぐことになる。微分的なコミュニティ論と同様、積分的な道州制論でも、あまりに幻想がまかり通っています。

［いま、道州制をおしすすめようとしているのは主として国政の政治家ですが、とても「分権型」道州制を期待できない、ということですね。］

ええ、そうです。政治問題を付け加えれば、町村は「無所属」保守議員が多いため公式選挙統計ではさしあたり表にでにくいのですが、二〇〇七年参議院選挙で（本書追記　二〇〇九年衆議院選挙もふくめ）、自民党の急落・敗北は、長年の自民党の失敗はもちろんですが、また市町村合併で自民党系の地域活動家である大量の無所属をふくむ市町村の議員が一気にまとまって減って、自民党固定票の浮動票化、批判票化をうながした結果でもあるわけです。すでに、行政改革、規制改革また経済の国際化などで、郵便局長会、農協、建設業界などなど、また労働組合をふくめて、これまで政党をささえた既存業界団体も弱化ないし底抜けしつつありますが、この市町村合併では世代交代もあって、選挙に与える影響はむしろこれから加速する。道州制となれば、県会議員も激減し、霞ヶ関の省庁再編だけでなく、とくに各党組織の中核となっている県レベルでの政官業複合の解体があらためて顕在化するでしょう。

［つまり既成の政治的資源を活用することができなくなるということですね。］

そう。それに気づいたとき、各党は道州制をどう考えるか。道州制は市町村合併以上に、各党それに各団体も政治問題だということに、あまり気づいていない。
しかも、問題の核心は、市民自治を起点に「補完原理」つまり基礎自治体から出発する日本の自治・分権をどう制度設計するかにあり、道州制が自己目的ではない。基本は、まず、戦前型体質を強くもつ現在の「広域自治体」たる県を、「基礎自治体」たる市町村への統治型から補完型に再編するというかたちでの、国の官治・集権構造の解体にある。戦前からつづく県への省庁官僚の「出向」停止は、まず県再構築のための緊急かつ基本の課題です（本書二九五頁参照）。さしあたりは、道州制については、幻想による議論があるだけとみたい。
［道州制の論点のひとつとして東京をどのように位置づけていくかという問題があります。もともと東京二三区やその周辺部は行政区分を越えて都市が連なっています。都区財政調整制度を維持するためのイデオロギーである「一体性」という幻想もここに根拠があります。このような環境の中で、東京を道州制の中で位置づけようとすると、欧米の首都制度のように、制限的な自治制度を設けなければならないという意見がでてくるのではないかとおそれています。］
都市の連担と、自治体の制度単位は、各国に見られるように別次元です。それに、大都市ほど政策課題の地域密度がたかいので、今日のひろい政令市が行政区をもたざるをえないように、基礎自治体は小規模単位であるほうが地域市民課題に即応しやすい。この問題と、日本の人口の四分の一を集中させてしまった三〇〇〇万人の巨大都市圏固有の広域行政課題とが、矛盾して複合しているのが東京です。この矛盾を制度単位としてどう解決するかが、いわゆる東京をめぐる基本論点となる。首都の特性論からの立論はマチガイです。
［いまの都知事は、東京二三区を再編すべきという考えをもっているようですが。］
二三区再編問題を提起すれば、ゆたかな都心数区は、周縁にある区に対比して財政状況や人口構成などがあらためて精査されますので、これを国の直轄にするかが必ず議論の日程にのぼる。また世田谷区などは人口八〇万

人ですから、隣接区と合併すれば政令市移行が可能になり、都区制から抜けでて県なみになることができます。さらに都区財政調整の存廃問題をどうするかが、ここからあらためて火を噴く。このため、都の成立以来かかげてきた「都区一体性の原則」という、旧東京市中心の縛りをどうするか。この戦後もつづく都の旧東京市モデルに手を入れる覚悟が、二三区再編には不可欠です。都知事のオモイツキ次第にはならない。

二〇〇〇年の分権改革で区長は全国市長会に準会員としてようやく加入できましたが、さらに「都区一体性の原則」による都区財政調整を廃止して、都心区は別に考えるものの、特別区を多摩とおなじく「市」にするのが基本だと、私はかねてからのべています。さしあたり、戦前の旧東京市役所モデルがつづく都は、まず「県」としての広域課題領域で、低劣なその行政水準をたかめて仕事をするとともに、道路、水道、緑地などの広域事業をしっかりやり、市町村ならびにとくに区への不必要かつムダな介入をやめる方式を、今日からただちに考えるべきでしょう（本書4参照）。

〔5〕責任明示の分離型自治制度を

［法律は全国基準であり、自治体はその地域ごとの特性に応じて条例というかたちで政策を決定していくべきだということは当然ですが、現在のような融合型の自治制度では、ある程度の限界もあります。逆に、融合型であるからこそ、これまで自治体が国に対して意見を通すことができたという意見もあります。政治・行政の枠組みとして、地方自治は融合型から脱して分離型にすすむべきか、あるいは融合型のメリットをいかして事務移譲をすすめるべきかについて、お考えをお聞かせください。］

いい論点です。日本も、国家とは何かを問う、非生産的な、観念性をもつ〈国家論〉の時代は終わって、国レベル・自治体レベルそれぞれの《政府》での権限・財源の自立ないし、独自責任による政策・制度構築の段階にはいってきました。ところが、たえず問題となる教育制度を含めて、日本における制度構造の欠陥は、実質は〈二〇〇〇年分権改革〉後もつづくのですが、明治国家以来の「機関委任事務」方式をとったご指摘の融合型にあります。教育を例にあげれば、「二〇〇〇年分権改革」後も、学校長、ついで市町村長・市町村教育委員会、また県知事・県教育委員会、さらに文科省というかたちで、法制上も責任が明示できていない、しかも権限・財源がイリクムという、まさに融合型の欠陥構造をもつ。

融合型という言葉自体も、旧来の国家観念をもつ旧発想の理論家が、日本の制度特性をいわゆる「和」つまりムラ精神をモデルに美化しようとする、時代錯誤の問題性をもつ。結局、融合型は明治以来、日本の後進国性をしめす国家統治理論ついで機関委任事務方式のなかで、誰も責任をとらず、「当事者責任」をアイマイかつ回避するシカケに過ぎなかった。「消えた年金」問題にみられるような社会保険庁の行政崩壊をもたらした一因の、かつての「地方事務官」制度もその事例でした。

[現在、すすめられている後期高齢者医療制度の制度設計でもそうですが、責任だけ自治体にとらせる、という国のスタンスがしばしばみられます。]

国も自治体も、それぞれの政府責任を逃げられる融合構造のため、むしろ、無責任がシステム化されてはびこってきたというべきでしょう。都市型社会が日本で成熟する一九八〇年代までは、国、県、市町村いずれも、財務の破綻問題をはじめ、政策・制度の時代錯誤性、さらに官僚や行政職員の劣化があまり顕在化していなかったので、「国家」という名で美化された融合発想でやれるかにみえた。しかし、二〇〇〇年前後から、都市型社会固有の市民参加、情報公開の拡充だけでなく、分権改革また内部告発が加わってきたため、政府責任の帰属を分離型つまり《自治・分権》のシクミで明確に整理する必要が緊急となる。都市型社会では官治・集権の融合型構造は終わる。

最近、コンクリート建築における耐震偽装、あるいは年金、医療、介護の崩壊、また国の特別会計問題などをめぐってもみられるのですが、ひろく制度設計での国ないし省庁官僚の破綻・失敗があきらかとなり、あらためて「補完原理」による市町村、県、国それぞれの政府責任の明確化がつきつけられています。

これらの新局面に対応する日本の転型ないし再生には、まず、政府である基礎自治体の自立度ないし責任性をたかめるため、さきほどからのべているように国のシクミを《分権化・国際化》という津波のなかで再編しなくてはなりません。今日では、自治体への権限・財源の分権化がなければ、国ないし省庁官僚の国際化はすすまず、「閉鎖国家」意識から脱却できないという事態がはっきりしています。

戦後再編された政官業複合が主導する国の官治・集権を自治・分権へのクミカエはもちろん、各自治体も「地域個性」「政府責任」をいかしながら、《多元・重層》つまり各市町村、各県、国それぞれの、政府としての責任を分割・明示する「分離型」の政策・制度模索にとりくむべきでしょう。ここからくる「分節政治」の構築が、いまだ個別権限・財源の分権化がすすまないため未完とはいえ、「二〇〇〇年分権改革」の本来の課題だったのではありませんか。

くわえて、市町村、県、国における政策・組織・職員の再編をともなう〈自治体再構築〉には、自治体職員自体がこれまでのゼネラリスト型つまり素人中心では対応できない。職員にもここから課題分化がはじまり、終身雇用・年功賃金という中進国型人事構成は終わります。自治体機構の中核をになう①「企画・総務型」、ついで外部化でき、中途採用も当然となる②「専門型」、おなじく外部化でき、中途採用も当然となる③「実務型」の三類型に職員も分化するため、公務員制度改革も不可欠となる。つまり、職員個人責任も「融合型」から「分離型」に変わります。職場もムラの「和」をめざす時代は終わりなのです。事実、国際比較では日本の行政職員の低生産性は有名ではありませんか。

すでに、ＩＴなど技術の急速な変化にみられるように、社会の技術水準が終身雇用・年功序列という中進国型の行政機構では対応できなくなっている。ここからも、国、自治体をとわず、すでに〈行政の劣化〉がおきている。とくに、企画・総務領域では、法務・財務・数務という日本の自治体では未知の新領域もうまれている。また、国もおなじですが、各種の②専門型職員を庁内ではもう「育成」できず、中途採用というかたちで、いかに外のひろい社会から「確保」するかも、今日の自治体再構築には急務となるという認識も不可欠となってきました。当然、自治体、国の公務員制度大改革となります。融合型つまりムラ型という相互無責任は終わります。

今日の自治体再構築には地域個性をもつ地域生態、地域文化、また地域デザイン、地域景観をふまえた地域づくりへの展望ももつ地域再生が、観光をふくむ地域経済力の活性化、ついでシビル・ミニマムの質整備とともに要請されています。情報公開・市民参加で、市民にきたえられる自治体政府、つまり自治の誇りと責任をもつ長・議員また職員の出番がやってきているというべきでしょう。

今井　照　福島大学教授

〔公職研『地方自治職員研修』二〇〇七年四月号〕所収

原題　いまから始まる自治体再構築

2

政治・行政理論を変える（二〇〇〇年）

［川島正英　前後の雑談では多方面に飛んだが、その中から自治体外交について］

自治体のありかたは国際的にも論点がひろがって、ひろく行政についての情報・技術の交流、あるいは観光開発などについての自治体間の国際連携ないし自治体外交は当然のことになってきた。外交は今日、コミュニケーションのグローバル化を反映して、市民外交、団体・企業外交、自治体外交というかたちで、国の専権事項でなくなってくる。またEUの自治体憲章が出たのは一九八五年ですし、国連でも自治体憲章制定が議論になっている。後進国状況では国主導で近代化せざるをえないが、都市型社会が成熟してくれば、自治体も国から自立して独自の国際的な交流・交渉をもち、自治体政府としての独自課題領域での外交をくりひろげる権限・財源の整備となる。国家主権の時代は終わっているということです。

環境問題にも自治体の国際連携が不可欠です。例えばダイオキシン問題も国際基準をもつため、日本だけで云々ということはありえない。自治体の政策立案に国際基準を考慮するのは当然のことになる。

［この自治体外交は、名著『市民自治の憲法理論』（一九七五年、岩波新書）で提唱されている考え方だが、最近のダイオキシン問題にまでつなげてくれた。

法政大学名誉教授・松下圭一氏――「分権・自治」の分野では〝貌〟というより〝頭脳〟と呼ぶべきだろう。鋭い問題提起と絢爛たる論調で先駆してきた。あれもこれもうかがっておきたいのだが、三つの論点に絞った。いずれの場面でも「一〇年の歳月を要する」との指摘がつきまとう。一〇年。精魂を込めた展開であり、その数字から痛いほどのひびきが伝わってきた。

分権の歴史をどう見るかは別としても、松下先生がいろいろおっしゃってこられたことは先進的な問題提起だったと思うんです。印象に残っているいくつかを、きょうは少し敷衍して話していただきたい。］

〔1〕　三層の底流からくる「熟柿型大改革」

［まず、二〇〇〇年分権改革について、「熟柿型の大改革」というとらえ方。私自身はこの言葉に強く印象づけられました。要するに熟れたカキが落ちるがごとく、さまざまな努力のなかで自然にここにたどりついたと。松下先生の言葉をかりれば、とくに「先駆自治体」が頑張った結果が大きな背景としてあって、ここへ来たという意味合い。四月にスタートしてみて、そういう考え方でとらえていいんでしょうね。］

早くから自治体にかかわられた川島さんには特別の感慨があるでしょうね。今度の分権改革を「熟柿型」と位置づけるのは、一九六〇年代以来の《自治体改革》の蓄積という意味です。その中核の機関委任事務方式の廃止はこれまで当然の世論になっていたわけで、この廃止を画期的な新地方自治法という形で、地方分権推進委員会がよくやったと思っています。そこに、官治から自治への法論理革命をおしすすめた。「熟柿型」と言ったのは、たしかあれは「地方の時代シンポジウム」で……。

［神奈川県で一九九三年に……。］

「熟柿型」というのは、問題として長時間かけて成熟させ、現実課題として解決せざるをえなくなったという意味での、「構造的必然性」を意味します。まず第一に「都市型社会」に入って、旧来の「農村型社会」における官治・集権型の法・行政システムでは動かなくなった。日本も市民を起点として地方自治法をはじめ自治・分権型への法制大改革の段階に入る。二番目は、市民あるいは自治体職員の水準が上がってきた。

[府県と市町村、ともどもですね。]

ええ。この第二では職員だけでなく、それ以上に、(1) 日本の市民全体としてみてもまず、学歴水準や情報水準、あるいは個人職業の専門水準も上がり、政治家や官僚・行政職員よりもたかくなった。戦前と比べれば画期的な変化です。それから、(2) 市民運動によって一九六〇年代以降、自治体改革が進行しはじめ、国はたえずたちおくれていますが、自治体職員は相当鍛えられてきた。また (3) 自治体ではすでに自治・分権型の具体的な政策・制度開発がはじまっています。これは一九六三年の「革新自治体」の出発以来、先駆自治体が積み重ねているわけです。こういう三層の底流があって、今度の二〇〇〇年分権改革を準備した。そういう意味での「熟柿型」ということです。

ただ、問題は三〇〇〇余りの市町村、四七の県すべての政策水準、制度水準が上がったというより、不均等です。だから私は「先駆自治体」と「居眠り自治体」と言いますが、「先駆自治体」が増えている。この四月、新地方自治法への切りかえにあたって、緊急の関連条例づくりが問題のとき、自力でやる元気な自治体もあったし、能力がなくてシンクタンクから素案を買ったという情けない自治体もたくさんある。

[松下先生はいろんなところでおっしゃっているけども、かなりあなた任せが……。]

ええ。「熟柿型」の大改革と言いましても、「先駆自治体」と「居眠り自治体」との不均等発展は拡大する。これはむしろいいことです。しかも、今度の改革で、すべての自治体が機関委任事務方式という官治・集権型の画一行政でコントロールされなくなるのですから、この不均等発展を高く評価していくべきではないか。もちろん「先駆自治体」も、その内部にはまた部課間の不均等発展がある。福祉ではトップクラスを走っていても……。

[ほかの面でおくれているとか。]

環境ないし景観でまだ十分ではないとかね。だから、種々の不均等発展を拡大しながら、全体として水準が上がっていくとみたい。一九六〇年代以来の《自治体改革》のつみかさねに、「二〇〇〇年分権改革」はその基盤をもち、またこれを加速する。個別権限ならびに個別財源の再配分という大仕事は残っておりますが……。

［「先駆自治体」と「居眠り自治体」の温度差があって、しかも先駆自治体の中でもおくれた面と進んだ面があるよと。かえっていい点もあるんだということもよくわかります。］

自治・分権化では、不均等発展を拡大して、自治体間の水準格差が目でみえるようにはっきりしてくることが大事です。官治・集権型の横並びがもっともいけない。

［住民の目にもはっきり映る。それが重要だということなんでしょうね。］

画一的という従来の自治省ないし国の省庁による護送船団方式、つまり官治・集権方式の破綻は、後発国段階から先進国段階にうつれば、経済の世界のみならず行政の世界でも不可避となってくる。ナショナル・ミニマムの量充足は不可欠ですが、自治体ごとに個性をもつシビル・ミニマムの質整備も課題となるため当然です。

［学者の中にもむしろ「住民を置き去りにした官官分権、官公分権だ」という形で、わざと自治体側のエネルギーを矮小化してしまうような感じを受けるんですが……。］

その考え方としての純粋規範主義ないし最大達成主義は困ったものです。いわば政治小児病です。「農村型社会」と異なって「都市型社会」は次から次へと新しく問題が変わってくる。国内的にも変わりますし、国際的にもダイオキシンの安全基準がたえず変わるとか、変化のテンポが非常に速くなっている。そうしますと、〈現場〉の市民活動家とか、緊急問題に直面している現場の少数の職員しか対応力がない。学者や国の官僚、また自治体でも、一般職員あるいは長・議員も立ちおくれてしまっているというのが実態です。

記者の方とか、学者の課題というのは、まず現場の課題がどれだけ変わったかを整理して表に出すことだと思います。だが、二〇〜三〇年前の理論、あるいは「先駆自治体」以前の考え方をそのまま図式として自治体を描いてしまう。たしかにかつての旧図式と見合う「居眠り自治体」は今日いくらでもある。しかし、既成の旧図式を変えないとわからないほど、現場の変化のほうが大きいわけです。

例えばダイオキシンなど環境問題の規制では、日本での権限は県レベルどまりでした。市町村レベルにはなかった。だが、所沢市を見ましても、国際基準をふまえた独自条例で対応した。市町村の条例に基準までの配慮は、従来の官僚法学、講壇法学では一見、違法行為にみえますが、「二〇〇〇年分権改革」以降は、職員の人材が育っていれば、国法では「権限なき行政」でも、自治体条例で「権限をつくる行政」という形でやれる。

また産廃問題でも、瀬戸内海の豊島（テシマ）にみられる県の手抜きは有名です。けれども、他方、残土条例という形でおおくの市町村が「残土に産廃を入れるな」という罰則付きの条例もつくっている。このような自治体の政策・制度開発はすでに一九六〇年代から始まっているのですが、これを評価する仕組みが、ジャーナリズムでも、アカデミズムでも十分成熟していない。ここが問題です。

（本書追記　拙著『国会内閣制の基礎理論』〔松下圭一法学論集〕二〇〇九年、岩波書店参照。）

［なるほど。そこらあたりまでさかのぼって考えなければいかん問題なんだ、と。「熟柿型大改革」に戻しますが、「先駆自治体」がかなりの土壌はつくってきた背景があるとして、それでは、分権型社会になってどこが変わるのか。この改革以前には、「先駆自治体」の努力には大変な壁があって、国の省庁にいろんな書類も山ほどつくらにゃいかんし、時間が長くかかって、職員数もそれにどんどんとられてしまう。分権型社会になれば、この障害がかなりの程度まで取り除かれますよ、という言い回しで引用させてもらっている。本来、「居眠り自治体」も、障害が取り除かれたから頑張るぞということになればいいんだけど――。］

ええ。官僚は変わりにくいのですが、市民とむきあう自治体とくに市町村は順次、そうなる。農村型社会での国の官治・集権システムが、都市型社会では崩壊する。分権改革は不可欠だった。

［そう。］

すでに政策・制度を立案できるような職員を蓄積している先駆自治体が出はじめた。彼らのエネルギーにふたをしていたのが、国の省庁による機関委任事務方式のトリックだった。個別権限の財源の分権化はまだ残っていますが、自治体に旧来の惰性を突破する勇気があれば、これから加速度がついて独自の政策・制度づくりがやれる。しかも、これまでは、国の省庁が役だたずどころか、ムダな仕事を全国画一にふやしていたのです。

（本書追記　「二〇〇〇年分権改革」後も、個別国法では、地方分権改革推進委員会によれば、二〇〇九年でも改革以前の旧型法律約五百、旧型条項一万余がのこるというのが、今日も官治・集権型にとどまる省庁行政の現実である。）

ことに「二〇〇〇年分権改革」の四月一日、従来の通達が失効した。この通達は、さしあたり既成法の解釈慣行という形で残っていきますが、機関委任事務があって初めて通達の有権性があったわけです。だが、その有権性がなくなってしまった。昔噺ではないですが、小判が枯れ葉になってしまった。通達に代わるいわゆる通知は助言つまり参考にすぎません。ここが明治以来の行政にとって大変な変化となる。

戦後も「居眠り自治体」では、「わが」自治体の課題をとらえて独自の政策・制度をつくることを考えずに、省庁の通達を当てはめるだけだった。これがいわゆる「通達行政」と言われてきたこれまでの現実です。これではモグラたたきのようなヤッツケ行政です。市民から問題が出る、あるいは地域から問題が持ち込まれる。そうすると、これらの争点に通達を「当てはめる」だけにすぎないというヤッツケの「行政」のみを、自治体は国の権威をかざして、これまでつづけてきた。

そこには、わが自治体独自の〈問題解決〉という「政治」はなかったのです。だから、市民主体で地域をかえる、あるいはつくるという、〈考える〉職員が育たなかった。しかし、機関委任事務方式の廃止のため、これから〈考える〉職員は各自治体独自の政策・制度開発に取り組める。「先駆自治体」がやれば隣の「居眠り自治体」

もやらざるをえないため、自治体相互に加速度がついて変化する。

〔2〕「政策法務」がようやく論点に

［そこで、次の問題です。話はだんだんそこへ近づいているとと思うんですが、いわゆる「自治体法務」あるいは「政策法務」。松下先生が最初から強調して、そこがきちんとならない限り分権型社会はだめだよと、指摘されていた。これも強く印象づけられた点ですが、そこのところを——。］

そのとき、最大の問題は政策・制度改革の立案能力を各自治体がもつことです。立案は作文どまりですから、それが実効性を持つためには、①条例化するか（自治立法）、②国の法律の運用を変える（自治解釈）、というかたちでの制度改革がなくてはならない。これが「権限」をめぐる自治体法務です。もう一つは予算の作成・運用。これが「財源」をめぐる自治体財務となる。

二〇〇〇年分権改革以前は、自治体の基幹である機関委任事務には「条例」は原則禁止だった。ところが、機関委任事務方式に変わる「法定受託事務」は国の事務ではなく自治体事務だから条例はのせられる。また「自治事務」には条例は当然です。それから、これまで自治体が規則・要綱にゆだねていた部分も、市民の権利・義務に関する部分はできるだけ条例化する。つまり、政策づくりをめぐる、①条例立法とか、②法律運用で、いわゆる法務問題が自治体の急務になった。

今回の分権改革で、この法務問題が明治以来はじめて自治体の課題となり、私の造語ですが、「自治体法務」ないし「政策法務」は関係者誰でもが使う日本語にようやくなって、定着してきました。しかも、条例は自治体政策を実現しうる権限・財源をその自治体に市民が独自に与えるわけですから、条例なくしては自治体が作動しえないというところからも、自治体は変わらざるをえない。

かつては、まず、議会で職員が「これは機関委任事務でございます」と言えば、議員さんが黙ってしまった。

［そうそう。まず議会。］

「通達でこうなっています」と職員が言うと、自治体議会は黙らざるをえなかった。今度の改革の決定的局面は、この「機関委任事務」方式の廃止と、これにともなう通達の失効です。従来の機関委任事務に変わる法定受託事務についても自治事務とともに《自治体事務》だから、条例をつくれる。そのうえ、規則や要綱でも、できるだけ条例にしなければならない。長・議員、また職員もそこに追い込まれるわけです。だから、今までの「文書課」は私のいう「法務室」に変わらざるをえない。

もう一点は、自治体の基幹事務であった従来の機関委任事務では、市町村がわからないことは県に聞く。県は教える義務があった。省庁の機関委任事務を市町村におろすため、答えるのが県の義務だった。また、県や市町村が省庁に聞けば、省庁も答える義務があった。しかし、この垂直支配が終わっていく。最近では「分権の時代ですから」といって、市町村が問い合わせても県は……。

［知らないよ、と。］

ええ。「自分たちで考えてください」と。県にとって都合のいい問題は意見をいうかもしれないけれども、一般には答える必要がない（笑）。省庁↓県↓市町村の垂直支配が切れて、それぞれ自立し、後世、「こんなに変わったか。なんと昔の国はバカげたことをしていたのか」というところでしょうね。

［そこへ追い込まれざるをえない。そこで目覚めなければ、いつまでたっても居眠りのまま、ということなんでしょうね。］

この点では内閣法制局の見解も変わった。これまで憲法六五条「行政権は、内閣に属する」の行政権は県、市町村をふくめ、実質、国の独占だと考えられてきた。だが、一九九六年一二月六日、衆議院で私の考え方をふまえた菅直人議員が質問し、内閣法制局長官から、内閣ないし国の行政権からは自治体の行政権を「除く」という答弁をださせた（菅直人『大臣』一九九八年、岩波新書参照）。このとき、日本国憲法制定時でも変わらなかった、明治以来行政は市町村・県をふくめ国ないし内閣・省庁が独占するとみなしていた、官僚法学における解釈転換が初めておきたのです。内閣の行政権は県、市町村へと下降することなく、国レベル「のみ」にとどまるから、明治以来はじめて、県独自の行政権は県知事がもつ、市町村独自の行政権は市町村長がもつことになった。これが、分権への始動となる。

今回、市町村また県は立法権と行政権をもつ、いわゆる政府となり、文字どおり市町村、県、国の関係は「政府間関係」になる。しかも、今までの機関委任事務方式では、職務執行「命令」訴訟という形で、国が県や市町村を訴えたのが、市町村や県も国を訴えるという、政府間「調整」訴訟に変わる。

[対等の法律解釈権を持つようになったということですね。]

そうそう。訴訟というのは相異なる法解釈の決裁方法ですからね。第三者機関をはさみますけども、最終的には裁判所で決着をつけるという手続となる。

[松下先生は、この「政策法務」というか、「法務」が決定的な意味合いを持ちますよと強調されてきた。行政の文化水準をたかめる〈文化行政〉の文脈も持ち出されたし、行政を変えていくためのいろんな提案をされてきたんだけれども、その中で「法務」に対して鋭く問題を提起されたのはすごいことですね。]

その提起は一九七五年の『市民自治の憲法理論』（岩波新書）でした。結局、国法は①全国画一、②省庁縦割で、しかも、一旦できたらなかなか変わらないし、新しい問題は先送りされるから、③時代おくれになる。そのとき、県や市町村が独自政策・制度を開発しなければ、その個別・具体の課題を解決できない。この自治体法務ないし政策法務は私が提案して、「自治体学会」からひろがっていきます。

これまでは、国の省庁官僚はナマケモノで国法改正をせず、通達をどんどん出すことによって、現地の課題と国法とのズレをうめようとしていた。この通達がなくなってしまったのだから、国法改正がすすまないかぎり、県や市町村は独自政策をつくり、条例の独自立法あるいは法律の独自解釈をせざるをえない。ことに今度の改革では、通達にかわる通知は参考の助言にすぎないため、省庁は国の法令の解釈権も独占できない。

当然、県や市町村が（1）条例の自治立法をすすめるのみならず、（2）法律の自治解釈をすすめて、国の法制運用全体を変えていく。つまり、市町村や県が国の法制を変える。とくに、条例の自治立法では新立法はもちろん、条例による法律への上乗せ・横出しが進行する。ここで旧来の官僚法学、講壇法学は崩壊する。

[3] まず一〇年間は「垂直分権」で

[今日もう一つ伺っておきたいと思ったのは、分権の形として、とりあえず今回は「垂直型の分権」である。将来的には「水平型」も検討、と。そのように受け取っていいわけですね。]

ええ、そうです。

[次の課題の「水平型」というのはどのように解釈をすればいいですか。]

垂直型というのは、国・県・市町村関係での縦の分権強化です。一九九三年の「地方の時代シンポジウム」の『神奈川宣言』にも私たちが入れた。そこでは分権問題を解決しやすいよう、複雑にさせないことを私たちは考えていた。水平型の問題は、県レベルで言えば道州制とか、連邦制という議論となり、市町村にしても合併とか広域制など。さらに、財源の県間、市町村間における横の配分基準づくりもでてくる。そうしますと、論点を縦・横に拡散させないことが必要になり、この垂直型にしぼった。

問題を縦だけでまずすっきりさせるため、明治以来、国が持ち過ぎている権限、財源をめぐって、さしあたり法務をめぐる一般権限を現行の県、市町村におろす。今後はさらに個別法改正で、できるだけ基礎自治体たる市町村に個別の権限をおろす。まず垂直での権限の分権をおしすすめる。一〇年ほど、この垂直分権でやれば論点がつまって、結論は別として次の水平問題の具体的検討に移れるだろう。

［横の水平型はひとまずおけという意味ですね。］

この垂直分権ではもちろん財源問題も出てくる。国の財源自体を国のヒモツキなしで、できるだけ垂直に県や市町村におろすのは当然の要請となる。ところが、かつてのいわゆる「三割自治」で考えると、国からのヒモツキで七割が自治体にすでにきている。しかも、国からきている地方交付税交付金と補助金の四割で自治財源の三割を操作している。これでは〇割自治です。この国のヒモツキをなくそうというのが、さしあたりの財源の垂直分権です。これがまだできていない。

［財源配分として。仕事量として。］

ええ。しかも、財源では国・県・市町村の間で財源をどう配分するかというこの垂直分権だけでなく、さらに県間、市町村間の水平分権もからむ。財源の水平分権とは、県の中でも大都市県と一般県との間で横に財源をどう配分するか。市町村でも大都市、近郊都市、独立中小都市、中山間地の町村との間の横、つまり水平の配分基準が決まらないと、縦つまり垂直の財源分権は実質すすまない、というところに財源問題もきているわけです。とすれば、横ないし水平配分の多様な方法については、試算と議論が必要となる。

［この水平型でどう配分を変えていくか。］

そうです。しかし、財政学者もこの横の水平配分をどうするかには、まだ取り組んでいない。財源が縦でもし国から自治体に移すとしても、県間、市町村間の横の配分方法が決まらないと、相変わらず自治省が縦で配分権を握る。そこをどうするか（私の配分基準案は本書①一六頁以降参照）。自治体間でこの横の水平配分基準がまとまらないかぎり、いつまでも自治体は国に分割支配される。ここから、財源再配分は個別権限の再配分とむすびつき、権限の「一般」再配分と性質が異なってくるため、「二〇〇〇年分権改革」ではすすまなかった。

［わかりました。問題をすっきりさせるためにさしあたり、横の道州制とか市町村合併問題は一応切り離してやってきたのが……。］

今回の分権委の「機関委任事務」方式の廃止という、国と自治体間の「一般権限」のクミカエがすっきりいった理由です。個別法による個別権限は個別財源とともにまだですから、ここでも路はなかばですが。

［今回の分権が成功した一つの背景。ところが早くも市町村合併が持ち出されてきている。道州制・連邦制は県レベルをめぐる別の角度だけど、政党が今度の総選挙の課題として持ち出したという状況もある。これをどう考えておくべきか——。］

まず、政治家たちはこの道州制問題を無邪気に出していますけども、これは今日の分権論争における垂直・水平問題を混乱させるだけの幻想です。そこに気づいていない（本書①二二頁以降参照）。

［後のほう、道州制、連邦制はね。］

ええ。そうです。つまり、今度の地方自治法大改正を定着させるためにも、最低でも一〇年はかかる。実例でいえば、先ほどの自治体法務に戻ると、まず自治体には法務要員の養成が必要となる。今までの機関委任事務方式では、法務要員が必要だとすら考えてもいなかった。「行政とは法の執行」とは、省庁による通達・補助金基準ソノママの国法の執行を考えていた。国法の中核は機関委任事務だから、自治体は国の通達ないし補助金基準、つまりアンチョコどおりやればいいとなっていた。やらなかったら職務執行命令訴訟にかけるぞという、国の脅しもついていたわけでしょう。これでは自分で「考える」自治型の自治体職員は育たない。

[4] 大学は「立法論」を教えていない

分権段階での自治体の急務は、自治体法務をめぐって法務要員をどうするかです。でなければ、今度の法務の垂直分権には対応できない。だが、自治体が法務に未熟という事態は自治体の責任かといえば違う。日本は近代国家として官治・集権システムをつくりましたが、ことに明治憲法以降、天皇の国法は絶対・無謬だから、そのまま執行するのが県や市町村の課題とみなされていた。これが「行政とは法の執行」という言葉の秘密です。戦後も「機関委任事務」方式で国法ないし官僚のいうままやれ、余計なことを考えるな。自治体議会も機関委任事務には口を出すな、となっていた。

[だんだん松下流らしくなってきた(笑)。]

こういうシクミだったから、結局、自治立法、自治解釈の能力を自治体職員は蓄積できなかった。大学の法律学そのものも、既成国法は絶対正しいという前提をもち、今日まで解釈論しかやってこなかった。旧法改正ないし新立法という立法論は、戦前は、立法主体の天皇ないし国家への批判を誘発するということで、拒否されていた。その惰性が戦後もつづく。

[そこなんですね。]

ここから、明治以来、立法は官僚の秘儀となり、大学では立法論をまったく教えていない。というよりも、大学の講壇法学者は立法さらに政策に無知だったのです。立法は政策の制度化なのです。自治体でみても、憲法に条例制定権が出ているにもかかわらず、戦後五〇年たっても自治体は立法を含めた法務を考えなかった。

これまでの自治体は条例で何をやっていたのかといえば、まず省庁が出すモデル条例の丸写しという①コピー条例。つぎが法定のハコモノの設置条例とか、定員条例、給与条例などの②形式条例。また何とか独自につくったといっても、罰則のつかない美文の③宣言条例が多かった。しかし、〈二〇〇〇年分権改革〉以降は、当然本来の政策・制度開発にもとづく罰則つきでの条例をつくったり、国法の自治運用をすすめる段階にはいるはずですが、この法務要員を育成するには、まだ時間がかかる。今日でも、前述のように立法論について立論・習熟している大学教授とか、弁護士さんはいない。今後は急速に立法論が出発・展開されると期待しています。法政大学では「政策理論」というかたちで私が立法論をも担当していましたが、私のすすめで早稲田大学法学部も設置して、最初の一年だけ私は出講しました。その後はどうなっていますか。

しかも、旧来の講壇法学で鍛えられた従来型の法規担当職員は、地方自治法大改正という新事態には対応できない。というのは、既成法学にはない、新しく条例化すべき自治体の個別政策課題がどんどん出てきている。また市民参加とか、情報公開、行政手続などの制度手続条例が不可欠となる。そういう法務の新課題を、旧行政法学の優等生たちでは担いにくい。そこで、かねがね、私の提案なのですが、政策立案能力のある職員が、まず「法務委員会」をつくる。

[委員会というのは行政の中で？]

そう。まず行政の中にプロジェクト・チーム方式の「法務委員会」をつくる。法律に詳しくなくても、政策・制度の立案能力のある市民や中堅職員が、条例、要綱あるいは法運用の大枠をつくる。それを精査するのに文書課改めの〈法務室〉を少数の法務専門職員で新設し、この法務委員会を担当する。町村では法務職員を置くゆとりがないとすれば、県単位の町村会とか町村議長会に、法務ベテランの職員ＯＢを採用して、各町村を支援する法務室を設置したいと思います。給与はＯＢですから年金に加算するだけでよい。

［相談にも乗るし、アドバイスもするし。］

ええ。ここから日本の市民も初めてモノトリとかハンタイだけで終わらない法務問題の重要性がわかっていく。日本の市民文化といいますか、政治文化には今後、この法務は財務とともに、市民良識としての習熟が不可欠となる。でなければ、自治体それに市民自体、《自治》にむけての出発はできない。

［今までのお話からいけば、法務を中心に、ここ一〇年、とにかくやってみようじゃないかと。土俵はある程度準備された。］

とすれば、各自治体における法務問題の定着を先にして、市町村合併問題はさきにのばしたい。

［だから頑張ろうやと。］

（本書追記　この私の提案による法務室の設置が先駆自治体からはじまり、自治体職員や学者による政策法務をかかげるセミナー、出版が活発になってきた。前掲拙著『国会内閣制の基礎理論』7政策法務の過去・現在・未来参照。）

［5］　政策財務の開発が不可欠

［法務という話がだいぶ出てきたんですけども、一〇年先をにらんでの自治体に対する提唱はございますか。］

やはり自治体行政の新フロンティアとしては財務です。法務と財務は車の両輪です。財政学者がやってきたのは、かつての三割自治論が典型ですが、全国統計による国と自治体の財源配分としての財源論中心、つまり自治体の収入論中心の議論だった。ところが、マイナス成長もあり、内需拡大という形で、自治省は交付税措置→起債→ムダづかいという悪循環の押しつけなどをすすめ、自治体の財務指数が非常に悪くなってしまった。戦後はじめて《行政縮小》をおしすすめ、スクラップ・スクラップ・スクラップ・アンド・ビルド……。

〔たんなるスクラップ・アンド・ビルドではだめだと。〕

でなければ、もう追いつかない。すでに経済成長率も低くなっている。高成長、バブル期には、ムダづかいもふくめてビルド・アンド・ビルドをやってきましたから、行政体質そのものが、国、自治体ともに相関して水膨れ状態になっている。自治体の政策→組織→職員を再編し、この水膨れを健康で活力ある自治体にするには最低一〇年はかかります。景気がよくなり財源の自然増があったとしても、これまでの膨大な借金をかえさなければならないため、新しい政策はほとんどできない。つまり各自治体の財務構造を変えなければならない。自治体は国とおなじく、この緊迫事態に入っているわけです。

ことに、国と同じく自治体の特別会計や第三セクター等々には、負の資産つまり借金が実質隠されている。とすると財務技術を抜本的に変えて、連結財務諸表をつくらなければ、自治体の経営実態がわからないという問題が新たにでています。財政課はこれまで、というより明治以来ナサケナイのですが、家計簿とおなじの大福帳で仕事をしてきただけです。国の総務省、財務省をふくめて、日本の行政水準の低さをしめします。今後、連結財務諸表づくりが基本となりますが、これは「わが」自治体の行政構造をめぐる情報公開につながりますから、ここから新たに膨大な争点が出てくる。そこでは退職金危機も明らかとなります。日本における高齢社会の到来が言われていますが、自治体職員組織自体が急速に高齢社会化し、終身雇用・年功序列もあって、これから一〇年、人件費さらに退職金が膨大に膨らむ。

〔「法務」論に次ぐ「財務」論――。〕

この自治体の自治責任としての財政急迫をめぐっては、国の財源に頼るわけにはいかない。国自体もすでに破産状態です。また、地方自治法には「財務」と出ているけれども、これまで財政学者が「財政」と「財務」を一般理論として区別できなかった。ここをきびしく問う必要がある。財政は収入論としての「財源論」です。財務は財源のヤリクリという支出論だから「政策論」となります。この財務問題は当然、相関する政策・組織・職員のスクラップ・アンド・ビルドと結びつかざるをえない。

政策のヤリクリはまた行政組織のヤリクリで、それが職員のヤリクリになってくる。これは一連のつながりですから、自治体機構の革新をどうしてもおしすすめざるをえない。自治体でも「政策評価」ないし「事業仕分け」という問題が今日、日程に上ってくるのは、このためです。

この問題全域は「科学」のレベルではなく、「合意」が基本ですから、情報公開はもちろん、市民参加、職員参加の手続をとりながら、トップ・ダウンによる長・議会の責任での決断が必要となる。この財務問題で、日本の自治体はその水膨れ体質の改革をすすめないと未来はない。これにも一〇年以上はどうしてもかかるでしょう。私なりのこの考え方は近著『自治体は変わるか』(一九九九年、岩波新書)、『自治体再構築』(二〇〇五年、公人の友社)で述べました。しかも、この財務問題は人員削減などで、法務問題でもあるわけです。

[要するに、法務も財務もお国任せであったけれども、その体質を変えるレールをつくる。法務・財務を中心にした改革を考えれば、とにかく頑張っても一〇年、まだまだという感じ。]

そうです。だが、法務・財務の方向がはっきり出たということは、やがて日本の市民がその解決能力を持つということです。さらに、それぞれ市民に責任をもつ市町村、県、国の政治家、ついで自治体職員や省庁官僚の意識が、「二〇〇〇年分権改革」以降、どれだけ変わるかが、問われるべきです。とくに、今後、国全体の財源再配分の方法をどうするか。

[そういうことですね。]

私が一九六〇年に「自治体改革」を提起したときは、自治体レベルでのこのような独自問題はほとんど誰も考えようとしていなかった。その後、一九六三年からの「革新自治体」、ついで一九八〇年代以降は「先駆自治体」

が群生して、「権限なき行政」という形で試行を広げ、その成果の上に、《二〇〇〇年分権改革》までようやくきた。一九六〇年代から四〇年かかっています。川島さんはかつて、記者あるいは論説委員、編集委員として、自治体関連のパイオニアだったため実感が強いわけですが、今日では職員の水準も高くなって、自治体学会のみならず、自治体ないし政策・制度づくりのいろいろな学会もできはじめました。大学でも自治体ないし政策・制度づくりの講座が一九八〇年代ごろから多様に新設されはじめ、自治体関係の書物も本屋の書棚にあふれるくらいになりましたね。

［熟柿があちらこちらに、ということですね。ありがとうございました。］

［対談を終えて

私には〝とっておきの人〟である。松下先生とは四〇年近いおつき合いとなる。私が朝日新聞政治部の駆け出し記者だった頃から教わることのみ多く、また盃を交わす機会に恵まれたのは幸いだった。

書棚を眺めてみた。『現代政治の条件』『シビル・ミニマムの思想』『市民自治の憲法理論』などなど。最近も『自治体は変わるか』など岩波新書からたて続けに三冊。都市政策もの、市民文化ものもあちこちに。文学者の書を別とすれば、わが書棚で作品数がもっとも多い。講演でもしばしば引用させてもらっている。先鋭的な問題提起と確かな論理構成。華麗なる文章表現。何よりもしゃれたキーワードの造語がジャーナリストを魅惑する。シビル・ミニマム、分節政治システム、文化行政、自治体外交、居眠り自治体……。

ここ数年、学会とか空港でお目にかかる程度だったので、久しぶりにじっくり盃を交わそう、となって——。心地よい酔いが続いた。この延長戦の方をお伝えできないのが残念である。］

川島正英　地域活性化研究所代表　元朝日新聞社論説委員・編集委員

［ぎょうせい『月刊地方自治』二〇〇〇年七月号］所収

原題　シリーズ・分権の貌第13回

付論　現場の問題を解決する実学思考を（二〇〇七年）

［池田克樹　分権改革をどう見ていますか?］

二〇〇〇年分権改革は日本の自治体の歴史から見れば、戦後改革以上の画期性をもつ改革といえる。機関委任事務方式の廃止によって、明治以来自治体を縛っていた国の鎖からカタチとしては解放したからである。とくに、個別の権限・財源の再配分は残された課題だが、法制上、国と自治体は対等の政府間関係に変わった。この「分権化」は「国際化」とともに、日本が《都市型社会》になったため、不可欠だった。

［二〇〇〇年以降の自治体の変化は?］

七年たったが、国、自治体の政治家、省庁官僚、自治体職員の考え方はかわらず、この分権改革の意義はまだ十分には浸透していない。学者、ジャーナリストの多くも理解できていないのが実状だ。

なぜ、そうなのか。いまだ広く明治国家の官治・集権型の発想から脱却できず、地域で独自に考えるという思考訓練ができていないからだ。そのうえ、政治家の惰性、官僚の抵抗によって、省庁の直接規制をめぐる個別国法の改革もまだ十分すすまない。くわえて、国、県、市町村の政治・行政も「法制」で動くよりも、官僚の自治体幹部への出向、談合、裏金を含め「職務慣行」で動いている面が強い。とりわけ、居眠り自治体ではいまだに、省庁の参考意見にすぎないため無視して独自手法が開発できるのだが、「通達」から変わった「通知」を頼りに仕事をしている「考えない」職員が多い。

この事態は自治体職員の能力がないということではない。国も同じで、「通達」に変わった助言にすぎない

「通知」を多発している。この自治体、国いずれも、時代錯誤のこの〈職務慣行〉をどう変えるかという緊迫感がないのである。職務慣行を変えるには、「攻権交代」が不可欠なのでしょう。

他方では、見識ある市民、ついで首長、議員、しっかりした職員がいる自治体は着実に変わりはじめ、国ないし省庁の政策を先導している。各自治体の市民の責任なのだが、自治・分権の意義を理解する「先駆」自治体と、腐敗をめぐって自治体批判も続くのだが、惰性のママの「居眠り」自治体との間の格差が広がっていく。

[一九九九年の著書『自治体は変わるか』(岩波新書)で未開拓だった自治体の「法務」と「財務」の重要性を提起されていますね。]

今日では、職員は地域の独自課題や自分たちの自治体の独自問題を取り上げ、その解決のための政策・制度づくりを行い、必要があれば立法化(条例制定)するという思考ないし能力が必要となった。問題が起こったら国に聞けばいい、カネは国が助けてくれるだろうなど、明治国家型の国依存は終わった。日本の《自治・分権》の熟度をたかめるには、新課題として、自治体における「法務」「財務」の導入が不可欠です。

法務室を設置して法務に取り組む自治体は増えてきたが、財務では情報非公開もあってまだもたもたしている自治体が多い。景気回復で利率が上がれば、各自治体の膨大な借金はさらに膨れ上がる。収入増があれば必ず借金べらしにまわし、政策のビルドは既成政策のスクラップでまかなうべきです。

[一九八〇年代の著作で、退職金がやがて財政を圧迫する事態となることを、すでに指摘されていますね。]

ええ。それに、かつての国内需要拡大やデフレ対策に国は無責任に自治体財源を動員し、自治体も安易に借金をかさね、行政を水膨れさせた。今後、人口の減少・老化もあって、従来の政策・組織・職員を再編する「自治体再構築」を迫られている。とくにヤリクリの技術としての財務では、人件費もふくむ原価計算・事業採算の導入・公開、入札改革、外郭組織再編、また予算・決算書の款項別から施策別への実質転換、連結財務諸表の作成、あるいは地域での補修・修景の手法開発などの未開の領域にも、劣化した省庁をあてにすることなく、各自治体は創意をもって取り組まざるをえない。

[一九六〇年代から「自治体改革」「市民自治」「シビル・ミニマム」「基本条例」など数多くの造語で自治体をリードしてこられました。発想のヒントはどこに?]

私の考え方は実学。法務・財務、また自治体計画論、市民文化論もこれです。市民の方々や自治体職員の皆さんなどと議論しながら教わり、現場の課題を整理して問題提起してきた。だから、実感としてすっと腑に落ちるところがあるのでしょう。とくに職員は、「自治体再構築」という覚悟をもってほしい。

現場の問題を理解し、「解決法」を模索し、そしてひろく理解されて共通財産になるよう理論化する。この解決法が各自治体での政策・制度づくりです。それぞれの解決法を自治体共通の理解にしていくという思考方法ないし理論が、分権改革には不可欠です。

池田克樹 『ガバナンス』編集部

[ぎょうせい『ガバナンス』二〇〇七年四月号] 所収

原題 著者からのメッセージ

3

自治体改革・その発想のころ（二〇〇七年）

[1] 一九六〇年前後の政治・理論状況

日本の一九六〇年前後は、中進国型経済高成長がはじまり、日本が《都市型社会》への移行を準備する時期にあたります。この時点はまた、日米「安保」条約改定をめぐって、戦前型「国家統治」発想のオールド・ライト路線の自民党とくに岸内閣と、戦前型「階級闘争」発想によるオールド・レフトとしての社会党、共産党、つまり当時の言葉でいえば保守・革新いずれも、これまた戦前型というべき政党指導による「国民運動」をそれぞれ組織していました。

この旧保守系・旧革新系いずれの「国民運動」も、今日の「市民活動」とはその構造が異なる戦前系譜でしたから、いずれも政党系列団体による上からの動員、それにいずれも日当や弁当付きなどもあるというのが実状でした。このような一九六〇年をめぐる問題状況を、まず確認しておきたいと思います。革新系による「空前の国会前デモ」といっても、実状は地域を素通りする労働組合のこのような縦割街頭動員が中心だったのです。

他方、この一九六〇年前後は、生活の〈場〉である地域における、市民個人の自発参加という戦後型の「市民運動」、その後は「市民活動」とよびますが、日本の都市型社会への移行の始まりにともない、その出発をみるという時期でもありました（本書5参照）。

一九六〇年前後、社会党はちょうど国民運動と市民運動との分岐点に立っていました。とくに江田三郎さんを中心とする社会党の構造改革派は、あらたに市民原型の「護憲」を付け加えて、「護憲・民主・中立」という三本柱の戦略を明示し、加藤宣幸書記の発案で三本矢のマークもつくります。構造改革派は社会党のいわば「労働組合依存体質」からの脱却を試行しはじめていたのです。江田さんが浅沼稲次郎委員長の悲劇のあと、委員長代行になった時点で、派閥統制によってマンネリ化していた党書記のあいだで、少数でしたが構造改革派という新しい胎動が始まっていました。

御理解いただきたいのは、丸山眞男さんらリベラルなアカデミズムの「憲法問題研究会」などは別として、当時つまり一九五〇年代の革新系全体が最初から《護憲派》ではなかったという事態です。片山哲元首相らの「護憲連合」は、社会党右派の戦前大物によって支えられているだけで、一九六〇年前後、社会党の理論主流を占める社会主義協会派、またもちろん共産党の理論家たちも、日本国憲法については天皇制をもつ「ブルジョア憲法」とみなし軽蔑していました。自民党が占領軍による「オシツケ憲法」として軽蔑していたのと同型です。

それゆえ、《普遍市民政治原理》の定着をめざして、「護憲」を正面から先頭に掲げた一九六〇年前後からの構造改革派は、私もその一員でしたが、「護憲」をめぐって「ニュー・レフト」路線としての画期的政治発想をつくり出していきます。

一九六〇年の〈安保〉国民運動は、たしかに日米安保条約改定をめぐって起きています。しかし、幅広い岸内閣反対のひろがりは、岸首相の強行採決という国会手法についてだけでなく、この日米安保条約改定の奥に、オールド・ライトである岸内閣が戦前回帰をめざす全面「憲法改正」の意図を見ていたからでした。

一九五八年、岸内閣の「警職法」改正をめぐって、私は『中央公論』に「忘れられた抵抗権」、引きつづき〈安保〉改定については『朝日新聞』に「悪政にたいする抵抗は国民の義務」という表題の論稿を発表したのは、岸内閣のオールド・ライト体質への批判でした。そのとき、私は日本国憲法にもとづく「抵抗権」を、オールド・レフト型の「階級闘争」にかわるニュー・レフト路線として提起していました。

オールド・ライト路線の岸内閣崩壊後、池田内閣は「寛容と忍耐」を掲げ、あらたにニュー・ライト路線を構築し、その後、社会党の「護憲」による、自民党の「経済成長」という政治の舵取りが、曲折しながらも社会党出身の首相をもつ村山内閣のころまで続いたといってよいでしょう。最近の自民党内の市民感覚なきオールド・ライト系である小泉首相らの「構造改革」という名でのあらたな登場は、一九六〇年代ニュー・レフトがだした「構造改革」のサカダチした二番煎じで、財政破綻による戦後自民党の「ゆきづまり」を示します（ニュー・レフト、ニュー・ライトをふくむ一九六〇年前後の政党状況については、拙著『戦後政党の発想と文脈』二〇〇四年、東京大学出版会参照）。

日本の戦後政治では、日本国憲法をふまえたうえで、これを骨抜きにする〈官僚内閣制〉というかたちで、戦前からつづく省庁官僚を中軸とする自民党政官業複合の既得権拡大が続きました。その半世紀つづく自民党永続政権は、とくにバブル以降、デフレとつづくその政策失敗のため、とうとう二〇〇〇年代の日本は、GDPの一・五倍を超える敗戦国なみの借金を積み上げ、「政府破産」状態に陥ります。

さらに、①少子高齢化による人口減少、②福祉・都市・環境、あるいは産業・金融・外交について、政治家はもちろん官僚の政策・制度再設計の失敗あるいは先送りもあって、日本はついに中進国状況のまま沈没して、《没落と焦燥》の時代に入るという予感をもつようになっています。

日本の産業技術ないし大衆文化は世界共通文化の一環をすでに築きつつあるとはいえ、戦後半世紀、政権交代もなく、後進国型の官治・集権政治を先進国型の自治・分権政治に転換できなかった日本は、いまだ「中進国」と位置づけざるをえません。そのうえ、政治家の未熟、官僚の劣化による政官業の既得権維持のシクミは、マスコミ論調の低水準とあいまって、今日では、「公務員」の怠慢、汚職の拡大となり、政治・行政のゆきづまりだけでなく、年金、医療、介護の制度破綻などをめぐって、日本の「社会」自体の解体を促しているではありませんか。官治・集権の「官僚国家」から、自治・分権の「市民政治」へという日本の先進国型《成熟と洗練》が、今日、急務とされる理由です。

江田三郎さんが活躍されていた一九六〇年代は、「冷戦」の激化にもかかわらず、敗戦日本にとっては青春期でした。経済成長（工業化）と日本国憲法（民主化）の定着というかたちで、ごく少数とはいえ、ニュー・レフト、ニュー・ライトが理論主導力をもちはじめ、日本なりに珍しく青空が見えてきた時代でした。江田さんはこの「時代の精神」をふまえて、そのころ、いつも元気でした。

[2]「構造改革」論は何をめざしたのか

私の江田さんとの出会いは、一九五六年一一月号の『思想』で拙稿「大衆国家の形成とその問題性」が、二〇世紀での〈階級闘争〉の変容を提起して、日本におけるいわゆる「マルクス主義」崩壊の発端となる《大衆社会論争》をひきおこしたため、この論争をめぐって社会党本部に呼ばれて話をしたのを機会としています。

本部書記のなかに社会党の再編を考え、「江田三羽烏」と言われた森永栄悦、貴島正道、加藤宣幸さんがいて、「戦後民主主義」の通俗議論とは異なる、《マス・デモクラシー》という二〇世紀の新しい問題性を私の問題提起からかぎとり、その後私との交流となっていきました。そのなかには、「護憲連合」の事務局をになっていた久保田忠夫さんもいました。

さらに、当時、私はマス・デモクラシーの成立という《現代政治》をめぐる新政治状況をふまえて、護憲運動のアクチュアルな新しい理論化にも取り組みます。一九六二年五月号の『思想』に掲載した「憲法擁護運動の理論的展望」は、ひろく護憲運動や憲法学に影響を与えたようです。

また、私が一九六〇年から「造語」して提起した《地域民主主義》《自治体改革》は、構造改革派が主導した一九六一年、六二年の二年のみでしたが、社会党の各年度『運動方針』で、労働者、農民、婦人など「諸階層の戦い」の上位に、戦略として位置づけられます。また社会党は、一九六一年に『自治体改革の手びき』をつくり、一九六三年には『自治体改革闘争方針』も、社会党は従来型の労働組合中心主義との間でブレながら、党大会で決定します。

社会党構造改革派のこれらの流れが、一九六三年統一自治体選挙における飛鳥田一雄横浜市長らの立候補・当選を準備し、その後一九六七年統一自治体選挙での美濃部都知事らをふくめて、ほぼ一九八〇年までの「革新自治体」の時代をつくりだしていきます。「階級闘争」に公式主義と批判されるほど強くこだわった当時の共産党は、自治体についてはまだ是々非々の場当たりでした（本書④参照）。

日本の構造改革論の国際比較におけるその特性は、この自治体改革論にあります。この〈自治体改革〉という言葉を、スターリン主義とは決別してヨーロッパにおけるニュー・レフトがつかった〈構造改革〉という言葉からヒントをえて、私が造語しました。

日本における中進国型経済成長のあらたな始まりの時代であった一九六〇年前後の当時、旧革新系は「階級闘争」という言葉を基本用語としていました。また旧保守系でもたえず「治安問題」というかたちをとって、階級闘争という政治文脈には旧革新系以上に常に敏感でした。一九五〇年代のオールド・ライト岸内閣が福祉問題に関心をもったのも、一九六〇年代からの革新自治体が提起した「市民福祉」とは発想も文脈も異なる、この治安問題という旧視角からです。ドイツ一九世紀末、ヨーロッパで最初に福祉問題にとりくんだビスマルクの治安対策と同型で、岸内閣の福祉政策もその「前期形態」としての治安対策型福祉政策でした。

一九六〇年、「日米安保」改正反対国民運動によってオールド・ライトの岸内閣は倒れ、ニュー・ライトの池田内閣が成立します。この池田内閣は、社会党の「護憲」（民主化）による〈構造改革〉をくみこみながら、官僚主導での「経済成長」（工業化）という、自民党リベラル派、つまりニュー・ライトの〈構造政策〉を構築します。自民党はここから、労働者階級をくみこむ「所得倍増政策」という鮮明な経済図式をかたちづくったのです。たしかにその後も個別争点での、旧保守・旧革新間の衝突は続くものの、「護憲（社会党）による経済成長（自民党）」、つまり《民主化＋工業化》という、中進国型のマクロ図式をめぐって、保守・革新の実質合意が見られました。

そのうえ、外見はいわゆる「階級闘争」とみえた「春闘」も、事実、労働組合の幹部や青年部は「階級闘争」を言葉としてさけんでいたのですが、インフレをともなう経済成長の果実再配分という循環構造のなかでの、日本型労使協調にすでに移っていました。

そのころ、革新系でも旧来の「階級闘争」という発想どまりの「オールド・レフト」と、資本主義・社会主義の対立を超えた「一般民主主義」ないし《構造改革》をかかげる「ニュー・レフト」との分化が出発しはじめていたのです。これが日本経済の高成長期における一回目の構造改革の課題でした。二回目が第一回と正反対に日本経済の停滞期に登場する小泉内閣の構造改革となります。他方、いわゆる「新左翼」といわれた、学生運動に始まる武闘派も別系譜でその後登場しますが、学生を広く巻き込んだにもかかわらず、実質これもオールド・レフトの変種でした。

もちろん、自民党には、オールド・ライトを結集する「青嵐会」の成立などもあり、あるいは九条を中心とする憲法改正問題、また靖国神社問題などなどがその懸案として続き、しかも、二〇〇〇年代には森首相をひきついで、小泉・安倍・福田首相の三代、お坊ちゃま世襲政治家の、市民感覚なき時代錯誤のオールド・ライト・バネがたえず働くことを確認しておくべきでしょう。

（本書追記　つぎの麻生首相段階で自民党は本格没落となり、二〇〇九年、民主党による戦後半世紀ぶり、本格の「政権交代」となる。）

しかし、一九六〇年代以降、全体としては、旧保守系・旧革新系いずれにおいても、順次、「階級闘争」ではなく、ニュー・レフト、ニュー・ライトをはじめ、ひろく「普遍市民政治原理」、つまり日本国憲法前文でいう「人類普遍の原理」からの出発が、相互に「黙示」の基本合意となっていきます。この普遍市民政治原理は《護憲》というかたちでの合意として、日本にもようやく一九六〇年代からその定着がはじまりました。

ヨーロッパでは、一九五六年、ソ連共産党での「スターリン批判」がみられますが、それ以前すでにソ連共産党からの自立をめぐって、中進国のイタリア共産党が「階級闘争」ないし「冷戦」の論理をこえる「一般民主主義」、つまり普遍市民政治原理をふまえて「構造改革」を提起していました。後進国革命の中国共産党はこの「一般民主主義」を理解できず、中イ共産党論争もおきます。また、先進国のイギリス、アメリカでは、この「一般民主主義」は「普遍市民政治原理」として、すでに一七世紀からの市民革命に始まる日常合意だったことに留意しておきましょう。

一九六〇年前後、イタリアと同じくいまだ中進国である日本のこの護憲型構造改革論は、社会党内に江田派というかたちで政治拠点をもつかのようにみえました。だが、江田派は議員もいるものの、他の党内派閥と異なり実質は議員派閥ではなく、前述の江田三羽烏を中核とするわずかの社会党本部書記を中心に、地方活動家を加えた、ゆるやかな、少数のつながりにとどまっていました。それほど、この「構造改革」という発想は、当時タテマエとしての「階級闘争」をかかげる、圧倒的多くのオールド・レフトとは異質でした。

このため、党内構造改革派は江田さんの書記長ついで委員長代行の時代に一時実権をもつものの、党内では多数のオールド・レフトからただちに巻き返しを受けます。党内ニュー・レフトのおかれた位置は、戦前型発想の保守政治家が支配的だったオールド・ライトのなかで少数だった、自民党のニュー・ライトの位置と同じでした。

この社会党内の構造改革派、また共産党脱党派などをふくめ、日本の構造改革派は実際はひろく多様な発生源ないし理論系譜をもち、しかも相互に顔もほとんど知らない、ゆるやかな少数の理論家たちの、それこそ〈一般民主主義〉をめぐる思考スタイルとしての総称でした。しかし、当時はまだ層として存在していた知識人の間では、広く理論影響をもっていました。誰が中心ということもなく、全国各地でそれぞれ構造改革派を自称していた人々がいて、種々の研究会や同人雑誌、単行本、また新聞、あるいは『朝日ジャーナル』『エコノミスト』、『世界』『中央公論』などのオピニオン誌で、個々に発言しています。全国でみても数百人どまりだったでしょう。

オールド・レフトの共産党、おなじく社会党系の社会主義協会は、それぞれ固い組織で動いていたのにたいして、構造改革派は各人独自の新思考での模索スタイルでした。このため、構造改革派についての歴史は書けません。どこをモデルとするかによって、構造改革派についての位置づけ・意義づけが変わってしまうからです。

日本の構造改革派は、階級闘争という「教条」を批判しながら、また当時の経済高成長ないしエネルギー改革にともなう産業構造転換をめぐって、石炭問題など現実のさまざまな「政策・制度」の転換にもかかわっていました。とくに、ヨーロッパでの構造改革の発想にくらべるとき、日本の発想は〈護憲〉というかたちをとった「一般民主主義論」が特性でしたが、これをさらに一歩進めて、ごく少数者のあいだでは前述の《自治体改革》をその政治戦略の起点におく考え方も出発させていきます。

この成果としては、一九六三年の統一自治体選挙からはじまり、一九八〇年ごろまで続く、「政権交代なき政策転換」として国政をも変えはじめ、「革新自治体」の時代をつくり出していきます。当時の市の三分の一といわれ、また東京をはじめ大都市県のいくつかで、革新首長の登場となりました。

この革新自治体については、オールド・レフトの社会党、共産党はいずれもその意義と課題を当時理解できていなかったのですが、首長制自治体をふまえて、日本では始まったばかりの、都市型社会固有の《市民活動》を背景に登場します。ついで、一九七七年当選の長洲一二神奈川県知事による「地方の時代」の呼びかけにもつながっていきます。長洲一二知事も、当時、ニュー・レフトの構造改革派における主要理論家で、知事秘書などその主要スタッフも構造改革系でした。

革新自治体について詳しくは、松下圭一、鳴海正泰、神原勝、大矢野修を編者とする『資料・革新自治体』（正・一九九〇年、続・一九九八年、日本評論社）が、革新自治体の実績である当時の政策・制度改革を資料集として整理しています。また、一時、構造改革派が主流をなした社会党機関紙局では、資料集として一九六四年から『国民自治年鑑』を、一九六二年からの『国民政治年鑑』とともに刊行しはじめたことによっても、日本の構造改革論の特性をなした「自治体改革」の位置が理解できるでしょう。

［3］《党近代化》の問題性

江田三郎さんは、たしかに「江田ムード氏」と呼ばれたように、一九六〇年代以降、私の造語である「新憲法感覚」、今日でいう市民感覚をともなう、日本におけるマス・デモクラシー状況の成立に対応できた、日本最初の政治家でした。しかし、党外からの幅広い支持を得れば得るほど、新しい政治状況であるマス・デモクラシーの成立を理解できない、戦前体質をもつ党内のオールド・レフト系の諸派閥、とくに一九世紀後進国ドイツのマルクス主義正統派カウツキーをモデルにもつ、時代錯誤のこれまた社会党理論正統派を自称した「社会主義協会」からは批判されつづけるという位置に立たされて、江田さんは党内では孤立していきます。

また、社会党は「労組依存」と言われていたように、公務員や大企業の労働組合が支持中心だったのですが、社会党の党員協議会が労働組合幹部を握るため、かえって社会党は〈民同左派〉ないし「社会主義協会」が中心となる労働組合幹部、つまり「労働官僚」にひきまわされがちでした。だが、当時、労働組合といっても、官公労、大企業といった労働者層の「上層三分の一」、つまり三〇%にしか、その組織をもたなかったのです（二〇〇〇年代には二〇%に低下）。

くわえて、当時、中進国日本の〈地域〉は、まだ都市・農村を問わず、町内会・地区会に組織される農村型社会のムラ状況だったので、社会党の地域支部はほとんど定着できず、町内会・地区会とむすびつく自民党におさえこまれていました。このため、社会党議員は唯一の組織票だった労働組合票、これにくわえて浮動票の護憲票を集中できる国会には議席数三分の一を占めたものの、県、ついで市町村の自治体議会ではこれらの票が順次分散するので、議員はほとんど数人ないしゼロとならざるをえなかったのです。

この組織特性が、戦後五〇年、社会党が政権に近づけず、民主党の成立とあいまって、二〇〇〇年代には失速する理由です。このような労組依存で地域に基盤のない〈組織実態〉のため、社会党は最盛期の一九六〇年代でも、逆ピラミッド型で、地域に足のない「幽霊政党」でした。また〈政治争点〉では、マスコミの論調つまり風のまにまに動く「帆かけ舟」だと、小型ながらも地域細胞にはじまる党の組織統制というエンジンをもつ「発動機船」の共産党との対比で、社会党は言われていました。詳しくは拙著『戦後政党の発想と文脈』（二〇〇四年、東京大学出版会）に、この一九六〇年前後に書いた私の政党分析論文をまとめていますので参照ください。

以上の社会党の逆ピラミッドといわれた党組織の問題点が、一九六〇年の安保国民運動の前後、社会党自体の課題として、党内少数にとどまりますが認識されはじめ、次に述べるように党改革が改革派書記、さらに江田三郎さん自体の課題として、重くのしかかってくることになります。日本の大衆社会＝マス・デモクラシーへの移行にともない、新しく、いわば「党経営」という課題が党組織問題として、財閥系列の戦前政党と異なり、戦後政党の課題となってきたのです。

(1) 党近代化のための委員会設置

一九六〇年前後は、日本が経済高成長期にはいって、数千年続く〈農村型社会〉のムラが崩れはじめるとともに、「大衆社会」つまり〈都市型社会〉に移行する、という中進国型の予感のなかにいました。ここから、自民党は岸信介が中心、社会党は江田三郎を中心に、委員会方式による、いわゆる《党近代化》の模索が始まります。たしかに社会党内の人材としては、労働組合幹部出身ではなく、地域運動系譜の江田さんしかいなかったように思われます。

一九五八年、江田さんは社会党の組織委員長になり、機構改革特別委員会を主宰しますが、ついで組織局長に就きます。省庁外郭の「業界団体」+町内会・地区会依存の自民党、また企業単位の「労働組合」依存の社会党の双方とも、党組織自体は県本部どまりのため、あらたに、市町村支部強化が当時緊急の組織課題と考えはじめていました。

農村型社会の崩壊、都市型社会への移行にともなうこの〈党近代化〉、つまり当時は理想とされた国→県→市町村という軍隊型の全国ピラミッド組織づくりという課題は、一九世紀末から、イギリス、アメリカについてオストロゴルスキー、またドイツではミヘルズがすでに古典のかたちで分析しています。この二冊いずれも、ウェーバーの政党社会学のタネ本です。マス・デモクラシーの成立にともなう、「地域」からの《大衆・組織政党》化、つまり農村型社会におけるムラ動員型の「名望家政党」から「大衆組織政党」への脱却は、日本もふくめて、都市型社会における各国の現代政党の共通課題だったのです。

だが、この地域党支部強化には、二〇〇〇年代でも、自民党、民主党いずれも未熟にとどまります。このため、政権党である自民党は集票のため、ケインズ経済学を教条化しながら、省庁官僚の省益と業界団体からの圧力とを結びつけ、国富のバラマキをつづけました。ついに二〇〇〇年代にはこのバラマキというムダづかいによって、国・自治体ともに財政破綻状況に陥ります。EU加入条件は国・自治体の政府借金がGDPの六〇％以内なのにたいして、日本は一五〇％を超えているのですから、敗戦国なみの政府破産状態に陥ってしまったわけです。しかも、小泉内閣以降、このバラマキの終わりが自民党の終わりを予測させます。

(2) 「社会文化会館」の建設

当時、社会党本部は、現在は社会民主党本部となっている「社会文化会館」近くの、戦時中空襲で焼けたが崩れなかった小さなオンボロビルでした。貸ビルのほとんどないそのころ、党近代化をめざすには党本部の建設が緊急課題となっていました。当然ながら、党本部はたんなるハコモノではなく、党活動のあり方こそがそこで問われます。

この会館問題は自民党も同型で、当時における日本政治の中進国性を示します。長く自民党本部職員だった奥島貞雄さんによれば、「一九六六年に自由民主党会館ができるが、職員服務をめぐっては就業規則、給与体系、勤務時間などの『明文規定』がなく、まさに〝大福帳的な〟組織であった。職員の側からすれば〝臨時日雇い〟のようなもので腰掛け的な気持ちでいる者も少なくなかった。否、むしろそれが普通であった」ようです。田中角栄幹事長（一九六五～一九六六年）がはじめて、党人事局長に自民党事務局規程を、今も残る形で作らせたといいます（『自民党幹事長室の三〇年』二〇〇二年、中央公論新社、一九頁）。

組織内事情は社会党も同型でしたが、一九六〇年の〈安保〉国民運動の活動家層を吸収しながら、社会党は〈党近代化〉をめざす新書記の公募・拡大とあいまって、党本部新築を推進することになります。特記すべきは、この社会文化会館には活字ではなく、新聞社にもなかった当時最新の写植印刷技術を導入し、また資料室や文化ホールの整備を進めたことです。だが、社会党特有の教条論争による幹部党員追い出しのくり返しにともなう、その衰退とともに、これらの試行は身につかず、この党改革は終わっていったようです。

たしかに加藤宣幸さんが責任者となっておしすすめた、この最新印刷技術による機関紙印刷の開始は、一時、社会党に新しい活力を与えました。また党活動に不可欠の大系性をもつ、情報ないし資料の整理としての、前述した『国民政治年鑑』『国民自治年鑑』の刊行も、機関紙局で始めていました。この『国民自治年鑑』の刊行は、当時地域・自治体を独自課題領域として、これまでは労組依存のみの社会党が考えはじめたという意味で、特記すべきでしょう。そのうえ、若い方々にぜひ御理解いただきたいのは、次にのべますようにテレビは始まったばかりで、当時はまだ活字の時代だったことです。

この一九六四年にできる社会文化会館の建設には、党員、労組からの出資・寄金などだけでなく、社会党に親近性をもつ財界人からの寄付も集めたため、江田さんは「独占資本の手先」に堕したと党大会でオールド・レフト諸派から公然と批判されます。そのころの社会党の理論水準・文化熟度は、このように低劣でした。それゆえ、その後は、この社会文化会館を使いこなす力量すら、社会党は持っていなかったと言ってよいでしょう。

(3) テレビ討論の開始

江田さんは一九五九、六〇年の安保反対デモではいつも先頭に立っていました。だが、当時の旧保守（オールド・ライト）・旧革新（オールド・レフト）双方の政治家に見られたイデオロギー信仰ないし教条主義体質とは異質の人でした。言説は闊達、体躯にも威信が満ち、また白髪と笑顔もあって、ようやくそのころ大衆メディアとなりはじめてきたテレビや週刊誌に大きく登場します。

政治家がマス・メディアに大きく映像として現れたのは、江田さんが最初だったようです。当時、大衆社会状況に政治として対応できた、ほぼ唯一の日本の政治家でした。そのころ、牛乳は過剰生産だったため、江田さんは水のかわりに牛乳を衆議院の本会議演壇にもちこんで飲み、牛乳の消費拡大にともなう農業と都市との連携を訴えました。この演出も絵になっていました。

前述の貴島正道さんの発案のようですが、アメリカのテレビをモデルに、テレビ政治討論を池田対江田というかたちで日本でも行おうということになります。池田勇人首相は当時「ディスインテリ」と評されたほど口が重いため渋っていましたが、遂にＮＨＫで両党首によるテレビ討論が始まります。テレビ政治の幕明けを江田さんは切りひらきました。しかし、江田さんのひろい人気は、政治を「科学」、とくに「科学的社会主義」という考え方でとらえる、当時石頭の革新系知識人たちからは、「大衆迎合」と批判されます。パイオニアの宿命でした。

(4) 研究所の設置

また、政治活動には、今日、シンクタンクが作られるように、ミクロ・マクロの政治・行政、経済・文化の情報は不可欠です。有名になったいわゆる「江田ビジョン」は江田さんの早トチリだったと私は思いますが、交友範囲が広いこともあって、いつも先見の明を持っていた江田さんは、先進国政治に入っていくべき日本の長期展望をめぐって、会員制の「総合計画研究協会」を作りました。責任者には『ジャパン・タイムス』の出色の記者で、その後、法政大学、一橋大学などで「国際政治学」の教授を歴任した山本満さんを迎えました。彼は適任でした。また国民経済研究所の竹中一雄さんと私も参加します。

総合計画研究協会は、その所在が改装前で焼け残った戦前ビルの古い小さな一室だったのですが、銀座の歴史ある交詢社ビルのため、立派なビルをもつ官公労や大企業の労組幹部党員から、またまた「ブルジョア化」という批判を江田さんにあびせます。この社会党の実態のため、社会党は沈没すべくして沈没したのです。

［4］ 新政治状況の造出めざす

私は一九七〇年代には、国レベルよりも自治体レベルに仕事を移し、次第に江田さん、ないしは労組依存の社会党とは疎遠になっていきます。一〇年ほど前、寄り道して江田さんの墓をたずねました。岡山県特有のゆったりした大きな川のほとりの寺に、江田三郎さんは眠っていました。江田さんらしい、清潔感のある墓でした。

岡山には、江田さんに連れられて何度も伺っています。戦前からの篤農家が農業塾を開いていて、若い青年に岡山名産のブドウやモモなどの栽培について、丘の傾斜、霧の出方から説明しているのを、感動をもって聞いたことを覚えています。農民運動出身の江田さん自身も植物に詳しく、その話題は豊富でした。

また江田さんは、農家に立ち寄ると歓待されるが、丼一杯の塩辛い漬物がお茶ウケとして出されて困ると話されていました。当時まだ常識とはなっていなかったのですが、農民や政治家が体をこわす一つの理由を、それとなく言われたように思ったものです。

当時の社会党の考え方は平和・基地問題などを別として、「労組依存」体質のため、その政策は「賃上げ＋合理化反対＋企業内福祉」という、日本型労組発想となっていました。このため、一九六〇年代以降、社会党からの構造改革派の退出後は、日本の〈都市型社会〉への移行にともない、私が当時、日本で最初にとりくんだ〈地域〉課題をとりあげる《市民活動》との即応、とくに私のいう《シビル・ミニマム》（憲法二五条）をめぐる市民「すべて」についての政策・制度整備、さらに《自治体改革》という、都市型社会固有の新しい政治課題に対応できなくなっていきました。

《都市型社会》における「労働組合から市民活動へ」というマクロの流れを、社会党はつかみきれていなかったのです。社会党のこの実状では、自民党の政官業癒着、とくに革新自治体のシビル・ミニマム計画に対抗した田中内閣の『日本列島改造論』をふくめ、ナリモノいりの官僚主導の〈国土計画〉、つまり国→県→市町村へという、官治・集権型の国富バラマキにも対決できなかったのは当然でした。二〇〇〇年代には、このバラマキの持続・拡大のため、国、自治体両レベルともに、政治家の未熟、官僚行政の劣化とあいまって、日本は財政破綻状態となってしまいます。

市民活動からは、一九六〇年代から官公労をふくむ労働組合は〈企業組合〉として批判されはじめ、また個別企業が当時タレナガス公害にもこの企業組合は企業内部からとりくまないため、一九世紀以来の「労働者階級」についての〈革命幻想〉も消滅します。戦後の一九五〇年代、一時、「昔陸軍、今総評」と言われるほどの威信をもった公務・大企業の企業労働組合の「勢ぞろい」だった「総評」は、このころから急速に失速し、この失速はまた「労組依存」の社会党の低落につながります。しかも、順次、公務・大企業労働組合の組織票自体も底ヌケとなっていきます。その後、この「労組」票と異なる新鮮だった「新憲法」票も、日本国憲法の定着とともに無党派浮動票に変わり、当時、社会主義協会派主導の社会党から流出しはじめます。

江田さんの一九七〇年代以降の活動は、以上の社会党の衰退を予測する危機感からきていたと私はみています。すでに前掲拙著『戦後政党の発想と文脈』にまとめた一九六〇年前後の諸論文でのべている社会党の前述の問題点を、私ははやくから江田さんとの議論でたえずとりあげていました。

江田さんの晩年は、農村型社会と異なる新しい戦略課題をもった「都市型社会」における、新政治の《造出》をめざしていました。一九七七年、時代錯誤となった社会党を出た江田さんが組織に名づけた、「社会市民連合」という今日性をもつ名称は、かつての社会党が想定していた主体の、労働組合原型から「市民」原型へ、また組織の軍隊原型から「市民連合」原型へ、というかたちで、まったく異質だったという意味で、その問題意識の先駆性を示しています。だが、その直後、江田さんは倒れられることになってしまいました。その江田さんの好きな言葉は、「もともと地上に道はない　みんなが歩けば道になる」でした。

［北岡和義編『政治家の人間力』明石書店、二〇〇七年一〇月」所収

原題　構造改革論争と《党近代化》

4

革新自治体と現代都市政策（二〇〇七年）

[1] 美濃部都政誕生の背景

[中嶌いづみ 本日は「美濃部都政と現代都市政策への視座」ということで、お伺いしていきたいと思います。一九六〇年、松下先生も加わられて都政調査会が杉並区で行った『大都市における地域政治の構造』という調査で、地域民主主義の未成熟を指摘されていたのですが、その後、一九六三年の飛鳥田横浜市政に続いて六七年には初の革新都政となる美濃部知事が誕生しました。その背景には六五年の都議会議長選汚職など、きびしい都政批判もあったと思うのですが、先生はどのようにご覧になっていましたか。]

一九六〇年代は、中進国日本の経済高成長期でした。自民党は日本資本主義の「歴史的勃興期」と、当時位置づけています。日本は当時「黒い霧」つまり政治汚職をふくめて、中進国型高成長に入っていった。

そのころは福祉といっても、まだ公務員特権あるいは大企業の社内福祉という戦前からの系譜にとどまり、ようやく国民年金が始まろうとしているような時代でした。首都東京もまだ泥んこ道がおおく、下水道はもちろん電話をふくめて都市装置もたちおくれ、オリンピックを機にようやく道路を中心に整備がはじまる。しかも、公害が大変で、川や海は汚れ、また年に数日しか富士山が見えないというような時代でした。台風や大風が吹けば空は明るくなるけれども、通常の日はどんよりとして青空が見えなかった。そのころは石炭を燃やしていましたから、大学を含めてビルには煙突が立ち黒煙をモクモクあげ、自動車の性能も悪く排気ガスをドンドン出し、空はいつも暗い感じでした。

当時の日本は、数千年つづいた農村型社会から都市型社会への文明史的移行のはじまりの時期でした。このため、《都市型社会》の問題性については、日本ではまだ「未知」だったのです。今日の中国など中発国段階の問題性と同型だったといえます。

当時の日本には、第一に、都市型社会固有の福祉問題、都市問題、環境問題がはじめて激化していく時代でした。社会保障にかかわる福祉問題、都市構造にかんする都市問題、それから公害をふくむ環境問題をめぐって、現代市民生活を営むには、まだナイナイづくしの時代でした。第二に、それに対応する日本の政策・制度も、まだ農村型社会モデルのムラを原型とする官治・集権型で、法制はもちろん、技術もたちおくれていた。

都市型社会への移行という《現代》を特性づける、以上の問題状況の解決をめざして、日本史ではじめて、〈市民活動〉が出発します。国政レベルでは岸内閣の〈戦後反動〉を抑止する安保・護憲の「国民運動」が一九六〇年にピークとなりますが、新型の「市民活動」の出発はこれと次元が異なり、あらたに市民生活ないし地域をめぐって都市型社会独自の〈福祉・都市・環境問題〉の噴出がその背景となります。

まだ出発したばかりのこの市民活動は、前述のように国の法制がおくれていますから、何でもハンタイ型とならざるをえなかった。ついで、福祉問題、都市問題、環境問題に対応するにもナイナイづくしのために、また官僚や理論家などの理論未熟もあって、モノトリ型にもならざるをえなかった。つまり市民活動にとっても、現代都市をめぐってどのような対応をするかについての考え方が、まだ成熟していない、《未知》の時代でした（本書5参照）。

政治の世界でいいますと、地球規模の「冷戦」も反映するのですが、「自民党」対「社会党・共産党」という〈保守・革新〉の対立、いわゆる《五五年政党配置》に政党が整理された時代でした。しかし、保守・革新いずれの政治家、理論家とも、農村型社会の《国家》を原型とする「ムラ＋官僚」という発想のため、この新しい市民活動、ついでその発生源の都市型社会を理解できていなかった。

現代の都市型社会はどのような生活・社会の変化をもたらすのか、あるいは《現代》という都市型社会にふさわしい政策・制度、また理論・運動のあり方如何が、まだ《問い》にもなっていない時代だったのです。

私は、このような事態を背景に、「自治体改革」という言葉を一九六〇年につくります（本書③参照）。また、「地域民主主義」という言葉も一九六〇年、鳴海正泰さんらとともに、都政調査会の杉並区調査のとき造語しました。

[2] 東京における地域民主主義

大都市で首都の東京は、そのころの用語でいえば、「封建的」なイナカと異なって、「進歩的」「民主的」あるいは「革新的」だと思われていた。だが、この問題設定は間違っていました。安保国民運動直後、池田内閣が成立する一九六〇年総選挙で、革新系の票が伸びていないのに象徴されるように、安保反対の国民運動は地域を素通りして、県庁前または国会前などでの街頭デモにとどまっていただけだったのです。地域では、農村型社会モデルですが、戦前からつづく町内会・地区会（部落会）のムラ支配はまだ変わっていない。

この一九六〇年の国民運動直後に、原水禁運動の発祥の地で、東京の中でも一番「進歩的」「民主的」「革新的」といわれていた杉並区の調査をしたのですが、この杉並でも《地域》は変わっていない。区役所も町内会をふまえ、村役場さながらという、政治・社会文脈がそこから浮かびあがりました。

つまり、「戦後民主主義」あるいは「護憲運動」といっても表見的で、地域そのものにはほとんど浸透していないという、その《表層性》がはっきりする。当時、自民党は地域の保守旧中間層を中心に町内会・地区会をがっちりおさえるとともに、経済における業界団体あるいは大企業も組織していました。だが、革新運動は地域に基盤をもたないばかりか、護憲浮動票はくわわりますが、組織としては公務員、大企業を中心とする労働者上層三分の一にとどまる労働組合に依存ないし幻想をもっていただけでした。

ですから、〈現代都市〉の成立ないし《都市型社会》への移行とともに、私たち市民の生活の《場》である地域でどのような問題が起きていくのか、旧保守系、旧革新系ともに政治家、官僚、またジャーナリスト、理論家もほとんど理解していなかった。ここから、新しく農村をもふくめた、《現代》の都市型社会をめぐる、政策・制度、ついで理論・運動の構築という、私の模索が始まるわけです。

［政治が、生活とは乖離したようなかたちで……］

ええ。そうだったのです。いわゆる戦後民主主義の《表層性》が一番典型的にあらわれるのが、国会議員には革新系が三分の一いるのに、県レベル、さらに市町村レベルでは、ほとんど革新系がいないという、旧革新政党とくに社会党の足のない幽霊型の逆ピラミッドが特徴的でした。そのうえ、高成長の始まる一九六〇年前後は日本全体としても電話、新聞・テレビの普及もあまりなく、また学歴・情報水準が低く、世論調査でも「わかりません」（いわゆるＤＫ）が多かった時代です。経済も貧しかったので、県会議員や市町村議員の多くも、いまだ生業をもつ旧中間層の人たちが中心で、この無所属保守系のいわば「こづかい銭稼ぎ」にとどまっていた。

その象徴として、伏魔殿といわれ続けてきた都議会の議長選挙で、自民党の議長候補者が議員たちの一部にそのころは高価だった背広生地を配った低水準の事件が一九六五年におこる。そのとき、自治体議会が自主解散できないという、地方自治法の問題点が明らかになって、自治体議会自ら解散・選挙に入れるという議会解散の特例法ができ、ようやく都議会の自主解散となる。当時はまだそういう状態でした。

［3］　都市問題の政治課題化と革新首長

そのころの自治体理論は、「地方自治は民主主義の小学校」という有名な言葉に示されているように、自治体

図4－1　美濃部都政略年表

1965年	都議会議長選汚職
1967年	美濃部亮吉知事が初当選（社会・共産推薦）
	知事対話集会
1968年	都行財政臨時調査会
	都東京問題調査会
	都公害研究所新設
	都心身障害者福祉センター
	朝鮮大学校認可
	「東京都中期計画」（シビル・ミニマム計画）
1969年	都営ギャンブル廃止方針
	都公害防止条例公布
	70歳以上の高齢者医療無料化
	都児童手当制度
1970年	光化学スモッグ
	水質汚染で多摩川下流の取水停止
1971年	流域下水道整備計画
	「広場と青空の東京構想」
	美濃部知事再選
	ごみ戦争を宣言
1972年	老人総合研究所設置
	品川区議会区長準公選条例可決
	江東区議会杉並区のごみの搬入阻止
1973年	敬老乗車証
	ごみ搬入阻止、杉並清掃工場用地を高井戸に決定
	放射36号線問題（36調査会）
	財政戦争を宣言
1975年	美濃部知事３選
	区長公選の復活
1977年	起債許可制度撤廃を求める訴訟提案　議会否決
1978年	都財政健全化計画を自治省に提出
	財政健全化債、減収補塡債1,257億円を許可
1979年	職員定数削減2,669人
	中野区教育委員準公選条例議決取消の区長申立を却下
	鈴木俊一氏知事に当選
1980年	職員定数3,000人削減方針
	財政健全化債・減収補塡債577億円許可
	職員手当数を114から92に

東京市政調査会『都市問題』編集部作成

を小学校と過小評価する、いわゆる啓蒙型の発想から出発していました。一九六〇年代の経済高成長の過程で、日本は「大衆社会」ともいわれる《都市型社会》に入りつつありましたが、この新しい社会状況にどう対応するかという、政策・制度解決を構想しうるレベルでの地域・自治体理論はまだなかったのです。

私はこの論点にきりこみ、一九六〇年から地域民主主義・自治体改革という言葉を造語して、その模索に入ります。その後、この課題を政党として最初にとりあげたのが、社会党内でごく少数だった江田三郎さんらの構造改革派でした。私の《自治体改革》という造語も、この「構造改革」という言葉がヒントでした。一九世紀ヨーロッパ・モデルの労働組合依存だった旧革新系の社会党では、一九六一年、六二年のたった二年のみでしたが、二〇世紀ヨーロッパ・モデルの構造政革派が党中枢を掌握し、「自治体改革」を党の年次運動方針にようやく政治戦略として位置づけます。まだそのような後進国思想状況の時代でした（本書3参照）。

この自治体改革論から、社会党はその国会議員の「大物」を自治体首長に出そうということになってきた。それで一九六三年の統一自治体選挙における飛鳥田一雄さんなどの当選をきっかけに、いわゆる革新首長が順次、群生してくるわけです。もちろん、それ以前から京都府の蜷川知事、仙台市の島野市長などもでていましたが、まだ「前期」的革新自治体といっていいと思います。

一九六三年からほぼ一九八〇年までつづく革新自治体の時代は、今日からみますと、新しく《市民自治》の視角から「都市型社会」に対応し、時代錯誤で「官治・集権型」の国の機構ないし法制を「自治・分権型」に再構築しうる理論・運動、ついで政策・制度づくりの模索に、日本史にはじめて、現実政治として大きく取り組みはじめた画期といえます。

当時は、革新自治体といっても、自治体機構は戦前派内務官僚がつくった戦前と同型の地方自治法によって官治・集権構造をもち、戦前名望家出身知識人の首長だけが革新系でした。それで、私はそのころ革新自治体を「泥田の中の丹頂鶴」と位置づけています。というのは、まだ職員も戦前原型の機関委任事務方式にかいならされていて、一九八六年自治体学会ができるころのように、職員が新しい自治体をつくるという理論はもちろん、考え方すらまだ持っていません。都市の議員もいまだムラ型の選挙を母体とします。しかも、地域にはまた、農村型社会のムラを原型とする都市の町内会、農村の地区会が深く根を張っていたのです。まさに泥田です。

当時、なぜ革新首長が群生したのかと言いますと、前述した都市型社会への移行にともなう、新型の《現代政治・行政課題の噴出からくる〈市民活動〉の出発が基本の背景ですが（本書[5]参照）、さらに自治体の首長選挙は首長制すなわち直接公選制だということにもよります。国もいわゆる議会制ではなく首長制つまり大統領制だったら、戦後日本の自民党永続政権はとっくに終わっていたでしょう。

つまり、自治体議会選挙におけるムラ票ないし政党の既成票・組織票ではなく、当時ようやく生まれはじめてきた都市型の新しい批判票・浮動票を首長候補者個人が集めて、革新首長は大量に生まれたわけです。だから、飛鳥田市長が言ったように、革新首長は落下傘で一人、戦前体質そのものの自治体庁舎に降りて、孤立しているという状況でした。

［基盤をもたないパラシュート知事、パラシュート市長ということですね。］

ええ。一九六三年の統一自治体選挙ののち、革新市長会が翌一九六四年にできる。だが、最初は革新市長会とは名乗れなかった。圧倒的に保守議員の多い自治体議会では革新首長個人が出席について批判を受けるので、「広報連絡会」といっていたのです。私は最初から事務責任の鳴海正泰さんと毎回出席し、市長会合とは別に広報職員の研修講師を担当していました。

東京都については、これまで革新系知事候補は選挙ごとに挑戦していましたが、六七年の統一自治体選挙に、当時ＮＨＫの番組「お茶の間経済学」で圧倒的人気をもっていた美濃部さんが出馬し、首都東京でようやく勝利します。もちろん、市民活動の出発が基本にあり、ついで都議会汚職への批判が追風となりました。

この一九六七年の統一自治体選挙ののち、「広報連絡会」は覆面をとって「革新市長会」と正式に名乗り、最盛期にはまだ当時は少なかった市の三分の一におよぶ市長からなる、革新市長会となります。

［先生が美濃部都政とかかわるきっかけというのはどのようだったのでしょうか。］

私が美濃部さんに初めてお会いしたのは『朝日ジャーナル』の仕事です。

［一九六〇年一月二日号の「中間層の生活構造」という対談ですね。］

当時の社会理論はまだ「階級闘争論」が主流の時代でした。このため、「中間層」という新しいテーマをめぐって、一九六〇年最初の号でお会いする。美濃部さんが統計学から中間層問題を整理・定義され、私はまだそのころは都市型社会とは言っておりませんが、「大衆社会」というかたちで、大量生産・大量伝達・大量消費の時代に入って、新中間層の生活様式への《平準化》がこれから拡がり、「社会形態」はいわゆる「マス状況」に入っていくという考え方をまとめていたため、そうした対談でお会いしたわけです。

私はよく美濃部都知事のブレーンだと言われてきました。だが、私自身にはブレーンであったという意識はありません。公式の都政へのかかわりは、美濃部知事就任の翌年、一九六八年にできた長谷部委員会（都政改革を目的とした「行財政臨時調査会」）の委員になったときだけです。政治・行政関係の委員がたりないというので、行政学の阿利莫二さんと政治学の私が遅れて入りました。長谷部委員会は通常の審議会スタイルでした。

それ以外のかかわりとしては、美濃部都政が誕生した時、岩波書店の『世界』編集長をしていた安江良介さんが、特別秘書として都庁に入った。安江さんは友人だったので、時々、のちには定例的に会って、都政をめぐっての議論をしていました。「シビル・ミニマム」やその策定手法は、そこででてくるわけです。

それ以前、一九五九年、『中央公論』六月号の地域共同調査『日本の政治的底流』で、私には鳴海正泰さんとの偶然の出会いがありました。当時、京橋の中央公論社の前にあったのですが、都政調査会という、自治体問題についてのシンクタンクのさきがけが、小森武さんを中心にできていました。

この都政調査会は出発しはじめたばかりの東京の市民運動のセンターになっていた。そのころの市民運動の大きな課題は、ポリオや高校全入などです。調査会は、木造二階建ての二階でしたので、これらの会合があるときは床が抜けるのではと心配するくらい、人の出入りは多かった。時々、私は中央公論社に行った折、ふらりとたちょってオシャベリしていたわけです。

この都政調査会では新しい都市政策の模索が始まっていた。そのおり、二〇世紀初頭にイギリスのフェビアニズムが提起し、第二次大戦後のイギリスはじめヨーロッパの福祉政策の基本概念となっていった「ナショナル・ミニマム」についても議論していた。自治体については、シティズン・ミニマムやシビック・ミニマム、シビル・ミニマムといったかたちで、私たちは検討しています。

私は二〇歳代のとき、専門としてとりくんだヨーロッパ政治思想研究をめぐって、「都市社会主義」（Municipal Socialism）ともいわれた、このフェビアニズムをふまえていたため、ナショナル・ミニマムをもじって、「ル」の脚韻をもつ「シビル・ミニマム」や「インターナショナル（今でいえばグローバル）・ミニマム」という言葉を当時造語していきます。安江さんがこのシビル・ミニマム概念を使い、一九六八年に画期性をもった東京都『中期計画』のきっかけをつくる。

〔4〕東京都シビル・ミニマム計画の誕生

［それは安江さんと松下先生との議論がベースになったのですか。］

この点での都庁の内部事情は私にはわかりません。安江さん、また都政とのかかわりがつよく、シティズン・ミニマムといっていた小森さんがどのような役割だったのかも知りません。私自身もこの中期計画の作業には具体的には全くタッチしていない。

一九六八年、『東京都中期計画』としての公式のシビル・ミニマム計画は、市民生活をめぐる基本施策領域を整理して、その政策基準と達成率を数値モデルで表すという、政策技術としても日本で画期的でした。今でいう情報公開にもなっているのですが、この中期計画を見ますと、下水道は全くおくれているとか、あるいは都市公園が少ない、諸施設類も足りないというかたちで、当時の都政実態はナイナイづくしだということが、棒グラフによって一目で誰にもはっきりわかる。それでひろく、私の造語のシビル・ミニマムという言葉が有名になった。

このシビル・ミニマムについての理論構成については、私はあらためて「シビル・ミニマムの思想」（『展望』一九七〇年五月号、拙著『シビル・ミニマムの思想』一九七一年、東京大学出版会所収）を書きます。シビル・ミニマムとは、「都市型社会における市民の《生活権》であるとともに、かつ自治体の《政策公準》だ。しかも、現代都市政策は国中心ではなく、市民が政治主体としておし進め、さらにその制度主体としては基礎自治体としての市町村から積み上げていく」という、当時における国中心の発想を一八〇度転換する衝撃力をもっていました。

今のグローバルな言葉で言えば、市民を主体として自治体から出発し、国を自治体の補完とみなす、今日では世界共通の「補完原理」をすでに理論化していることになりますが、この論文は注目を集めました。

安江さんが辞めた後、特別秘書になったのが、私の友人の菅原良長さんでした。すでに亡くなられていますが、菅原さんはのちに『地域自治の改革構想』（一九八三年、新紀元社）という地方自治法の全面改正案を出版しています。当時の考え方をこえる、先駆型の業績でした。彼が丹念にあつめた同時代の自治体専門書のコレクションは、現在、山梨学院大学に「菅原良長文庫」となっています。

菅原さんは、横浜飛鳥田市政の特別秘書となった鳴海さんと同様に都政調査会出身で、仙台島野市長にこわれて特別秘書をしていた。そうした意味では、都政調査会は市民運動のセンターであると同時に、そのころの自治体理論家を養成するシンクタンクでもあった。のちに須田春海さん、神原勝さんなども加わります。

［シビル・ミニマムについては、どのように考えていらしたのでしょうか。］

私のいうシビル・ミニマムと、イギリスナショナル・ミニマムとの違いは、第一にナショナル・ミニマムは国に政策主体を置くため全国画一ですが、シビル・ミニマムでは政治主体を市民、制度主体を市町村ついで県、つまり自治体に置き、地域特性を活かします。

第二に、イギリスの福祉は、①社会保障中心でしたが、社会保障だけでは現代都市問題を包括的に理論化できないので、都市基盤の②社会資本、さらに環境とくに公害をめぐる③社会保健の三領域を総合して、それぞれの個別施策の政策公準を〈数値〉として明示します。ここから、現代都市政策はシビル・ミニマムの空間システム化となるため、ひろく公共政策ついで自治体計画は、シビル・ミニマム概念を公準として総合性をもつ構造にしなければならない、という考え方になります。

このシビル・ミニマムの考え方は、また革新市長会の『革新都市づくり綱領（案）シビル・ミニマム策定のために』（一九七〇年一〇月）にいかされていきます。革新自治体はシビル・ミニマムの考え方を踏まえて、個別施策の総合としての具体性をもつ自治体計画をめざします。青森市、山形市、富山市また神戸市など、いろいろな自治体にひろがっていきました（『資料・革新自治体』正・続、一九九〇・九八年、日本評論社参照）。

〔5〕 広場と青空の東京構想

〔一九七一年の『広場と青空の東京構想』とのかかわりはいかがでしょうか。〕

美濃部さんの二期目の選挙には、秦野章（元警視総監、のち法相）さんが立候補します。秦野さんは、当時の言葉での「セメント化」を中心に、東京の都市づくり構想、いわゆる「四兆円ビジョン」を打ち出していました。『朝日新聞』がこの問題をとりあげて、秦野陣営の理論家と私が紙面で討論します。

私はそのころ武蔵野市で自治体長期・総合計画の策定委員をしていたこともあって、その経験も踏まえて、市民参加とシビル・ミニマムが基本で、東京といってもそれぞれの地域には緑や歴史・文化をふくめて地域個性があり、単純な「セメント化」にはならないと、これからの都市政策のあり方についてのべていました。（本書追記　当時の私の考え方については同一九七一年の『都市政策を考える』岩波新書にまとめています。）

そのためか、ある日、菅原特別秘書が正式の庁内手続を経て、私に会いにきました。「『秦野ビジョン』にたいして『美濃部ビジョン』を出すのだが、都の作業が始まり、第一次案、第二次案、第三次案とできあがってきた。だが、原稿の量が次第に増え、中身もまとまらない。どうしたらよいか」との相談を受けました。

「市民参加」と「シビル・ミニマム」を中軸にコンパクトにまとめるべきという話をした記憶があります。結局は私がまとめることになる。市民参加を「広場」、シビル・ミニマムを東京のどんよりした空にたいする「青空」として、『広場と青空の東京構想』というタイトルにしました。これまでの自治体計画は、国の復興計画、ついで経済計画・国土計画の受け皿という考え方だったのですから、自治体計画の発想と構想の決定的転換をおこなっていたのです（本書6参照）。

[そうしてできあがった『広場と青空の東京構想』は、シビル・ミニマム理論に基づき、数値目標も含めて書かれていました。シビル・ミニマム計画の『中期計画』、そして『広場と青空の東京構想』は、ばらまき型ではないバランスをとった都市政策をリアルに展開していくことをめざし、市民参加・職員参加など、当時の自治体、後の自治体にも非常に大きな影響を与えたと思うのですが。]

ええ。基本の考え方は、市民参加によるシビル・ミニマムの公共整備でした。シビル・ミニマムの整備を、従来のようにモノトリ圧力でやっていくとムシリ・タカリとなり、さらには声の大きい政治家や集団を中心に浪費になる。しかも、当時はナイナイづくしですから、あれもこれも市民の要求事項になっていた。しかし、政策資源ないし権限・財源は限られているため、優先順位をめぐって、市民参加の手続による選択・調整・合意のルールの形成が長期・総合計画というかたちで不可欠と考えていく。そのうえ、道路にしても、公営住宅を造るにしても、適正配置や施策水準、つまり「質」まで考えた上で、計画的にすすめなければならない、というわけです。私は当時、第一に、市民活動はムシリ、タカリではなく、市民間調整、いわば《市民自治》という〈規範感覚〉を持つこと、第二に今でも日本ではバラマキ政治なのですが、政策そのものを市民参加という〈手続合意〉による「自治体長期・総合計画」によっておし進めていくという、今日当然となった論点を提起していきました。今日では、社会理論は「合意」が基本のため、その後私は科学という用語はつかいませんが、当時の私の用語では、政策自体をいわば「科学化」して、市民の「都市科学」として整理していかなければならないとのべていました。

〔6〕 シビル・ミニマムが明らかにした都区制度の問題

この都レベルでのシビル・ミニマム設定は、その後あらためて厳しい問題をはらむことになります。当時の都のシビル・ミニマム計画は、都つまり県レベルとしての都全域平均数値で対処しています。このため、その後、私は、種々の機会に、このシビル・ミニマムは、本来、各区、各市町村のレベルから出発すべきだという問題提起をたえずおこなっていきます。

各区それぞれ問題点が異なり、また多摩ではそのころ「多摩格差」もいわれていましたが、東京都全体の数値だけでは、各区また市町村における地域独自の政策課題がはっきりしてこない。シビル・ミニマム計画は、各区ならびに各市町村がそれぞれ制度主体となって策定・実現し、広域自治体としての東京都の計画はそれらを戦略的に「補完」する仕組みにつくりかえるべきだと、私は主張していきます。

だが、多摩や島しょの各市町村は政策責任を個別にとりうる基礎自治体として完全自治体ですが、区議会はあるものの当時も二三区は自治体ではなかった。東京市と東京府が合体する形で東京都ができあがり、二三区では東京都が市役所の役割も果たしていた。二三区はかつては東京市役所の出張所だったシクミを当時もひきずっていたのです。しかも、戦後せっかくできた区長公選も廃止され、区長は議会が選出して都知事が同意するという選任制でした。二三区は基礎自治体ではなく、東京都＝市のいわば内部組織だったのです。

東京都では、今日も以上の歴史の流れで都区財政調整も続くのですが、都制出発以来、都は区にたいして市役所の権限と県の権限との両方を持っていた。ここから次の問題が出てきます。各区でシビル・ミニマムの充足率を数値化しますと、下水道ではA区は八〇％、B区は一五％、あるいは保育園でもA区は六〇％、B区は二〇％という充足率の格差があきらかになる。としますと、多摩などでは各市町村間の不均等は各市町村の自己責任ですみますが、二三区間の不均等は東京市としての東京都の責任になってしまう。ここから、都議会では、二三区間での財源配分を変えるという議論になっていき、東京都制の解体につらなる。東京都の幹部職員は、私には口にしませんが、二三区に数字をおろして区間の比較をすることには強く反対する。

東京都は県つまり広域自治体として二三区にたいする戦略的補完、いわば基礎自治体としての市町村ならびに区とレベルの異なる、広域自治体としての県の戦略計画をつくらなければならないのに、都庁幹部は当時のこみいった都区財調あるいは都区人事などをふまえて、今日では時代錯誤と笑われる《都区一体性の原則》を当時は本気で掲げ、二三区ベッタリだった。

このため、都職員には広域自治体＝県レベル独自の思考訓練ができていなかったといってよいでしょう。『広場と青空の東京構想』が庁内でまとまらなかった理由には、東京都という県レベルの計画づくりなのに、つくっている職員は多摩などを軽視し、二三区平均レベルの発想にとどまっていたという矛盾があったのです。

この都区関係のアイマイさのため、市民活動出発時の当時、市民個人が二三区の窓口に行くと「都に行ってくれ」、都に行くと「区へ行ってくれ」と言われていた。市民が都区間を行ったり来たりする。この論点が明らかとなったため、区への分権運動が強くなり、一九七五年に区長公選が復活することになります。

この二三区問題については、一九七六年五月、篠原一、西尾勝、菅原良長、神原勝、それに私が加わった「都区政研究会」で、『都政革新討議のための提言』をまとめ、二三区に分権して区は基礎自治体となり、東京都は県としての機能に純化するという提案をするのは、以上の経験をふまえたためです。今日もいまだ都区財調は残るとはいえ、この提言は二〇〇〇年分権改革につながった。ようやく区は準基礎自治体となり、区長は全国市長会に加入する。

結局『広場と青空の東京構想』が「試案」止まりとなるのも、こうした都区制問題があったからです。東京都はその後も、二三区にたいする政治・行政責任の位置・範囲があきらかでないため、都レベルの総合計画をつくれない状況が続く。当時、他の県は、中身はともかく、県計画を持っているのに、東京都は以上にみた問題点をもつ都区制をとるためにつくれなかったのです。

鈴木都政に変わってのち、一九八二年にようやく、あらためて都は総合計画を制定します。その際、私は都の局長級の箱根での会議に出席を要請され、都が県レベル独自の計画をもつ必要について話をしています。

(本書追記　なお、拙稿「東京圏をめぐる戦略と課題」『世界』一九七八年一〇月号参照。また、今日の自治体計画における課題変化については、本書[6]参照)。

[7]　シビル・ミニマムの政策論点

［都区制度で言えば、品川区の準公選の条例ができたとき、それを美濃部知事が支持したので準公選が実現したということは、美濃部時代の成果の一つといえるでしょうか。］

そうです。美濃部都政以前から、都という制度自体のユキヅマリははっきりしていた。一九六〇年代から阿利莫二、高木鉦作、大島太郎さんらとともに、杉並区に住んでいた私も、区長公選は不可欠だという活動をしていました。この区民運動は各区にひろくひろがって、一九七二年、準公選にふみだしたのは品川区でした。そのころは、私は多摩の武蔵野市に住んでいましたので当事者主義をとって直接関係しませんでしたが、区長公選運動には、区民であるため当事者でもあった篠原一さんや神原勝さんたちが活動されます。

［シビル・ミニマム計画や『広場と青空の東京構想』は都区制度の問題などから、うまく展開できなかったということですが、他の自治体に与えた影響は大きかったですし、「シビル・ミニマム」が「ナショナル・ミニマム」（国の施策水準）を問い返していくということもあったと思います。また計画行政を提起すると同時に、現在盛んに言われている行政評価、またマニフェストの原点にもなったのではないかと思います。］

理論レベルでは、おっしゃる意義と影響をもったようです。だが、今日では、たとえばいまだに都の政党は、各県も同じですが、自民党から共産党まで、いずれも毎年の「予算要求」というかたちで、モノトリ型の項目を大量に並べ、弾も百発撃てば一発はあたるという考え方で「わが党の勝利」をうたっている。転型期にある今日の自治体の政治・行政・財政について、その構造再編を考えず、自治体をモノトリの対象にしている。ナサケナイではありませんか（拙著『戦後政党の発想と文脈』二〇〇四年、東京大学出版会、序文参照）。このため、当時の計画づくりの意義と論点は、自治体現場では今日忘れられてしまったというべきでしょう。

たしかに、シビル・ミニマムを提起することによって、理論としては、自治体は市民主権からの出発、さらに自治体財務ないし都市経営を基軸に計画的に地域づくりをすすめるべきだという、視角は明確となっていった。

国もこのシビル・ミニマムの発想からヒントをえて、行政需要の積算に取り組むようになりました。

そういう意味で、バクゼンとしている政治・行政課題を、個々の市民の《生活権》を起点とした整合性のある政策・計画課題として整理し、今日でいうマニフェストがめざすような数値を明確化するという役割を最初に果たしたといえます。

それに、当時の憲法学の通説は、憲法二五条「健康で文化的な最低限度の生活を営む権利を有する」という条文は、個々の市民に具体的な権利を保障したのではなく、たんなる理想を掲げた宣言にすぎないという考え方にとどまっていました。

このシビル・ミニマムの提起によって、日本ではじめて都市型社会固有の市民の《生活権》が理論化され、基本人権として、政策・制度によるその公共整備、いわばセーフティ・ネットというかたちで、各レベルの政府課題を明示することができたのです。その後、憲法学では、二五条の解釈は、私の考え方の方向に変わっていくわけです。

（本書追記　拙著『国会内閣制の基礎理論』［松下圭一法学論集］二〇〇九年、岩波書店を参照ください。）

［8］　現代都市政策の展開と都政

現代都市政策論は、シビル・ミニマム論をふまえて出発します。私も編集委員だったのですが、岩波書店が政策理論の画期をなす『現代都市政策講座』を出すのが一九七二年から七三年です。従来は都市政策といえば、土木や建築、福祉、衛生などの個別領域、その財源論としての地方財政論がくわわるという、ばらばらの寄せ集めだった。これにたいして、《シビル・ミニマムの空間システム化》という形で現代都市政策ないし自治体計画が理論統一性を持つことができるようになった。これも、その意義として考えていいのではないかと思います。

つまり、農村地区をふくめ、ひろく都市型社会における市民の生活条件の公共整備は、縦割省庁行政による国の恩恵ではなく、市民の「生活権」ないし「政策公準」としてのシビル・ミニマムの公共整備である、という考え方をふまえることになります。ここから、はじめて、各個別政策領域を数値としても明示し、自治体財務ないし都市経営の手法による総合的かつ戦略的な予算配分が、計画理論として可能になった。

現在、こうして市町村レベルでの先駆自治体は、たんなる美文ではない実効ある長期・総合計画をつくっていますけれども、県レベルではまだ以上の考え方に未熟といえます。県はいまだに、その幹部に縦割各省庁からの出向官僚がいるのをはじめ、国の省庁縦割コントロールがつよいため、今日も県レベルの計画策定はうまくはたらかず、戦前型官治・集権体質を残しています。

私がかつて日本列島改造論への批判（「田中内閣論」『中央公論』一九七二年九月号、拙著『昭和後期の争点と政治』一九八八年、木鐸社所収）でのべたように、国土計画も、本来、市町村レベルの自治体計画から出発し、ついで県レベルの自治体計画を調整する位置にあるはずなのですが、その後も結局省庁の縦割予算、さらに局単位の縦割事業拡大となって、ムダ、ダブリ、時代オクレの公共事業をかさねて、とうとう二〇〇〇年代、日本は財政破綻状況となり、国土計画自体が終わります。

［シビル・ミニマムという考え方が出ていたのに、その「ミニマム」が守られなかった、あるいは活かされなかったということでしょうか。］

そうです。政治・行政はミニマム保障しかできないという限界が理解されてこなかったため、縦割省庁官僚は国内市場拡大を名目として、ミニマムの「量充足」を「質整備」に転換することに失敗するだけでなく、バブルを背景にさらなる「量拡大」をつづけ、その後誤ったデフレ対策をすすめて、国、自治体ともに財政破綻となった。

［自治体の経営ということでは、美濃部都政の終わりのころも財政危機に見舞われました。特にオイル・ショックを機に、財政赤字が深刻になっていきました。］

美濃部都政だけでなく、日本の自治体全部が、あのときは、外から突然のオイル・ショックという外的要因で財政難に急激におちいった。

［美濃部都政はばらまき福祉だったので財政危機におちいったという宣伝もされたのですが。］

それはタメにする議論でした。日本はまだ中進国段階でのナイナイづくしの時代でしたから、美濃部都政は全国の各自治体と同じく、ひろく都市型社会の移行にともなう市民福祉をめぐって、シビル・ミニマムの「量充足」をすすめるのは当然だった。とくに東京は人口急増のため、学校から保育園まで施設類はつねに足りなかった。それに、道路、上下水道なども当時、緊急でした。また、ヤリ玉にあげられた老人の医療無料化、バスの無料パスなども、国民年金の未熟との見合いでした。評判の悪かったその一率配布も、まだＩＴのないそのころ個人所得算定の行政コストとの関係があった。

だが他方、美濃部都政の後始末をすると言った元自治省事務次官の鈴木都政もしだいに臨海副都心開発をふくめ、都のあらたな財政問題の引き金を引いている。また石原都政は、思いつきで都民の支持のない銀行設立やオリンピック誘置運動をおこなった。とすれば、そこには、都庁職員の官僚型膨張体質をも指摘すべきでしょう。ここを切開しなければ、通常の県ならともかく、巨大県の都庁のムダ問題は解決しません。

［美濃部都政には革新自治体だということで、自治省が起債許可権限を盾にとってなかなか起債を許可せず、美濃部都政は財政戦争を宣言し、訴訟も検討していました。］

自治省の起債許可の恣意性は今日も日本の自治体全体の問題ですが、論点を残しながらも勇気を持って、一九七二年の新財源構想研究会の発足以来、先駆的に財源をめぐる問題提起をした。また、朝鮮人学校公認問題が典型的ですけれども、法逞用の新しい展開に種々の先駆性も発揮している。

ただ、当時はまだ、俗にいう「TOKYO作戦」など、政府・自民党による公然たる「革新自治体つぶし」がおこなわれる、品性なき「イデオロギー」ないし「アカ攻撃」の時代でした。また二三区までかかえこむため、巨大すぎて「伏魔殿」といわれつづける不透明性は、その後も都政につづきます。だが、美濃部都政をふくめ、ひろく当時の革新自治体、その後は先駆自治体が国に先行して、政策・制度ついで法務・財務についての多様な試行をおし進めたことで、《二〇〇〇年分権改革》につらなるわけです。

革新自治体による個別政策・制度の先駆的な開発については、前述の『資料・革新自治体』を見ていただきたいのですが、農村型社会発想にこれまでとどまっていた官治・集権型の省庁官僚や保守系政治家・理論家には想像もできなかった、自治・分権型の新しい政策・制度を当時つみあげはじめたことがわかります。昔は「違法」とされていたことが、革新自治体以降は市民の「常識」となったのです。

〔9〕 現代都市政治と市民参加

［美濃部知事は社会党と共産党から推薦を受けて当選しました。その時に、政党は人事に介入しないでくれ、同時に、政策についても介入しないでほしいと言って、都民党というか、一党一派に属さずにやっていきたいと美濃部さんは考えたということですが、そうした政党との関係をどのようにご覧になっていましたか。］

日本の自治体は議会多数党から長を選ぶ国のような一元代表型の「議会制」ではなく、複数党からなる議会との緊張をもつ二元代表型の「首長制」ですから（**図7―4**本書一五二頁参照）、知事自体についての「都民党」という設定は当然でした。二元代表を理解できない各党に、与党競争をさせないためです。そのうえ、財政急迫で自治体再構築が急務の二〇〇〇年代でも、国レベルの政党が国の財政破綻がはっきりしてもそのバラマキ体質が変われないのと同じく、県レベル、市町村レベルの政党も同じくまだモノトリという旧体質が続く。

「議会基本条例」を制定する市民型の自治体議会もではじめていますが、前述したように都議会をふくめていまだに多くの自治体議会の各党ではモノトリ政策がつづきます。また、最近明らかになりつつある東京都議会、二三区の区議会での政務調査費問題も、議員個人自体によるモノトリ型の典型です。

今日もつづく各政党ないし自治体議会のこの「泥田」体質を変えるため、革新首長主導で当時日本ではじめて《直接民主政治》の試行が始まりました。先駆的だったのが飛鳥田横浜市政の「一万人市民集会」、それから美濃部都政の「対話集会」でした。しかし、日本の市民の政治未熟のため、飛鳥田さんの一万人市民集会は儀式にとどまり、美濃部さんの対話集会は「知事さんオネガイシマス」という陳情集会になって、終わりとなります。

当時は日本の市民たちはまだ市民型の自治の訓練ないし経験をほとんどもっていなかった。これから市民活動が始まるという時点だったので、やむをえなかったと私は思っています。それでも、革新自治体は《自治体改革》の第一歩を踏み出したのは事実です。日本の自治体は、その後順次、市民参加、情報公開の制度を多様に開発する。オンブズ制度なども市民自体がつくっていく。今日では、市民と長・議会ついで職員との《信託》関係を明文化する「自治体基本条例」の制定すらはじまってきました（本書[7]参照）。

[美濃部都政の直接民主主義をめぐっては、杉並区の住民は清掃工場を建ててほしくない、そのゴミを処理している江東区の議会などは反対してそのゴミの搬入を阻止するという「ゴミ戦争」、また放射36号線道路をめぐる住民投票問題もありました。]

ええ。都市型社会固有で、未知のいろいろな新しい問題が噴出しはじめた当時、理論家、ジャーナリストをふくめて、地域・自治体についての市民型の経験蓄積、理論水準も未熟だった。私が編集した『市民参加』（一九七一年、東洋経済新報社・本書〔補論〕参照）が、市民参加についてまとまった本となる最初ですから、日本全体が未熟だった。ことに、日本の法学者が旧保守系・旧革新系ともに市民活動ないし自治体改革について理解できていなかったことは、拙著『市民自治の憲法理論』（一九七五年、岩波新書）でのべたとおりです。

住民投票問題も、その制度開発をめぐって美濃部都政が日本ではじめて取り組んだと言っていいわけです。しかし、そこではっきりしたのは、拡幅道路の近くに住んでいる人たちは拡幅に反対する、しかしその道路から離れた人たちは賛成することでした。ここから、投票範囲をどう線引きするかという問題で行き詰まる。ゴミ処理施設問題なども同型です。

これらは日本のデモクラシーの歴史の中で、画期的な試練だったと思います。この基本論点は今後も、基地や原発の立地をはじめ、きびしいかたちで続きます。この事態は、国、また市町村、県はそれぞれ、「予測と調整」というかたちでの情報公開・市民参加を基本に、各政府レベルの政治・行政がそれぞれ責任をになっていかざるをえないという教訓となります。

〔10〕 美濃部革新都政が提起した問題

もちろん、都市型社会の政策・制度課題をめぐって、この一九六〇、七〇年代は、日本の歴史に初めて、政策・制度づくりの市民型試行を市民活動がおし進め、自治体レベルでは自治立法、自治解釈、とくに官僚法学、講壇法学の盲点をついて要綱行政、行政協定などという発明もはじまり、二〇〇〇年前後では拙著『自治体再構築』（二〇〇五年、公人の友社）でまとめたように、《二〇〇〇年分権改革》をはじめ、国法の構造を変えていきます。

その成果として、建設、環境や福祉、医療などの個別国法にも、市民参加手続の導入は当然となる。官治・集権型の戦後憲法学・行政法学など講壇法学、また官僚法学は破綻してきたのです。

革新自治体が提起した、戦後民主主義の《表層性》を打破する、自治体レベルでの具体的な政策・制度開発は、当然、将来も加速して続いていきます。この論点は日本に限らずどこの国でも、都市型社会における《永久革命》としてのデモクラシーそのものが抱える課題として、将来も続くのだと考えるべきでしょう。かつての革新自治体はたしかに日本最初の試行でしたが、完結したものとしてとらえるのはまちがいで、都市型社会における政策・制度構成をどのように再構築するかという日々の問いに、たえずつらなります。

[革新自治体が分権改革の出発点を作った中で、特に美濃部都政は、首都東京を担う自治体として注目され、与えたインパクトも大きかったということでしょうか。]

たしかに美濃部都政はマスメディアの集中している首都のため、大きく注目され、また同時に批判も厳しかった。だが、当時、市民からの出発という《自治体改革》は明治以来はじめて始まったばかりでした。このため、美濃部都政をふくめて、革新自治体はまだ前述の「泥田の中の丹頂鶴」という状態だった。

この泥田は二〇〇〇年代の今日も、国の政治・行政をはじめ、すべての自治体ではありませんが、自治の誇りなき自治体の財政破綻、構造汚職という、連日のニュースになるかたちでつづいています。しかし、《自治体改革》の入り口は、当時、政治家・官僚、ジャーナリスト・学者も予測できなかったのですが、まず、この「泥田」を「美田」にするという試行をはじめた、この革新自治体がつくったのでした。

当時も、革新自治体については首長だけの丹頂ではダメだと批判し、「革新」自治体という言葉を逆にして自治体「革新」という言葉を私たちはつくっていきます。つまり、自治体自体をどう改革・革新するかという問題が基本だったのです。今日では私は「自治体再構築」とも言っています。

［美濃部都政について他に特記すべき点はなにかありますでしょうか。］

日本全体として、当時はまだシビル・ミニマムの《質整備》をめぐる緑化・文化、とりわけ景観についてのとりくみは、「量充足」がせいいっぱいのため、いまだ弱かったといえます。この政策領域は一九八〇年代からあらためて、行政の文化水準をたかめる行政自体の「文化化」、ついで自治体における「文化戦略」の構築を課題とするというかたちで、森啓さん、田村明さん、私などからその構想がはじまります。この行政の文化化は、日本の低劣な行政の文化水準をいかにあげるかを主題としていました。日本特異の官僚スタイルをもつ、ムダな公民館型の「社会教育行政」の廃止もふくまれます（本書二八二頁参照）。

また「生活道路」という言葉ですが、これと自動車中心の幹線道路とを区別したのは、美濃部都政でした。国道、県道、市町村道といった制度分類でなく、私たち市民が日々つかう生活道路というかたちで、道路についても市民起点の考え方の成立を示していきました。「生活道路」とはなにげない言葉のようですが、私たちの考え方を官治型から市民型に変える、それこそ基本の第一歩をふみだしたのだということを、この言葉は示していると私は考えています。ここにも日本における《市民感覚》のはじまりがあったといってよいでしょう。

［本日は美濃部都政と、それにかかわって、現在の自治体政策、市民自治の原点となっている松下先生の理論などについて、いろいろなお話を伺うことができました。どうもありがとうございました。］

中嶌いづみ　『都市問題』編集長

［東京市政調査会『都市問題』二〇〇七年一月号］所収

原題　美濃部都政と現代都市政策への視座

5

市民活動の出発と運動論理（二〇〇四年）

〔和田安希代・米倉克良　私が生活クラブにかかわってきたのは、一九八〇年代の産直運動が盛んな時代でした。一九六〇〜七〇年代の学生運動からの流れが産直運動に転換してきた時期でもあります。それ以前の生活クラブの初期の頃などの話は、たまに断片的に聞くだけでした。先ごろ、松下さんが刊行された『戦後政党の発想と文脈』（二〇〇四年、東京大学出版会）が取り扱っている一九六〇年代と重なりますが、本誌『社会運動』二〇〇四年一月号で道場親信さんの「初期生活クラブと「地域」の発見」という論文を読むと、松下さんと、生活クラブ創設の段階からのかかわりがわかってきました。「地域民主主義」というキーワードを含めて、当時、時代状況をどのようにお考えになっていたのでしょうか。〕

私の知る範囲では、生活クラブの発足と私は直接の関係はありません。「地域」ないし「生活」の〈発見〉という《時代の問題意識》を共有していたということでしょう。このため、私は消費者市民活動として出発した生活クラブにははじめから親近感をもっていました。生活クラブは一九六五年に始まりますが、その六〇年代は、日本が農村型社会から都市型社会に移りはじめるころでした。都市型社会が成熟するのが日本ではちょうど八〇年代で、またこのころ生活クラブが急激に伸びます。

生活クラブの出発は各政党の党名にみられるような、自由民主、社会、共産といった抽象的な観念からでなく、「一〇円牛乳」（本書追記　「一〇円牛乳」は一九五五年ごろからの消費者運動の一般用語。生活クラブでは一九六五年六月、大手乳業メーカーの一斉値上げに一五円を主張して二〇〇人、三二九本の取り組みから始まった）というような具体的な地域での市民生活の「必要」からでした。

そのころの日本では、〈地域〉の理論、〈市民活動〉の理論、それから〈自治体〉の理論がなかったのです。知識人たちは保守系・革新系を問わず、当時は、地域の市民生活を視野にいれない「天下国家論」ないしこの国家の争奪という「階級闘争論」を中核においていた。

他方、この「地域市民活動」とは別に、また新しく、私の友人の小田実さんや高畠通敏さんらのベトナム反戦をめざす「べ平連」も「国際市民活動」として出発しています。地域派と国際派とのあいだで、ムダな対立がおきないよう、私は配慮していました。多元・重層という考え方を、私なりにもちはじめていたのでしょう。

試行錯誤の手探りでしたが、生活クラブの問題の立て方は、非常に先駆的でした。モデルのない手探りの出発だったから、今日の生活クラブがあり、かえってよかった。その後、協同組合としての「生活クラブ」を母体に、福祉・文化活動としての「ワーカーズ・コレクティブ」、さらに議員を選出し自治体政治を動かすいわばローカル・パーティとしての「生活者ネット」という三層をつくっていった。この三段構えは、出発当時は、誰も予想していなかったでしょう。

当時は理論的には「保守対革新」という階級闘争モデルの二元・対立時代でした。その運動をみると、保守は地域での町内会・地区会、職域での業者団体や大企業をとりこんで、国、県、市町村単位に各級議員後援会をつくっていました。革新では地域での組織は弱く、実質は職場での「労働組合」のみだった。しかも、この労働組合は、大企業と公務員の組合が中心で、零細企業では今日もそうですが組合がなかった。労働組合は、労働者の上層三分の一、古い用語でのいわば「労働貴族」しか組織していないし、企業組合という閉鎖性を持つ。

一九六〇年「安保反対国民運動」を英雄視する方もいますが、このとき、この国民運動はいわば上からの政党系列団体、とくに労働組合の組織動員という、戦前型系譜が中心でした。一九五八年の「警職法反対国民運動」も同型です。その実態は企業単位の労働組合によるアゴ（弁当）・アシ（交通費）つき、さらに日当つきの「動員」で、地域を素通りして、街頭どまりだった。これでは、日本の「戦後民主主義」は〈外見〉のみの底抜けではないかという批判をして、私は一九六〇年に「地域民主主義」あるいは「自治体改革」という言葉を作り、その理論化をめざします。

つまり、「職域」での賃上げないし企業内福祉のみにとじこもり、時折、街頭デモにでる、閉鎖型の企業労働組合中心の考え方にたいして、「地域」での市民すべてに共通する〈生活〉を起点とした活動は可能かと問うのが、私の模索の始まりでした。このような私の考え方からみますと、生活クラブは「牛乳」からはじまって、今日の活動水準までできたのは、大変な構想力だったと思います。生活クラブは、日本における戦後の運動のなかでも、持続性をきずきあげた画期的な市民活動として、高く評価される必要があると考えています。

市民活動の特性は、特定の時期・場所での課題をめぐって、たえず、生まれて、消える、というかたちです。これがまた市民活動の強みでもあるわけですが、経営という持続性をもつ生活クラブは、当時はいくつかの市民活動とともに、異例でした。この市民活動の持続性をめぐっては、その後あらたにＮＰＯの法制化も始まります。そのうえ、この生活クラブの活動方式は北海道から関西など、各地域に飛火してつながっていった。

【一】 先駆的な変革は「原始自治」から

［そのころの牛乳運動の主体は、女性でした。また戦後、女性は参政権を得ましたが、当時はまだ実質的な政治参加は遠かったのではないでしょうか。こうした中で、女性を中心にした運動を始めていったという点について、誰かが戦略を持っていたのでしょうか。その点、どうご覧になっておられましたか。］

一九六〇年に、私は今日ひろく使われている「地域民主主義」また「自治体改革」という造語をしながら問題提起をしたのですが、これは予測であって、現実は、まだ動いていない。しかも、男性は毎日職場にでかけますから、「地域」にはいわば〈主婦〉としての女性しかのこっていない。ここから、生活クラブは出発する。

たしかに、それ以前の一九五〇年代から、いずれも「地域」で〈自由〉な主婦層からはじまるのですが、原水禁、高校全入、ポリオ・ワクチンなど緊急生活争点がおおきく政治を動かしはじめていた。さらに一九六〇年代ではナイナイづくしで、保育園・幼稚園、また道路舗装、水道・下水道、さらには新しく公害など、都市型社会への移行にともなう日常生活争点にもとりくみつつあった。天下国家型の男性の知識人たちが問題層として無視してきたこれらの生活争点が、毎年夏に全国大会をひらく女性の「母親大会」に集約されはじめていく。二〇〇〇年代の今日も中進国状況にある日本では、当時もちろん、男性は有給休暇もとらず、「職場」にガンジガラメに閉じこめられていたが、主婦型女性は電気洗濯機などの家庭電化に加速されて、地域で自由を確立しつつあった。

これらの主婦活動が地域の政治にあらためてとりくむ現実の突破口は、さきに話にでた拙著で整理したように、一九六三年の統一自治体選挙による「革新自治体」時代の始まりです。すでに、コンビナートの開発から自動車問題、ゴミ問題をはじめ各種公害など全国にひろがり、「地域市民運動」が激発します。また、高成長のころは日に日に物価もあがるインフレ期でもあったため、都市主婦層を中心とした「消費者市民運動」の出発もくわわりました。「一〇円牛乳」運動あるいは現在も続く「ちふれ」や「ハイム」などの化粧品運動もはじまる。

しかし、いずれも、最初は「地域そのものをとらえなおす」というより、個別の「反対運動」という性格しか持っていなかった。考え方として見れば、牛乳は大手筋で価格を操作し、化粧品も大手の化粧品会社が一方的に高価格を決めていくという状況に対抗して出発し、ついで主婦層がみずから生活防衛に、さらに地域づくりに「私たちも参加できる」という形に変化していく。

こうした地域での《市民活動》は、日本が都市型社会にはいる一九五〇年代からすでに日本全国に多様に出発しはじめ、一九六〇年代での「革新自治体」登場の推力となって、時代の画期をきずいたのでした。シンボリックなのは、このような活動を反映して、これまで教条政党にとどまっていた社会党の江田三郎さんが書記長のときに、国会の本会議演壇で、水ではなく「牛乳」を飲んでアピールしたことです。このような状況のなかで、具体的な組織論を模索しながら、今日の水準をきずいたのが、現在の「生活クラブ」だったのです。

当時、地域生協には二つの類型があった。いわゆる「店舗・スーパー型」がその主流でした。生活クラブのような「参加・サークル型」は珍しかった。「店舗・スーパー型」で有名なのは、戦前からつづく灘神戸生協（現コープこうべ）でした。東京では、都民生協（現コープとうきょう）などです。しかし、「参加・サークル型」で一人一人が個人市民として活動していくという、「市民活動」型組織方法では、生活クラブがきわだっていた。この店舗型と参加型という組織類型の設定は、私の専門だった政治思想史研究からヒントを得ていました。カソリックの固い教会型と、プロテスタントの柔らかい参加型との、対比がこれです。

もちろん、一九六五年出発の生活クラブは後発組といってよいかもしれません。一九五〇年代では、すでに前述の地域主婦からはじまる原水禁、高校全入、ポリオ・ワクチンなど、さらに母親大会もすでにはじまっていました。また、『朝日新聞』の投書欄「ひととき」に発言した女性を結集する「草の実」会が全国ネットをつくるだけでなく、各地でサークル活動をすすめていたことも特記しておくべきでしょう。

いわば、これらの女性市民活動は、都市型社会への移行の初期、人口の都市化、女性の主婦化、さらに学歴、マスコミの水準上昇、家庭電化による余暇拡大の急速な進行の反映でもあったのです。当時、「『主婦』の時代がはじまった」ともいわれていました。だが、おおくの活動はいわば《運動》型でした。これに比して、生活クラブは、《経営》型として、地域に根を持つ日々の活動を定着させていったのです。

私は、この地域市民活動の始まりをめぐって、当時、労働組合婦人部系の「階級」理論と論争もすすめていきます。当時の「階級理論」ではこの地域の主婦活動を「プチブル活動」と位置づけますが、日本全体としても都市型社会の新しい「市民活動」を位置づける理論視座はまだかたちづくられていなかった。だが、私は市民派ないし地域派として、その頃の言葉でいう「婦人問題」というかたちで、『婦人公論』『朝日ジャーナル』などで論陣を張っていました（拙著『昭和後期の争点と政治』一九八八年、木鐸社所収・第4章「婦人問題の理論構成」参照）。

もちろん、都市型社会が成熟すれば、今度は女性のおおくも職場にでるため、地域から「主婦」型の女性は少なくなり、二〇〇〇年代の地域は長寿化とあいまって、高齢者中心となります。ただし、日本が先進国状況となって有給休暇がふえれば、新しく成年男性・女性の地域回帰もおこります。

前述の道場さんの論文に出ていたような、私の「地域民主主義」「自治体改革」という考え方が具体的に生活クラブとどう結びついたかは、最初に申しましたように私は知りません。ただ、お話ししたように《地域》ないし《市民活動》についての理論家が当時いなかった。

このため、生活クラブにも出発のころから、年に一回ぐらい、赤堤の生活クラブ本部に呼ばれてお話をしていたことは事実です。東京から分離独立した神奈川の生活クラブにも続けてお伺いしていました。また新しくできた議員さんたちの「生活ネット」にも出発当時から時々伺っています。もちろん、今日では、「生活クラブ」や「生活ネット」自体にも、特記すべきですが、すでに理論家が育っています。

他方、歴史上はじめての地域市民活動の激発に衝撃をうけていた自治体、あるいは省庁、人事院の研修にも、都市型社会における市民活動の「構造必然」をめぐって、たえず当時お話にいっていました。日本の政治・行政がはじめて直面したのですが、都市型社会ではもう市民活動から逃げられないのだから、政治家・官僚ないし政治・行政は、市民参加、情報公開、行政手続といった新課題領域にむけての政策・制度づくりにとりくむとともに、これに習熟して、日本の国家統治型行政を市民自治型行政に転換すべきだという『市民自治の憲法理論』

（一九七五年、岩波新書）に定式化した持論を、くりかえしのべていました。このような時代の変化をめぐる論点を、まとまったかたちで提起できる理論家は当時いなかったためです。日本の理論水準は、当時そのように役立たずかつ時代オクレでした。

［生活クラブの場合、「班」で一票の議決を持って参加するという形が、班の中での自治とか、民主的な話し合いとか、どうまとめ全体の議決に参加するのかというかたち自体が、市民自治の一つの事例だったということですよね。そういう中で、公害問題とかせっけん問題とかにも取りくんでいくわけですが――。］

たしかに、都市型社会に入りますと、生活の地域自給の時代は終わりますから、市場経済のなかでまず（1）地域生活問題が自立化します。それに、高成長期はインフレ期でしたから（2）物価問題がきびしかった。それから、農村型社会のムラ自治ではとりくめない都市型社会固有の生活権＝シビル・ミニマムの公共保障が必要となる（3）福祉問題、都市問題、公害問題が激発する。

地域で噴出する、こうした都市型社会への移行にともなう多様な新しい問題に、業界団体はもちろん、職場ないし企業単位の労働組合ではもちろん対応できない。そのうえ、当時の保守・革新双方の政治家、政党、また国の官僚、自治体職員、それにジャーナリストや理論家のおおくも、この新しい領域には「未知」かつ無理論で、対応能力をもたなかった。

以上の（1）（2）（3）という、新しい地域での生活争点に試行錯誤しながら、市民活動が出発する。ここから、《市民自治》を起点とする〈自治体改革〉、さらに「シビル・ミニマム」（憲法二五条の生活権）の空間システム化としての〈現代都市政策〉、さらには国、自治体の行政組織の官治・集権型から〈自治・分権型へ〉の転換という、私の一連の考え方となります。

まず、この市民活動をどう理論化するかが、私の課題となります。ヨーロッパなどが《近代》にはいるとき、社会や政治の変革をめぐっては、小さな「サークル」、今の言葉になおせば市民活動ですが、《原始自治》から出発している。地域拠点としては、イギリス革命だったら「自由教会」、アメリカ革命の「タウンミーティング」、フランス革命では古い「コンミューン」の再編です。時代や地域、また文化も異なりますが、ロシア革命でもその初期は「ソビエト」、中国革命では「辺区」からの出発となる。《原始自治》からの出発です。

《現代》の都市型社会のマス・デモクラシーでも、民主政治の微分化として、たえず、今お話のあった小規模自治としての参加型の《原始自治》が提起される。「小規模社会」としてのサークル、あるいはアソシエイションとかコミュニティという、今日、世界共通の考え方が、そこにかたちづくられる。社会であれ政治であれ、ラジカルに変える活力は、《原始自治》としての〈地域〉での「参加型」の《市民活動》からの出発だったのです。ここから「店舗型」（スーパー型）の生協にたいする、生活クラブにみる「参加型」（サークル型）生協の画期性を、私は予測しえたのだろうと思います。

灘神戸生協の戦前から有名な涌井理事長に当時若かった私は何度も呼ばれ、「個人が自発的に参加する小さな地域単位が、自治の市民訓練となる」という主題でのお話などをしています。このこともあって灘神戸生協は、生活クラブに職員の研修派遣などをしました。だが、すでにスーパー型として組織も大きいこともあり、サークル型を取り入れることができなかったようです。今日では「ビジネス・モデル」ともいわれますが、出発点での原型設定が大切なのですね。

生活クラブは「班」というサークル型活動だからこそ、スーパーのたんなるお客さんではなく、市民型の自己訓練ないし組織訓練ができた。このため、代理人つまり自治体議員を出していく「生活者ネット」、そして地域福祉など相互扶助の共生をめざす「ワーカーズ・コレクティブ」もつくれたといえるでしょう。こうした女性一人一人の市民訓練を通して運動を展開することは、長い日本の歴史の中でも、画期的な事態というべきでした。

私はお世辞ではなく、このことをつねづね、いろいろな機会でもお話ししてきました。

くりかえしますが、当時はまだ、女性の運動については、私も論争した旧革新系理論家からは「母親大会」などの活動があったにもかかわらず、「労働組合婦人部」でなくてはダメとされ、地域の主婦活動は「プチブルの運動」とサゲスマレていた時代です。事実、当時、主婦層の多くは都市の町内会、農村の地区会の婦人部に組織されて、自民党議員後援会のソロイのタスキをかけた動員部隊となっていた。あるいは「公民館」の行政「実績」をあげるため、動員されて「社会教育」をうけていた。この公民館については、一九八六年、私は『社会教育の終焉』（一九八六年、筑摩書房、新版二〇〇三年、公人の友社）で批判したため、文部省はあわてて、中味は変わらないのですが、「生涯学習」に看板を変えます。

こうした中で、少数単位からの出発であれ、生活クラブは、地域という日常生活の土台で、ヨコつまり市民相互性をもつ〈市民活動〉をきずき、さらに産直につなげて〈市民経営〉という視点まできずきあげていった。そこには、発想からみて、《市民自治》ないし市民訓練をめぐる画期性をもっていく。

[2] 市民運動は「可能性の海」

[今のお話で時代背景がよくわかってきました。生活クラブは、お話の時代から八〇年代まで、組織を大きく伸ばしてきました、その後、バブルがはじけ世界的なグローバリズムの中に置かれるようになったわけですが、九〇年代は生活クラブにとって苦しい時期でした。というのは地域での「班」の価値が一人一人にとってわからなくなってきたのです。]

ええ。昔から、農民や零細業主の妻は、夫と一緒に働いていました。だが、明治以降、サムライの系譜の官僚やサラリーマン、あるいは新しく労働者の家庭では、いわゆる主婦層が増え始めます。ことに高成長期は、企業や公務が急激に増えていったため、女性の「主婦化」も急激に拡大した時代でした。このことはすでに生活クラブ運動の背景としてお話ししました。

ところが、すでにみましたが、一九九〇年代となると階層として「主婦」は先細りになります。今日の女性は高学歴化とあいまって、かつての「嫁入り前」だけでなく、専門職種をもった個人として「生涯進出」をするようになる。このため、地域で主婦層が消えるとすらいわれる。こうした中で、主婦層中心の生活クラブの「班」のあり方があらたに問題となりはじめ、この点では、お話のように九〇年代以降、あらためて生活クラブは「模索中」ということになる。

［組合員が圧倒的に「専業主婦」であった時代から、働くことを含めて多様な社会へのかかわりを持つようになったときに、そのかかわる問題も多様化していると思うんです。生活クラブ東京は、先生がおっしゃるようにもう一度「個人」に立ち返り、一人ひとりがフラットなところで、どうかかわるかという組織図を描きました。活動の場は地域、しかも、個人市民として出発するというように、二〇〇〇年の長期計画から議論と実践が続いています。だから模索中なのです。］

サークル型活動の意義はすでにみましたが、今あらためてぶつかっている活動の転型という問題についてもその解答は、くりかえしのべますが、当事者責任として皆さん方しかつくれません。どう見出すかです。

生活クラブは、先ほどのお話のように、現在、過渡期にはいり、新しいかたちで模索中ですが、その解答は、皆さんが作るしかないわけです。外国を探しても「文化・政治風土」が違うために参考にならない。それゆえ、既成の「模範解答」がない。しかし、生活では「生活クラブ」、福祉・文化では「ワーカーズ・コレクティブ」、そして政治では「生活者ネット」という三層構造で、ほぼ方向は出ているのではないでしょうか。

たとえば、地域市民生活をめぐって、高齢者との生活協働つまり食事づくりから宅配まで、あるいは親たちへの育児支援をふくめ、いつでも、どこでもできる三層構造となっていると、私はみています。

[3] 分権改革と既成政党の地盤沈下

[今までのお話を踏まえて、松下さんもご存知のように、私たちは、ある意味で既存の政党政治を批判し、「代理人」を議会に送ることを七〇年代後半から始めました。こうした戦後の政党政治の基本的な問題点との関係ではどうでしょうか。]

私は総会などにもお伺いしたことがありますが、政治をめぐる「生活者ネット」の画期的なところは、第一は、案外国会には女性議員がでていましたが、いわばローカル・パーティとして、女性が生活とむすびつけて地域レベルで自治体議員になるのを、日本の市民常識としたことです。第二は、政治を地域での市民生活に密着させたことです。

日本の政党はこれまで、結局は国レベルに本部を持ち、国↓県↓市町村という形で、官僚統治モデルのピラミッド型で下りてくる指令組織だったわけです。だが、生活者ネットは先駆的にその方向を国指向から地域指向に逆転させた。小規模・直接民主政治としての自由なサークル型の活動を基礎に、地域での「ヨコ」ひろがりの組織をつくり、そこで一人一人が活動家として、地域の問題を前述の三層構造で組みあわせうる形を作った。

名前のつけ方も上手だと思います。官僚統治モデルのピラミッド型の既成政党との違いを表現するため、カタカナが多いと批判もありますが、「クラブ」とか、「ネット」という言葉をいち早く取りいれるセンスを持っていた。アメリカ産の言葉「コレクティブ」もややこしいですが、考えてみますといいセンスです。いずれも地域での「多元」的な活動とともに、地域レベル、市町村レベル、県レベルといった「重層」性をもたせている。

私は、市民活動は、「可能性の海」だと位置づけています。特定理論で武装したり、軍隊型の組織として閉鎖化はできない。今日では市民派といわれるサークル型の「無党派政党」ないし、前述の「ローカル・パーティ」の群生も起きはじめています。

すでに大都市の近郊市では、群生する市民型会派がふえるなかで、国レベルの本部からくる指令を受けるだけの既成政党は解体しはじめています。その意味でも、「生活者ネット」はこの市民型「地域政党」のさきがけとなっていた。都市型社会は多元・重層の自治・分権型社会ですから、政党も地域を起点に、市町村・県・国の各レベルが同一政党内でもそれぞれ自立しはじめ、既成全国政党の軍隊型画一組織が崩れていく。

[生活者ネットと生活クラブの関係で言えば、個人参加ですから、大変な議論をしつつ、前進・後退を繰り返しながら、その中から主体が出てくるという構造なのですが――。]

ゆきつ、もどりつといわれましたが、多様な人々が加わるその議論こそが、経験、知恵、専門も個人相互に異なる市民活動の「可能性」というわけです。生活、ついで福祉・文化、また政治の各レベルで、たえず試行錯誤の中にある。そこには、既成理論ないし既成解答はありません。地域は、それぞれ異なった特性がある自由な「公共空間」ですから、くわえて課題や人材も多様のため、誰もが、いつでも、どこでも、つねにタダイマ〈模索中〉となる。ここがまた、都市型社会にはいって、行政下請型の町内会・地区会が崩壊する理由です。

[4]「合意を高める民主主義」

[松下さんは、『戦後政党の発想と文脈』(二〇〇四年、東京大学出版会)で、政党組織のありかたを、政党類型

として、従来の、教条・戦闘政党と政策・連合政党の区分をしています。また後者の区分が、口利き型ネット政党と市民型ネット政党に分かれてくると指摘しておられます。どういう時代的変化なのでしょうか。]

都市型社会では、これまで日本で官治・集権型にできている国↓県↓市町村と下降する、従来政治の官僚行政スタイルは時代錯誤になってしまいました。逆にいいますと、地域のムラの町内会・地区会を土台とし、国の官僚組織を基軸とする「戦後民主主義」は、民主政治としてはいわば実態がなく「外見」にすぎなかったかを、私たちは自覚したい。だが、ようやく、都市型社会の成立とともに、市民や自治体の文化水準もあがってきた。このため、市民政治をめざして、当然、自治・分権型の政治・行政にならざるをえない。これがその第一歩としての、〈二〇〇〇年分権改革〉の政治改革課題だった。

このため、政党も先に述べましたが、国レベルから指令する「一元・統一型」のピラミッド組織から、市民活動を基盤に「多元・重層」型の〈ネット型組織〉にならざるをえない。このネット型組織が議員中心の口利き型にとどまるか、地域起点のあたらしい可能性をきりひらく〈市民型ネット〉になるかという選択がでてくる。「生活者ネット」はすでに〈市民型ネット政党〉のはじまりをかたちづくってきた。

[しかし、いまだ「口利き型」の既成政党は、圧倒的な力を持っています。そこのギャップというのは、どのようになるのでしょうか。]

「二〇〇〇年分権改革」以降、市民からの問題提起をふまえ、県、国にとどかなくても、まず基礎自治体である市町村で既存の政策・制度を改革できるかをめぐって、この〈市民型ネット〉政党の可能性はおおきくなっていきます。自治体でも国とおなじくこれまでヤミのなかでの「口利き」で動いてきた政官業複合を透明化するため、『自治体基本条例』の制定が日本で日程にのぼってきた。またこの自治体での既得権をたえず破壊するため、市町村ついで県のレベルでの、たえざる政権交代、また情報公開、市民参加が不可欠となります。

日本の国の政治や経済のシクミでは〈官僚内閣制〉のもとで政権交代すらできない、まだ中進国の官治・集権型です。先進国の自治・分権型への移行がようやく地域での市民活動によってはじまってきた。だが、地域ではまだ、崩れはじめたとはいえ、今日なお、「町内会・地区会」という行政下請のムラが根をはっている。

地域の日常生活では、孤立化もすすみますが、またやはりシコシコ、多様な人間関係としての市民型ネットはひろがらざるをえない。まだ、世論調査では「無党派層」が五〇％ですが、各政府レベルの政官業複合を打破するにはこの批判票・浮動票が八〇％をこえる必要もある。さらに政治・行政についての人材や専門家を市民のなかで育てるという意味でも、まだ時間がかかる。とくに議員活動では情報公開をはじめ、法務・財務（本書2参照）への熟達が不可欠となります。としますと、あせらずに「生活者ネット」の議員も、忙しいとしても、色々な研究会や、議員も自由にはいれる自治体学会、公共政策学会などのような、学者型でない学会にはいるようにしたほうがいい。

「生活者ネット」では、自治体議員年金の個人特権化をさけるため、議員任期はほぼ二期の交代ですから、市町村ごとのネット議員ＯＢと現在の議員間の交流をたえずはかって、政治ノウハウの伝達をしっかりとやる。でないと二期八年だけでは、いつまでも政治熟度のない素人議員にとどまってしまうことに留意したい。議員には当然、情報や政治熟度が必要のため、短期間のみでは熟度が必要となる議員活力が活かしきれない。

［この間、生活者ネットも生活クラブと連携を地域的に密にしてきましたから、逆に内輪に閉じこもるような傾向もあります。むろん組織も重層的に多軸化していくわけですが、それを「どう束ねるか」という課題がでてきますよね。］

各地域はそれぞれ個性を持ち、抱えている問題も違うのですから、「束ね方」も各地域でそれこそ、多様なかたちで模索するしかありません。「既成模範解答」はない。しかも、もし特定の自治体で「生活者ネット」の政策を通そうとするなら、妥協を含めて市民型多数派を地域で「どう結集するか」を考えざるをえなくなる。そこに出てくるのが、いわゆる「代表か、代理か」という問題です。いわば「生活者ネット」の基本論点です。生活クラブの最初の起動力となった岩根邦雄さんの言っている「持続的代理」という言い方は、うまいと思います。この「持続」の過程で、必要に応じて変更もなしうるからです。

議員に出てしまうと、「自己責任で独自判断する」というのが「代表」です。そこで、ネットの議員が「常に母体から浮かないように」というため、「代理」という問題を出した。この「代表か代理か」は御承知のように、政治の古典的論点です。しかし、政治の課題は、常に動いています。だから「代理」といっても「代表」的なことを議員はやらざるをえない。しかも、議会内で緩やかな多数派を形成せざるをえないため、ほかの市民活動ないし会派との妥協をどう考えるか。そこが「持続的代理」の矛盾となる。

つまり、「代理」では、代理関係のたえざる見直し、あるいは組み直しという問題がでてくる。しかも、議員集団としての「生活者ネット」が閉鎖的にならないためには、「生活クラブ」内外の市民活動ないし会派との間での、対話・討論が繰り返されるという考え方となりますね。

[その点では、松下さんが強調される英米系の「信託」概念はいい概念ですね。市民が常に、自分の主権を留保しながら、特定の権限を議員に一時「信託」するとしたほうが、代理行為と代表行為を含んでいるのではないですか。]

たしかに、「代理」は特定集団にしばられ、「代表」は一般市民から離れがちです。だが、『日本国憲法』前文にある「信託」概念では、信任を失ったら「信託解除」となります。この信託解除の手続が、昔は「革命」、今日では革命の日常制度化としての定期の「選挙」、あるいは不定期の「リコール」です。「信託する側」と「受託する側」の間に常に、〈抵抗権〉というかたちでの緊張関係が設定される。

「生活者ネット」では、母体と議員の、このスキマを「持続的代理」としてとらえようとした。だが、そこには、基本として、議員は〈特定〉集団の「代理」か、それとも市民〈全体〉の「代表」かという問題が絶えず難問として残るという、自覚が不可欠です。この難問の解決は、「生活者ネット」では、組織内外の市民との「ひらかれた」対話・討論ということになるのでしょうね。

[結局、個人と組織、多数意見と少数意見の矛盾になってくると思います。その点で松下さんは、西欧の宗教戦争時代の教会のあり方から、組織運営に関係して、個人自由のための寛容、と組織の柔らかさとしての包容、の二つの課題をかつて指摘しておられます。これはどのような教訓となるのでしょうか。]

ええ。「生活クラブ」や「生活者ネット」も、これまで「寛容」と「包容」のない「おしつけ」だったなら、組織は持続できなかったと思います。組織運営自体を、対内・対外を含めて幅広くしておく。つまり、内部の個人相互には「寛容」性が不可欠となります。そのとき、また、組織としては、たえず外部との状況即応性をもつ、柔らかい「包容」性が求められます。つまり、寛容と包容は表裏の関係と私は考えています。「ネット」という言葉自体も、クラブと同じくこの意味をもっているため、ひろく受けいれられているのではないか。しかし、この論点は個人の自立が基本ですから、従来のムラ型の「マアマア」とは異なる。

[生活クラブは、「合意を高める民主主義」を実践してきました。それは常にその時点での選択であり、歩留まりを含んだ合意です。過去の話ですが、例えば「粒状せっけん」使用は皆で決めた方針ですが、しかし、利用率が六割なら、六割という実態を許容しながら、その向上を目標とするというようにです。]

「合意を高める民主主義」とは、よく考えられた、いい言葉ですね。しかも、進行形ですから試行錯誤ないし模索という意味が込められている。「歩留まりを含んだ合意」といわれましたが、一〇〇点をめざす「完全主義」で考えないようにする。そこでは、常に「歩留まりを考えながら」行動する。

政治ではつねに対立・妥協がおきますから完璧な一〇〇点はありえない。合意は常にゆとりをもつ六〇点水準でいいのです。市民の政治成熟とは、一人一人にとってこのような考え方の成熟を意味します。つまり、さきほどの寛容・包容の問題につながります。そのうえ、私たちの考え方の中核は、後・中進国型の〈進歩と発展〉ではなく、今後は先進国型の〈成熟と洗練〉、つまり「寛容と包容」にむかう。でなければ、地域規模から地球規模までそれぞれの政治対立の調整ができないため、日本は今後〈没落と焦燥〉への分岐点にたつことになる。

[5] 問題解決のための専門性

[私たちの運動は、かつては、まず「異議アリ」でしたが、やはりその後「問題解決型」を追求せざるをえなくなりました。]

問題解決とは〈政策・制度づくり〉ですから、そこでは、やはり経験や知識をめぐる専門性も必要ですね。

[その点は、議員が変わっても運動母体の方で、知識や経験を継続していくということを目指してきたわけです。しかし、この先、首長の提案への「賛否」という従来型ではなく、議会での「自由討議」の展開を考えますと、議員の固有の技量が問われますし、また政治判断では、常に母体に持ち帰るというより、現場で判断せざるをえないことが出てくると思います。都議会などでは、そうしたケースが、増えてくるかもしれません。]

そうですね。的確な論点です。たしかに、議員はこれまで、市町村、県、国をとわず、官僚・幹部職員の策定の原案からなる議案について、イエスあるいはノーの選択でよかった。だが、これからは、問題解決をめぐって政策・制度づくりにおける提案と妥協、さらに立法・予算つまり法務・財務について、知識や経験による〈予測と調整〉の熟度が、議員個人に問われることになる。

そのうえ、**図7－4**（本書一五二頁）にみるように、国では一元代表の国会内閣制ですから政権担当のためには過半数をめざして政党のまとまりが必要ですが、二元代表の首長・議会制である自治体では政党の多様化がすすんでよいということも考えておくべきでしょう。つまり、自治体議会では、政党がさまざまにできて、争点ごとに結集・離散してもよい。だが、このため逆に、自治体議会では首長や幹部職員のシナリオ通りに議員個人が操作されて、議事の儀式化すら日本ではすすむ。「議会基本条例」をつくった県議会は別として、都議会などが典型です。

くわえて、都議会での各党の予算要求書を見ると、各県もほぼ同じですが、「生活者ネット」もふくめて、戦略構成ナシでナサケナイかぎりですが、かつてのナイナイづくし時代のクセをひきずって、各党はそれぞれ膨大なモノトリの「要求羅列」をおこなっています。だが、巨大借金のため財政破綻状態の多い自治体での今日の緊急戦略課題は、まさしく人件費の総額減をふくめて、既得権のシガラミがつよい「ムダな政策を切る」のが、これこそ議会の課題となります。しかも、そうしたスクラップ・アンド・ビルドの決断をするには、当然情報公開は不可欠です。「生活者ネット」の場合も、他党と同じですが、「ムダな政策を切る」という政治熟度なしでは、「いつまでもモノトリのつづく素人だ」と言われかねません（この論点については、本書[6]「二〇〇〇年代の自治体計画」参照）。

［これまである意味で「素人」であることに価値を置いてきました。しかし、市民と一緒に学びあいながら、連携するとなると、先ほど松下さんが指摘されたように、専門性を求めていく声は出てくると思います。］

今日の市民は地域経験や職業知識などをめぐって、それぞれ独自の専門性を持っている人々です。市民は今日では、長・議員、あるいは官僚をふくめ職員よりも水準がたかい。そうしたメンバーの多様な専門性を生活クラブ、ワーカーズ・コレクティブ、生活者ネット、それぞれに生かすシクミが必要でしょうね。

［そうした動きが現実にありますよね。一方で、おもしろいことに、団塊の世代で、そろそろ、退職して、「社会貢献したい」から生活クラブに参加というケースもあるのです。こういう動きも増えると思います。動きや芽は、いたるところであると思いますが、これまでそうした視点をあまり強く持っていませんでした。］

そこですね。メンバーのもつ経験・専門、つまり情報ないしスキルをフルに活性化する。個人としても「生きがい」ですが、できるだけ、それを、市民活動としての生活クラブ、ワーカーズ・コレクティブ、生活者ネットに生かす。そのためにも、内部に「人材バンク」のようなシクミを準備していくことが必要となってくるでしょう。さらには月に二回くらい定期化して、勉強会ないしサロンも開いて、この各種専門間の交流もする。そのとき、問題提起には、世間知らずの大学の先生などより、当然ながら現場をもつメンバーのなかの専門家にする。

生活クラブなども今後、種々、「未知」の困難にぶつかるでしょうが、今日の市民活動は無限の可能性をもつ。個別・具体の「問題解決」つまり〈政策・制度づくり〉には、時代錯誤の法令や慣行にしばられている官僚ないし公務員、あるいは職業政治家の常識をこえた水準をもちます。ここが都市型社会における市民活動本来の新しい強さです。

和田安希代　生活クラブ東京理事長
米倉克良　『社会運動』編集長
［市民セクター政策機構『社会運動』二〇〇四年六月号］所収

6

二〇〇〇年代の自治体計画（二〇〇一年）

［中嶌いづみ・友岡一郎　自治体の役割が増し、自治体間で格差がつく分権時代には、計画のあり方がその自治体の未来を左右する大変重要な位置づけをもつと思われます。先生は一九七〇年代から『都市政策を考える』をはじめ、『自治体は変わるか』そして『転型期自治体の発想と手法』にいたるまで、著書の中で自治体計画の重要性を指摘され、最近は「自治体政策の構造論理」として、基本条例の下に基本構想そして総合計画を位置づけていらっしゃいます。自治体基本条例を制定する動きも出てきていますが、現時点では自治体が基本条例をもたないとき、自治体計画はその自治体行政の根幹をなすものであるはずです。しかしながら、基本構想も長期・総合計画も、美文にとどまるところも多いと言われています。そこで、本日は、自治体計画（長期・総合計画）についてお話を伺いたいと思います。］

［1］　自治体計画の歴史展開

官治・集権型から自治・分権型へという、政治・行政の転型期において、自治体の政策・制度設計としての自治体計画はますます重要になっています。しかし、従来の考え方を転換しないかぎり、自治体財政破綻もあって逆にますますつくりにくくなるという逆説性をもっています。

［逆説的ですが、どうしてなのでしょうか。］

自治体計画は、私の分類なのですが、現在、戦後第４段階に入っていると考えています。

第1段階は、戦後初期で、戦前以来の官治・集権型発想にもとづいた国の経済計画や国土計画に即応して、県を中心にその受け皿としての地域振興計画をつくろうとした段階です。国にみあって県からはじまり、県には企画部もできはじめますが、財源のない時代でした。

こうした官治・集権型の地域開発計画を切り替えたのが、一九七〇年前後からはじまるのですが、市民主導の自治・分権型に政治・行政の再編をめざした「シビル・ミニマム計画」です（拙著『シビル・ミニマムの思想』一九七一年、東京大学出版会参照）。本書④にみるように、このシビル・ミニマム計画の策定は、一九六八年、美濃部都政が最初ですが、一九七〇年、革新市長会の綱領にもなり、富山市、青森市、山形市、神戸市など、おおくの革新自治体で策定されます。

ここで、自治体計画は、国を下請けする「開発計画」から、自治体主導でシビル・ミニマムを公共整備するための「市民計画」へと発想の転換となりました。つまり、市町村、県、国の計画はもう下位・上位の関係ではなくなり、政府としての市町村、県、国がそれぞれ独自に計画をつくり、計画実現をめぐる個別施策の実現にあたって具体的に政府間で調整するという、手続転換がすすみます。これが第2段階です。

第3段階は、この革新自治体の「シビル・ミニマム計画」への国とくに建設官僚の対抗となるのですが、一九六九年、自治省は地方自治法改正で、国が上位計画とみなす各省庁の全国縦割計画に自治体計画を下属させるため、「基本構想」を義務づけます（くわしくは、一九六九年、自治省『市町村の基本構想策定要領』参照）。

とくに、一九七二年、田中首相の「日本列島改造論」ブーム以降、地域開発をめざす計画づくりは自治体でもブームとなり、経済高成長、ついで国債発行をふくむ国の財源拡大もあって、第1段階への揺り戻しとなります。自治体では、国からの財源やみずからの起債により、企業のシンクタンクがもちこむインチキのビッグ・プロジェクトの「夢」をふくめてムダづかいが花盛りとなり、一九九〇年代後半、ついにバブルがはじけます。

この第3段階は、国内需用拡大をうたった国からのバラマキ、また自治体みずからによる過大な借金つまり起債によるムダづかいというかたちで、カネをもった県知事、市町村長の実権も強まります。各自治体議会では各党「相乗り」で知事、市町村長に尻尾をふって従属するという、自治体の自壊がおきた段階でもあったのです。

とくに、自治体にムダづかいを仕向けてきたのは、無責任に国の計画に便乗した自治体にももちろん責任がありますが、自治省の「地域総合整備事業債」をはじめ国のバラマキ政策でした。ケインズ経済学をドグマ化して、国内市場拡大・景気対策の名分での国のバラマキとあいまって、自治体財源の動員をおこなったのです。当時の自治省は町村に「流域下水道」までオシツケていました。

この間、たしかに市民のシビル・ミニマム、つまり市民生活条件整備という、第2段階の計画課題を着実につみあげた自治体もありますが、第3段階の自治体計画はバブルをよびこみながら、国の大型事業の誘致あるいは自治体の借金拡大による、集票用の夢をひろげるムダづかいのめだつ時代でした。これには、前述のシンクタンクも無責任なプロジェクト企画の自治体ウリコミをはかって、拍車をかけます。投資拡大の第三セクター方式も国が推奨して、ムダなハコモノなどをつくった自治体では、人件費、光熱費をふくむランニング・コストも増え、その屍は累々です。この舵取りを誤った自治体は破綻状態に入っていきます。

一九〇〇年代末、バブルをめぐる国の経済運営の失敗により、ついに国だけでなく自治体も財政緊迫となり、第3段階の発想が破綻し、第4段階に移ります。国、自治体をふくむ日本全体の政府借金は、二〇〇〇年代ではＧＤＰの一五〇％前後の超絶した額となり、行政水膨れで財務指数の悪化した自治体では、当然ながら自治体職員の減給・減員もすすみはじめます。

そのうえ、二〇〇〇年代では「小さな政府」を戦略とする「小泉改革」の失敗によって、市民福祉の「質改革」どころか、雇用悪化もきびしくなり、「量破綻」に逆戻りしてしまいます。高齢社会への移行、人口老化・

縮小という日本社会の転型をめぐる〈政策・制度再編〉の失敗が、政治家の幼稚化、官僚の劣化とあいまって、おきたのです。

［第4段階の自治体計画は、どういうものであるべきなのでしょうか。］

第1段階「地域振興企画段階」、第2段階「シビル・ミニマム整備」段階、第3段階「地域開発乱立」段階といえますが、第4段階は「自治体再構築」段階と位置づけうるでしょう。

第4段階つまり二〇〇〇年代の自治体計画は、各自治体が直面する財政緊迫を率直に公開し、国とおなじく水膨れした施策全体の再編という、スクラップ・スクラップ・スクラップ・アンド・ビルドが課題となります。もし、景気回復があっても、膨張体質の財政構造を改革するには一〇年以上はかかります。のみならず、今しばらくは、職員高齢化による人件費の増大、とくに退職金の肥大となります。それに人口も減りはじめますし、この人口の高齢化もあって、税収減少が今後つづきます（詳しくは拙著『自治体再構築』二〇〇五年、公人の友社参照）。

政策・制度の再編をめざすスクラップ・スクラップ・スクラップ・アンド・ビルドによる「行政の縮小」という、明治以来、行政膨脹をつづけてきた日本で未知のこの新しい自治体改革は、非常に困難な課題となります。個別施策のスクラップには、国、県、市町村それぞれの施策とむすびついている、市民、団体・企業、首長・議員、また職員それぞれがつながる既得権の解体という、むずかしい事態に直面するからです。

くわえて、成熟社会への移行という日本転型をめぐって、たえざる経済成長を想定して肥大した国・自治体の政治・行政、経済・文化自体の《再編》が不可欠のため、日本全体についての再構築をめぐってむずかしい舵取りがせまられていくというべきでしょう。

以上の意味で、自治体、否日本全体の転型期となった現在、自治体計画は新しい局面にはいって非常につくりにくい。しかし、それゆえにこそ、①市民生活条件ないしシビル・ミニマムの「量・質」整備、ついで②自治体財務の体質改善のために、かえって《長期・総合》の自治体計画はその重要性をましていく。この〈夢〉をみないという覚悟をもち、しかも膨張体質、さらに過大借金の自治体行政自体を「縮小・再編」するという、新発想の自治体計画を私たちは策定しうるのか。ここが、日本の市民ついで自治体に問われはじめたのです。

経済計画・国土計画といった国レベルの総合性をもつ計画は、日本が中進国段階を終えた二〇〇〇年代ではつくれませんが、自治体計画はそれぞれの地域における市民生活再生・自治体再構築をめざして、私たちみずからの自治としてつくる、予測と調整のための仮説としての案内図で、むしろ不可欠となります。

もちろん、そこでは、都市型社会の成熟をみる今日、かつてのハード中心の「新開発型」＝量充足型からソフト中心の「再調整型」＝質整備型への政策システムの組み替えが急務という認識が基本とならなければなりません。つまり《自治体再構築》です。当然、第2段階のシビル・ミニマムの発想が、かつてめざしたその「量充足」から、第4段階ではあらたに、その「質整備」のための再構築というかたちで復活します。政府政策は、国、自治体をとわず、ミニマム以上のムダはできないのですから。

〔2〕 再構築＝行政革新型の計画にむけて

［そうした自治体再構築型の計画をつくるにはどうしたらよいのでしょうか。］

(1) 財務指数の作成・公開

まず、市民、職員、また長・議員、誰にもわかる、連絡財務指数の作成・公開です。これまで、国と同じく自治体でも、収入論の「財政」という考え方しかなく、支出論つまりヤリクリによる政策選択という「財務」という考え方がなかったといえます。残念ながら、日本のいわゆる財政学者はこの財政・財務の区別すら今日もできていない。というより、政策論の次元がわかっていないというべきでしょう。

このため、国と同じく自治体でも「連結財務諸表」もつくれず、個別施策の人件費をふくむ原価計算・事業採算の能力も、いまだもっていません。予算・決算も明治以来の「連結」なき「大福帳型」にとどまっているのです。いかに自治省→総務省、大蔵省→財務省の政策水準が低いかも、ここでおわかりいただけると思います。

（本書追記　おくればせながら、私の批判もあって、ようやく二〇〇八年から自治体では連結財務指数の作成にはいる。）

変化のはやい今日では、長期計画一〇年前後の中で、財源の予測のたつのは、まづは三年、長くて五年くらいまででしょうが、その間、どれだけ使える財源があるのか、また、どれだけ経費を下げなければならないのか、さらに、「わが」自治体の総借金についての財務指数をどのような状態にすべきか、ここをまず踏まえなければ自治体計画はつくれません。

とくに、この財務指数では、職員一人あたりの人件費はほぼ一〇〇〇万円ですから、職員一人あたり市民何名という、職員比率の自治体間比較指数がとくに重要なことに注目ください。市でいえば、大阪府でみるとき、職員一人あたり市民九〇名から一八〇名までの差があるというのが実状です（図9－1本書一九〇頁参照）。ですから、東京の多摩の市ではほぼ一四〇名以上をめざしています。一四〇名以下では、その自治体は持続可能ではなく、破綻となる。町村でも職員一人あたり一〇〇名以上をめざさざるをえません。

日本は先進国型経済に入っているため、経済成長率はよくて三％で、財源の自然増はあまりのぞめない。現在悪化している財務指数を適正にするには、二〇〇〇年代の日本の実状では国際経済からの論理もあり、さらに国内要因では増税あるいはインフレをそれぞれの理由でおこせないため、中・長期での地域経済の整備・拡充は別に考えますが、短期では水膨れしている支出の削減つまり政策・組織・職員のスクラップしか解決方法はないとみるべきでしょう。行政体質の改革が、まずその基本前提となります。

(2) 行政の縮少・再編が急務

［財政状況を見据えて情報公開をおこない、現実的な実効性のある計画をつくろうとする自治体と、首長の選挙対策も含めてまだ「二日酔い」のごとく夢を見続けようとする自治体とに二分されて、将来、その間におおきな格差がつくのではないでしょうか。］

ええ。そうです。当然、以上の問題点がわかって転換する自治体と、わかっていても改革できずに破綻する自治体との間の分化が、今後きわだつでしょう。そのとき、破綻の最大の被害者は、この自治体再構築にとりくまなかった市民の自己責任となるのですが、当自治体の市民となります。

そのうえ、これからは、長・議員選挙いずれでも、ビッグ・プロジェクトという夢を見続けようという候補者よりも、シビル・ミニマムの質整備を戦略課題に、行政の縮小・再編のなかで財務悪化を立て直そうという候補者の方が当選していきます。日本の市民たちはもう「夢」にだまされるムダづかいにはコリゴリしています。市民のモノトリ、行政のムダづかい、国からのオシツケという、従来型の悪循環の緊張を、市民自体が実感ないし理解しはじめています。

とくに、さしせまって、自治体組織内部での高齢化の進展による、退職金をふくむ職員人件費総額の増大への対処をめぐり、人件費抑制のため賃下げ、退職金減額、人員整理、新規不採用という財務課題もせまっています。それに、市民をめぐる高齢化・人口減からくる税収減・福祉増もある。くわえて、国はとっくに、財政破綻状況です。とすると、第4段階の自治体計画は、「夢を見ない」、つまり前述のスクラップ・スクラップ・スクラップ・アンド・ビルドとなり、新開発型よりむずかしい再構築型へという、計画発想の大転換となります。

国レベルでは、すでに国土計画・経済計画は担当縦割省庁の暴走あるいは衰弱もあって、すでに廃止となりました。だが、国の縦割事業部制の省庁と異なって、政策・制度の地域総合性が不可欠の自治体、とくに市町村においては、目に見える「予測・調整」のための自治体計画の重要性は、「行政縮小・再編」→借金返済をめぐって、かえって増していきます。国の無責任な縦割省庁と異なるのですが、自治体では市民からみてムダな事業はムダなのですから。

(3) 情報と「予測・調整」

計画というかたちをとる長期・短期の「予測・調整」のためには、それぞれの争点いずれについても、「政策情報」の作成・公開が必要です。

古くからの交通安全でも、従来の計画書は「交通安全に努力します」という美文が書いてあるだけでした。自治体では、どこで交通事故が多いのかを把握していないためです。交通事故の原票は警察がもっているので、自治体としてはそれを借りてきて地図に落として、その地点について、道路か信号か街路樹かなどのいずれかの改

図6－1　政策型思考の三角模型

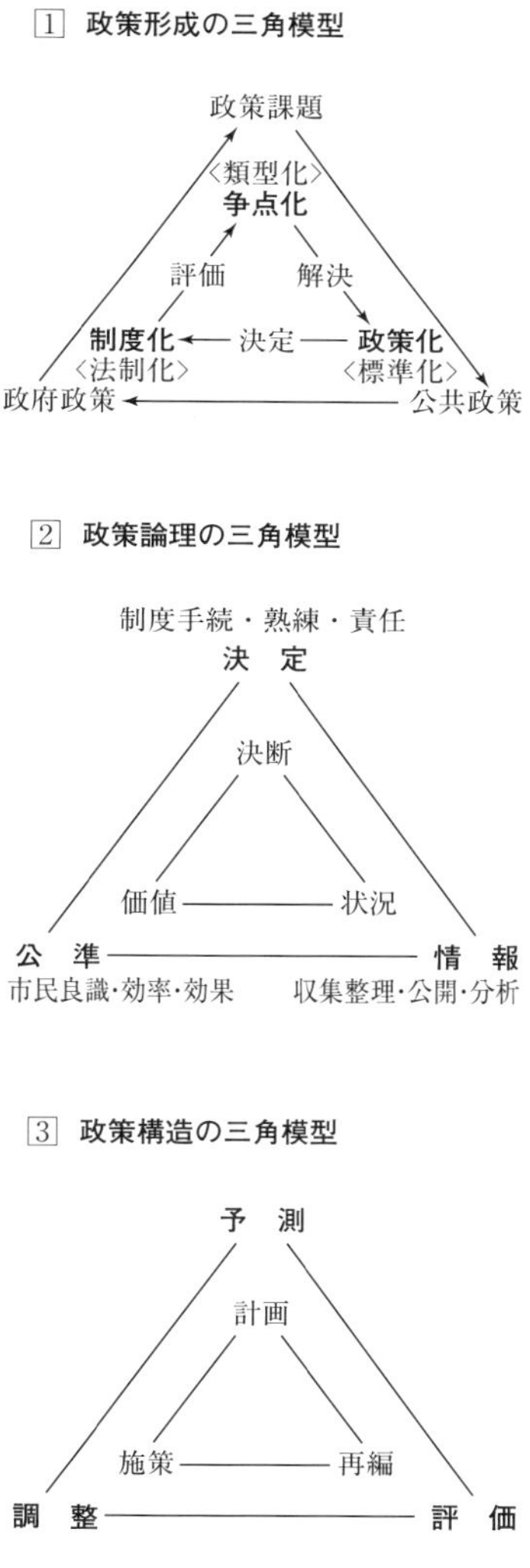

善を考えねばならないはずです。つまり、多様ないわゆるハザード・マップもくわわる『地域生活環境指標地図』を数年ごとにつくりなおさなければ、自治体は危機管理計画もできません。また、あらたに、街並みないしニュータウンのゴーストタウン化の問題もあります。とくに各自治体では加速する人口減少をどう見込むかも大問題でしょう。

こうした政策地図をふくめ、政策推計をめざした政策情報の整理・公開、つまり《自治体数務》(将来推計)の確立がなければ、実効性のある計画はつくれず、そのうえ市民間で議論することもできません。市民、職員、長・議員をネット化した参加・議論・合意なき計画は、企画課での美文づくりにとどまり、役だたずということは、すでに周知です。しかも、「数務」による個別・具体の情報がないかぎり、部課間での議論・調整すらできません。

さらに、行政の縮小・再編をめざす計画づくりの議論では、既得権喪失のため、市民間、団体・企業間、また政党間ないし議員間の対立がきびしく噴きでます。だが、そのとき情報の作成・公開があれば、予測と調整をめぐる合意も可能となります。

なお、そのとき、**図6-1**にみた政策型思考の熟度が、私たちに要請されることに留意しておきたいと思います(拙著『政策型思考と政治』一九九一年、東京大学出版会参照)。

[3] 計画づくりにおける参加手法

[各地の自治体において、計画づくりへの市民参加が盛んですが、他方で、市民参加に議会が反撥するといったケースもあるようです。計画づくりにおける参加手法をどのように考えるべきでしょうか。]

(1) 議員参加と議会

自治体では議会は長とならんで、主権者市民の信託機構ないし代表機構にすぎません。つまり、日本の自治体は長・議会の「二元代表制」をとっているためいずれも、定期の選挙以外にも、いつでも一定の手続で市民はリコールができます。市民が自治体の「政治主体」なのです。長・議会は「制度主体」にすぎない。

さらに、都市型社会では市民の職業の専門分化がすすむため、市民の文化水準・専門水準も、国、自治体をとわず、議員や長、あるいは職員・官僚の水準を上回っていきます。これまでの官治型の官僚法学・講壇法学がかたちづくった特権意識を身につけた、議員の市民参加への反撥はマチガイとなります。議員報酬、政務調査費も市民の税金からでており、今日では定数とともに、たえず市民から監視されているではありませんか。

このため、議員は、議会として、職員がつくった基本構想を議決したり、総合計画を実質承認したりするだけでなく、議員個人としても、あるいは議会としても、この計画策成にまず参加していくことが必要です。それも、従来のように、企画課作文計画素案を、議員若干名を含む「策定委員会」でカタチだけ審議して、議会に根回しするというインチキではなく、①公開の本会議あるいは全員協議会で本格的に議員各人が計画を議論するか、あるいは②議員も市民の一人として計画策定のための市民参加の市民会議に入っていくという、厳しい覚悟も必要です。

(本書追記　この議会と計画策定との手続をどのように構成するかという規定づくりが、《自治体基本条例》の策定を必要とする理由にふくまれます。本書[7]参照。)

(2) 職員参加と討議要綱

[厳しい計画策定の手続が必要というお話がありましたが、原案を職員がつくってしまうと、市民は「これでは意見が反映されない」と不満を持ちますし、市民が最初からつくることになると、多様な要望が噴出してまと

まりにくい。こうしたジレンマをどう解決すべきでしょうか。」

たしかにこれまで、そのようなジレンマがおきています。そのうえ、さらにコンサルタントやシンクタンク等への丸投げすらみられました。このシンクタンクなどへの丸投げは、絶対にやめてほしい。この丸投げは、長が市民や職員を信頼していないためですから、市民や職員はこの長にたいしてイカルべきです。シンクタンクなどには意見だけ求めるのはよいとしても、丸投げのとき、実際は自治体の名前を変えるだけという既製品の構想ないし計画書をシンクタンクはもちこみがちのため、また計画のメダマとして無用・ムダのハコモノなどを中心に描くため、計画書の丸投げは議会も予算段階で否決すべきです。「調査委託」もムダですから、やめてください。各自治体がそれぞれの水準で工夫して調査あるいは計画策定をすれば、次回にその経験が生かされて、その自治体の水準があがるではありませんか。

自治体計画の策定には、市民参加さらに職員参加から積み上げていくのは当然です。そのため、［1］討議の柱（計画の全体課題）、［2］政策資料（とりわけ財務情報）を「討議要綱」にまとめ、公開すべきです。つまり、お話のように、この「討議要綱」がないと、市民参加での議論は必ず散漫になるため、長・議員あるいは職員からは「市民のレベルが低い、思いつきだけ言っている」といった批判がでて、長・議員や職員と、市民との間に不信がのこるだけとなります。

市民参加が実効をもつには、日頃から情報公開がなされており、計画策定のため議論をする《課題・資料》からなる「討議要綱」がつくれるほど、職員の能力が高いことが必要です。市民の水準は職員の水準なのです。

市民参加といいながら、この「討議要綱」がなければ、いまだに多くの自治体でみられるように青空市民集会のような御用聞き方式となってしまいます。逆にいえば、オモイツキによるモノトリ型、オネダリ型に終わることになるわけです。のみならず、この「討議要綱」がなければ、職員も自分の部課以外の、自治体の全体課題についても知らないことになる。これでは職員参加もなりたたない。また、「討議要綱」で自治体計画の全体課題・政策資料が整理されていないとき、当然、議員参加もなりたちません。

自治体計画の策定には、市民、職員ともに、この情報公開・参加手続の経験を積んで、一回ごとに水準が高くなっていけばよいわけです。一挙にいいものをつくりたいという幻想をもって、外部に丸投げしても、大金がかかるだけで、結局役立たない。土地カンがない人には自治体計画はつくれないではありませんか。

(3) 市民参加の方法論

次に考えねばならないことは、市民の文化水準、それにその職業による専門水準の上昇です。各政策分野については、市民の中にさまざまの専門家がいるということも当然となってきました。一九八〇年代までのかつての農村型社会と、二〇〇〇年代都市型社会との構造相異がここにあります。今日、国、自治体をとわず「行政劣化」といわれる基本論点がこれです。市民福祉や環境再生、さらに地域づくりで市民活動家の水準が高いことはもう職員はみとめています。建築や地域の設計、デザインも、自治体職員の水準が低いため、すでにほとんどが外注というのが現実です。この点では、省庁官僚も今日同型です。

計画の策定また実現の責任をめぐっては、職員のあらたな課題として、この計画策定をめぐる参加ネットワークと討議要綱による、ヒロバづくりが求められていきます。

「運動型」の市民参加と区別される「制度型」の市民参加の方式には、おおくの市民が自由に集まって分科会で議論する、①「計画策定市民会議」方式と、比較的少数の市民が計画原案を作成する、②「計画策定市民委員会」方式が考えられます。だが、この二つは必ずしも対立しません。市民会議方式をとっていても、最終的に計画案をまとめるということになれば少数で集約しますから市民委員会と近くなります。また、市民委員会方式をとっていても、市民委員会が市民会議を招集して市民の意見をひろく結集することが必要となります。

図6−2　自治体政策の構造論理

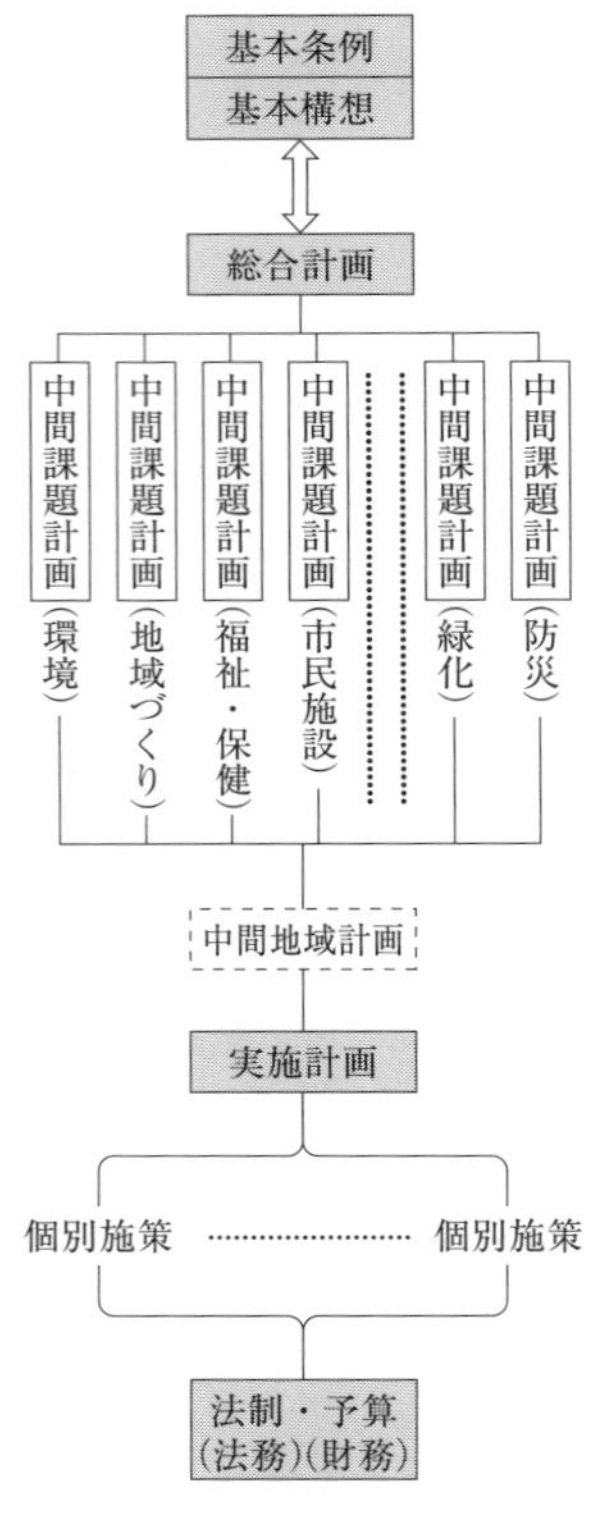

また、この制度型参加をめぐって、市民の「自発方式」とするのか、長による「選任方式」とするのか、も分かれます。この二方式の選択ないし組み合わせは、各自治体がその規模や市民の活力・熟度を考えて、二方式それぞれ相互に交流できるかたちで、自由に決めればよいのです。市民参加制度の決定版はありません。いずれにしろ、情報公開、とくに「討議要綱」が事前にないと、市民の議論は散漫ないし思いつきになってしまいます。

(4)　中間計画と職員の政策形成課題

[職員の側にはどういったことが求められるのでしょうか。]

自治体計画の策定における今日の実態は、いまだにおおくの自治体での現状では、各課提出の縦割施策のヨセアツメを企画課が美文にまとめあげるだけとなっています。だが、地方自治法大改正という〈二〇〇〇年分権改革〉によって、職員も、国の縦割の機関委任事務を通達・補助金によってこなせばよいという時代は終わっています。今後、政策・制度の開発・実現にとって必要な資質であるプランナー型ないしプロデューサー型に、あらためて自治体職員自体がみずから変わるはずです。

二〇〇〇年代の自治体財務破綻で一番先に職員の視察・研修費が削られていますが、問題のたて方は逆とみるべきです。自治体計画の水準を上げるには、市民参加手続の構築にくわえて、日常の職員政策水準をいかに上げていくかが重要となります。まして、今日は自治体の転型期です。職員一人あたり人件費は一〇〇〇万円かかりますが、職員が三人やめたときその補充をしなければ三〇〇〇万円を視察・研修費にまわせます。考え方をいかに変えるかが、そこでは問われているのです。

また、従来の自治体行政は「機関委任事務」方式による個別施策を中心として、国の通達・補助金があるという前提でしたので、長期総合計画とこの個別施策を文章でどう結びつけるかを考えれば済んできました。しかし、これからの自治体計画には、**図6－2**のように〈中間計画〉が必要となります。防災計画、環境計画、福祉計画あるいは市民施設再編計画といった「課題別」、あるいは再開発やバイパスづくりまた特定地域の緑化などは「地域別」の中間計画です。とくに課題別は、これまで省庁の予算資料となる縦割計画としてつくらされてきましたが、むしろ自治体が独自の発想と方法と責任でつくり、マニュアルつきで強制される省庁向け報告用と二重にすべきでしょう。

こうした中間課題計画・中間地域計画を日常的につくっていなければ、複雑化し、とくに「スクラップ」が中心となる二〇〇〇年代の長期・総合の自治体計画はつくれません。しかも、この中間課題・地域計画は、企画課ではつくれず、法令や補助金をふくめ個別領域の政策・制度に熟達している職員、それに専門市民がくわわるプロジェクト・チームにしかつくれないことは周知です。企画課については、特権化することなく、各部課での政策づくりの熟達者が全体展望をもつため、数年やってくるヒロバにつくりなおせばよいではありませんか。

自治体計画のクミタテとしては、①中間課題・地域計画を統合しながら、長期・総合計画としてつくるのは当然ですが、そのとき市民参加によって構想される②長期・総合計画独自の〈全体戦略〉をたえず想起している必要があります。しかも、中間課題・地域計画も市民・職員参加手続によるプロジェクト・チーム方式でなければつくれませんから、この局面では「企画分権」にならざるをえません。

事実、緑化中間計画なら、植樹選定から道路、公共施設、特定地域の緑化デザインはもちろん、またミニ公園の増設、廃校の利用などを地図化して検討し、市町村も県道、国道の緑化については、県、国に申し入れをおこなっていくようにすべきなのです。さらに里山対策から農林漁業振興、治山・治水までがむすびつきます。緑化のこれらの個別施策はまた地域雇用力ないし定着人口をあらたにつくりだします。とすれば、中間課題・地域計画のなかに個別施策が立案されていてはじめて、自治体計画は《全体戦略》を構成できます。

〔4〕 進行管理と計画の一望性

いうまでもなく、計画はつくることだけが問題なのではなく、その前後の、策定・実現をめぐる重要な論点の解決をふまえるため、自治体全体としての文化・技術水準を常時たえずたかめておく必要があります。

(1) 進行管理ができる施策一覧を

「長期・総合計画」には、実現目標となる《個別施策一覧》を巻末につけることで、年次ごとに予算化される「実施計画」とリンクするとともに、長期・総合計画の進行管理ができるようにしておくことが必要です。計画の実効性はここで担保されます。

(本書追記　多治見市では、二〇〇一〜一〇年の計画で、この個別施策一覧を長期・総合計画の本体とし、計画書の多くにみられる、役だたない企画室の美文・駄文を一掃して、計画づくりの画期をなします。)

(2) 全市民・職員が計画書を読みうるか

従来の計画書には、分厚く、立派な表紙がついて、一冊単価が何千円もするところもあり、市町村や県の間での交換用をのぞくと、現物はその自治体では議員、地元有力者どまりで、市民はおろか職員でも課長以下は見たこともなく、ただ広報紙にのるダイジェスト版しか見ていないといった実状がひろくみられました。

計画書ができあがったとき、長が「この計画にこれからとりくみます」と庁内放送などしていますが、これではマンガです。企画課は計画書を実績誇示をめざして厚くするためのムダな美文を書くことなく、はじめから読みやすい大きな活字をつかったタブロイド版八頁くらいをめざして、市町村、県をとわず、全戸・全職員配布にすべきです。情報公開ではＩＴは不可欠ですが、計画の素案や確定版ではＩＴよりも活字メディアがやはり威力をもちます。

ここではじめて、市民参加、あるいは団体・企業参加、また職員参加、議員参加の方式が意味をもつことになります。まず「素案」がまとまったなら、広報紙一回分の予算で全戸配布して、ひろく意見を聞く手続をとって、必要な調整をおこない、長が原案を議会にかければよいのです。素案や確定版を配布するには、またこれを読むには、ページ数が薄いことが不可欠です。こうして、はじめて市民などが、全文を読んだうえで、ひろく納得のいく、あるいは批判しうる計画ができます。全戸配布の予算は広報紙二回分ですみます。

(3) 行政革新と政策評価

最初に夢を見る時代は終わったとのべましたが、今日の財務実態では、税の自然増あるいは職員減による浮いたカネはかならず借金ガエシにつかって予算規模を縮小し、新施策はスクラップ・アンド・ビルドという「再構築型」の政策再編のなかからのヤリクリとなります。このため、「新規政策」は不可欠の緊急・最小限のみにとどめます。くりかえしますが、自治体計画は、二〇〇〇年代では、政策・組織・職員の縮小・再編という「自治体再構築型」の時代に入ったのです。

これからの自治体計画は、行政改革・財務改革を中軸において、政策・制度のスクラップ・スクラップ・スクラップ・アンド・ビルドへの政治戦略の構成、つまり《自治体再構築》の覚悟表明となります。そこでは、まず基本として、カネがないどころか、借金に埋まっているというのが、日本の自治体の現実ですから、借金つまりこの後年負担をいかに解決するかが、まず基本として問われます。

[つくった計画がどのように実施されていくか、という観点も重要になると思います。また、そうした過程への参加も必要です。]

ええ、そうです。計画の策定への参加だけでなく、策定後も、一年に一度は、進行をめぐる報告を市民や職員、それに長・議会にフィードバックするとともに、個別施策の事後評価、ついで計画のたえざる組み替えなど、いわゆる進行管理が必要です。これをおこなっていれば、これはとりもなおさず次の計画改定への準備作業となります。さらに個別施策の具体化にも、福祉や緑化など個別手法のマンネリ化からたえず脱却する必要があるため、それぞれの重要個別施策には市民の専門家をあつめた市民委員会の設置も不可欠となります。

[5] 自治体基本条例と計画の規範性

[最後に、自治体基本条例と自治体計画の関係はどうでしょうか。]

(1) 自治体基本条例

〈二〇〇〇年分権改革〉では、地方自治法の大改正により、「機関委任事務」方式がなくなりました。省庁の通達・補助金基準をソノママ現場にあてはめればよかった機関委任事務方式によるモグラタタキ行政の官治段階から、自治事務はもちろん法定受託事務についても、それぞれの自治体の政策・制度改革の責任、さらにこれにともなう法務・財務・数務の責任も市民から問われる分権段階にはいりました。それゆえ、計画実現にも、市民、職員、また長・議会、それぞれの間に、たえざる緊張の新しい展開となります。

このため、各自治体が《自治体基本条例》をつくり、この緊張関係をルール化して規範としていくことになります。この自治体基本条例には、自治体計画の位置づけと策定・改定手続も入れるべきです。さらに自治体計画は、当然、固い統制計画ではなく、柔らかい予測計画のため、財源や課題の変化にともなって修正をくわえていくわけですから、策定手続だけでなく修正手続も基本条例で枠づけておくべきでしょう。

(2) 計画の規範性

これまでの自治体計画では、通常、旧自治省モデルで①基本構想、②長期計画、③実施計画の三本立てを前提にしているため、基本構想をまずつくって、次に長期計画をつくり、さらに実施計画をつくるころには、指数なども年次が古くなってしまう。このため、長期計画に沿った実施計画がつくれなくなって、たんなる毎年度の資金繰り計画である「行財政計画」でお茶を濁すというのが、おおくの自治体の現実でした。旧自治省の一九六九年、「策定要領」は失敗でした(本書一一九頁参照)。

いわゆる、この毎年かわる「行財政三カ年計画」では、計画の規範性が失われ、毎年度の予算主導となって、長期・総合計画の意義は失われます。このため、計画の規範性を確保するには、この①②③の三本を一本でつくる方式が不可欠です。「基本構想」は「長期計画」の要約、「実施計画」は「長期計画」の前半とすれば、一本でできます。私は一九七〇年代の武蔵野市計画づくり以来、この方式のモデルをつくり(拙著『自治体は変わるか』一九九九年、岩波新書所収、「回想の武蔵野市計画」参照)、この点をくりかえしのべてきました。

自治体計画づくりについては、日本ではほぼ一九六九年以来の蓄積があるにもかかわらず、不思議にもその経験の理論集約がほとんどない。この間、実効性ある論文を書くのに必要な、計画策定委員の実質経験のある理論家がいなかったからでしょう。学者の外からの実証研究では、策定過程の外面記述どまりになります。

政策とは、科学情報はつかいますが科学ではなく、知恵さらに合意の結集です。知恵は経験に裏づけられた対話の中から生まれてきます。さらに、今日のような自治体の転型期には、各自治体でさまざまな計画づくりの試行・模索がおこなわれていくため、自治体相互交流がすすむことが不可欠となります。国の官僚にみる今日の行政の劣化・失敗は、現場の情報もわからず、統治者意識という従来の官僚心理に閉じこもっていることからきています。

最初にのべました今日の第4段階における《再構築型自治体計画》の課題は、地域の政策資源の「再」構成による「再」活性化をめざし、市民や団体・企業との連携・公開のネットワークをいかにつくるかにあります。すでに、〈二〇〇〇年分権改革〉によって、いまだ個別権限また個別財源の分権化にいたっていないにせよ、明治国家以来つづいた省庁による官治・集権行政は終わり、政策・制度づくりの主導力は国から自治体へと移ります。自治体計画づくりは、転型期にある今日の自治体における可能性への問いとなっています。

（本書追記　拙著『自治体再構築』第4論考「分権段階の自治体計画づくり」〔二〇〇五年、公人の友社〕は、多治見市モデルで詳述しています。なお、二〇一〇年、本文でみた失敗のため、基本構想の「義務づけ」廃止が法改正でめざされます。）

中嶌いづみ、友岡一郎『地方自治職員研修』編集部
［公職研『地方自治職員研修』二〇〇一年一月号］所収

7

なぜ、基本条例を制定するのか（二〇〇八年）

[1] 基本条例は何をめざすのか

私は一九六〇年前後から、日本の「戦後民主主義」について、その表見性ないし表層性を問題としてきました。日本の戦後政治は、(1)個人人権(近代市民革命の自由・平等)、(2)市民主権(古代地中海都市の自治・参加)、(3)政府信託(中世ヨーロッパの議会・法の支配)からくる、《普遍市民政治原理》(図9-8本書二四三頁)にもとづいた『日本国憲法』の制定にもかかわらず、民主政治どころか、ムラ(町内会・地区会)プラス官僚組織というかたちをとる、明治国家原型の〈官治・集権〉政治にすぎないと、私は批判してきました。二〇〇〇年代の今日も、日本の〈官治・集権〉政治を民主政治にふさわしい〈自治・分権〉政治に、いかに変えていくかが、私たちの日本の政治に問われています。

戦後の一九五五年に自民党が結成されて以来半世紀、短い細川内閣等をのぞいて、政権交代がない日本を民主政治とよぶことができるのでしょうか。私は自民党政官業複合のつづく日本の政治は、いまだに官治・集権の《官僚内閣制》がつづく〈中進国〉政治とみています。

そこには、戦後の半世紀、とくに中進国型経済高成長からくる財源増を背景に、田中内閣以降、制度化したのですが、自民党政官業複合によるバラマキ政治が、成長率が落ちたのちもデフレもあって惰性でつづいたため、ついに日本を国際的にも異例の借金大国、つまり財政破綻状況にしてしまいました。

EU加入には国、自治体をふくめ、GDPの六〇%以内の政府借金が基準ですが、これを国際標準とみますと、今日の日本はついに一五〇%以上になっているため、国際的にみて日本は実質、政府破産状況だという現実を、私たちは見失ってはなりません。

この政府借金は、行政のムダないし支出過剰のため、増税の名分もなく、毎年それも時々刻々とふえつづけています。そのうえ、二〇〇〇年代にはいりますと、政府にカネのあった経済高成長期にはみえにくかったのですが、国の政治家だけでなく、むしろ省庁官僚が主導するムダづかい、政府としての劣化・無能、それに「不作為」という無責任ないし「仕事をしたくない症候群」の実状が、ひろく日本の市民たちにも周知となってきました。

くわえて、今日では市民生活の条件そのものでもある年金管理の破綻はもちろん、食品基準、建築基準、環境基準などの策定・運用や許認可の安易性、それに介護・医療、労政・農政などにおける政策再編の失敗によるゆきづまりから、省庁外郭組織の肥大、これへの官僚天下り・出向という行政の膨張体質までふくめて、政府・省庁官僚の構造崩壊がおきています。

私は、市民ついで基礎自治体から出発して、(1)政治の発生源を「多元・重層化」する自治・分権政治、さらに(2)国会内閣制、つまり《市民政治》に日本の政治を再編しないかぎり、いいかえれば、今日のように政官業複合というかたちで明治憲法以来の(1)官治・集権政治ないし(2)官僚内閣制がつづくかぎり、〈中進国〉政治のまま、日本は沈没していくとみています（前掲拙著『国会内閣制の基礎理論』参照）。

日本の市民が政治を官治・集権型から自治・分権型にくみかえる起点が、今日の主題となっている自治体での《基本条例》の策定であると、私はかねがねのべてきました。この基本条例という言葉自体私の造語で、一九九六年の拙著『日本の自治・分権』（岩波新書）、一九九九年の同じく拙著『自治体は変わるか』（岩波新書）などで設定しています。いずれも「二〇〇〇年分権改革」以前です。

基本条例の構想には、明治憲法以来の「国家型」の考え方を、新しく「市民型」に変える必要があります。各政府レベルそれぞれがもつ政府課題は異なりますが、市民から出発する政府は、国だけではなく、自治体、国際機構へと、今日では三分化しています（図7－1本書一四一頁の転換型参照）。自治体も、市町村、県をふくめ、それぞれが《政府》であるという、この「転換型」の考え方は、今日では国際常識です。一九八五年の『EU地方自治憲章』、つづく二〇〇一年の国連の『世界地方自治憲章（案）』もこのような考え方でかたちづくられています。

今日の二一世紀では、すでに閉鎖性をもつ「国家」観念は崩壊し、図7－1のように自治体、国際機構もそれぞれ課題と組織の異なる「政府」となっています。つまり、〈分権化・国際化〉という構造特性をふまえ、図7－2のような政府の三層構造をあらためて確認いただきたいと思います。それゆえ、国や国際機構が〈基本法〉としての「憲法」や「国連憲章」をもつように、あらたに国や国際機構にたいして独自課題をもつ政府となった自治体でも、その〈基本法〉としての《基本条例》が必要となります。

かつて、日本の〈近代化〉への出発時点である明治の自由民権運動は、国レベルの〈基本法〉である「憲法」の私案を多様につくりましたが、その後〈国家統治〉型明治憲法に吸収・弾圧されてしまいました。しかし、今日の基本条例の策定は、基礎自治体である各市町村、広域自治体の県をふくめ、それぞれの政府レベルでの地域個性をもつ〈基本法〉として、《市民自治》をめざす日本の民主政治の歴史に画期となります。

分類の仕方で数え方も変わるのですが、すでに一〇〇をこえるぐらいの市町村、つまり基礎自治体で基本条例がつくられています。今後、加速度がついてこの基本条例の策定は増加していくでしょう。ほぼ一八〇〇の自治体のうち五〇〇ぐらいの市町村が策定すれば、私のいう戦後民主政治の表見性なり表層性を、私たち日本の市民自らが各地域での「自治体再構築」というかたちで、具体的に克服していくことになるわけです。

県レベルの基本条例の策定は、戦後半世紀をへた今日も、県では戦前以来の国の直轄という伝統発想がつづくため、まず県幹部には各省庁からの出向官僚を戦後もうけいれつづけているだけでなく、さらに官僚出身の知事

図7−1　政治イメージの模型転換

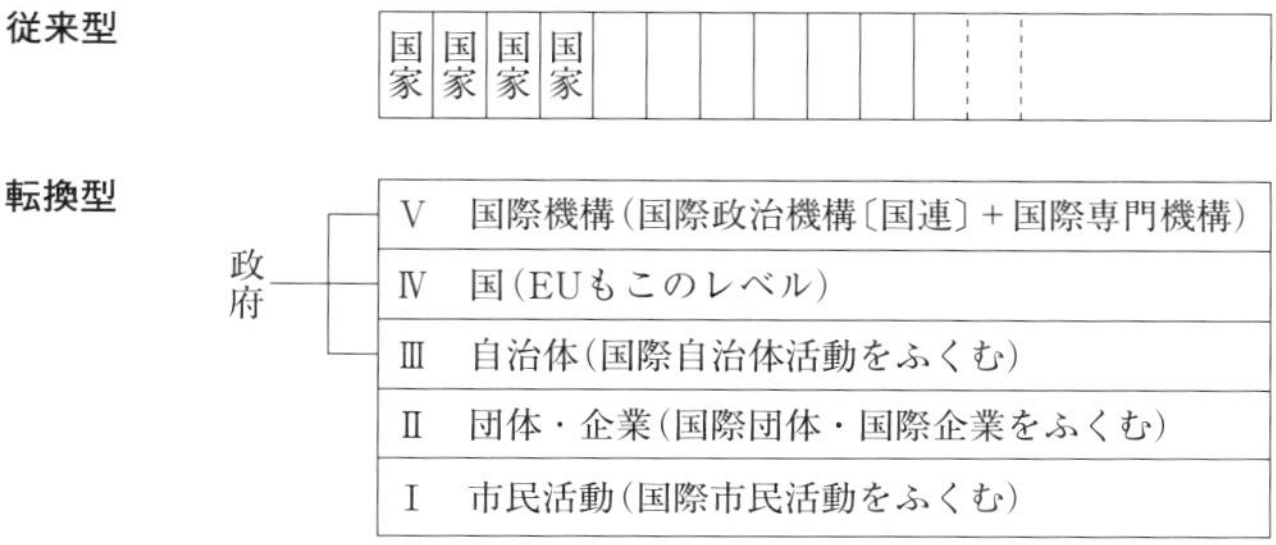

図7−2　政府・法・経済・文化の重層化

国際機構	世界政策基準（グローバル・ミニマム）	→ 国際法	国連憲章	世界経済	世界共通文化
国	国の政策基準（ナショナル・ミニマム）	→ 国法	憲法	国民経済	国民文化
自治体	自治体政策基準（シビル・ミニマム）	→ 自治体法	基本条例	地域経済	地域個性文化

も多い。このため、残念ですが、県の自治・分権の成熟にはまだまだ時間がかかります。現実に、県議会独自の運営条例の制定がみられますが、県での基本条例策定はいまだはじまっておりません。

「広域自治体」の県も自治体としてまれに個別問題で国に造反するものの、出向官僚が中核という戦前と同型である国の省庁直轄態勢を自ら脱却できないという、ナサケナサに注目ください。県は国に出向官僚の総引きあげをさせないかぎり、自治体にはなりません（本書二九五頁参照）。

市民とたえずむきあう「基礎自治体」である市町村からこそ、市民主権の発動として、市民が市町村政府を再構築していく基本条例の策定がはじまっているわけです。この先駆市町村がやがて県の戦前体質を変えるでしょう。

もちろん、「地方六団体」各事務局から総務省系人事の廃止は当然です。

私がこの基本条例という言葉を造語するには、一九六九年、各自治体での「基本構想」の策定が

『地方自治法』に新設されたのですが（本書6参照）、市民策定委員の一人として、武蔵野市での基本構想→自治体計画への参加経験が背景にあります。そのとき、「市民参加」による《シビル・ミニマムの空間システム化》という、自治体計画の武蔵野市方式をかたちづくりました。

しかし、当時の日本における国や市町村、県の官僚、自治体職員は、緑化、文化、地域づくりなどという、都市型社会への移行にともなう新政策課題には未熟だったため、これらの新課題にはその実現にむけて、市民の策定委員を責任者とする、いくつかの「市民委員会」を設置することになります。

私は緑化市民委員会を担当しましたが、当時自治体でつかわれていた「憲章」という言葉をつかって、条例としての『武蔵野市民緑の憲章』（一九七三年）を制定します。今日も、武蔵野市の例規集（条例・規則集）の最初に、この市民憲章がのっています。担当課の設置など0《ゼロ》からの出発でした。武蔵野市のいまの緑はその成果です。

私の基本条例という発想は、アメリカの自治体からの直輸入である、従来つかわれてきた憲章という言葉ではなくて、日本の自治体が日本国憲法で条例制定権をもつかぎり、条例の新運用、あるいは運用の特殊形態としての「基本条例」という考え方をとればよいではないかという、その後の熟慮からきています。

今一度、前頁の**図7－2**を見ていただきたいのですが、国法が一般の法律と憲法、国際法が一般の普遍国際法と国連憲章とに分かれるように、自治体法も一般の条例と基本条例に分化させればよいというかたちで、私の考え方の提起となりました。

この基本条例という考え方の提起は、自治体、国、国際機構と同型の論理をつかうのですから、明治から今日もつづく、《国家》観念を特権化している官治・集権型の官僚法学、同じくいまだ同型の大学の講壇法学の決定的崩壊となります。

以上から《基本条例》という考え方の成立となります。この考え方をふまえてのちは、自治体基本条例、自治基本条例、市政基本条例などなど、どのように名づけるかは、基本条例の条文構成が各自治体で自由であるように、また各自治体それぞれで自由だということになります。

〔2〕《二〇〇〇年分権改革》の意義

ところで、この基本条例の策定という考え方は、今日では《二〇〇〇年分権改革》とも、結果として結びついていきます。

戦後改革による『日本国憲法』の制定にもかかわらず、旧『地方自治法』というかたちで、戦後も旧内務官僚主導の官治・集権手法がのこっていました。《二〇〇〇年分権改革》は、この戦後五〇年つづいた明治憲法以来の官治・集権手法である「機関委任事務」方式を、ようやく『地方自治法』の大改正というかたちで、ついに廃止するという画期となったのは、御承知のとおりです。

この「機関委任事務」方式とは、市民の代表ないし自治体の長である市町村長や知事を「国家機関」とみなして、省庁の恣意つまり裁量による通達や補助金で、国の手足のようにうごかす官治・集権手法をいいます。しかし、補助金などの財源の分権化つまり再配分は、二〇〇八年になっても、国と自治体の財源配分比率が七対三から六対四になっただけで、三対七にするにはまだまだ不十分ですが、「機関委任事務」方式による「通達行政」つまり「通達」の「廃止」は、ついに実現することになります。

その結果、《二〇〇〇年分権改革》以前の旧「通達」は新「通知」と同じく、自治体が無視してもよい、たんなる省庁の参考意見にすぎなくなってしまいました。

市町村、県を国の下属機関とみなす機関委任事務方式の廃止により、市町村、県、国は、それぞれ課題はちが

図7－3 政治循環模型

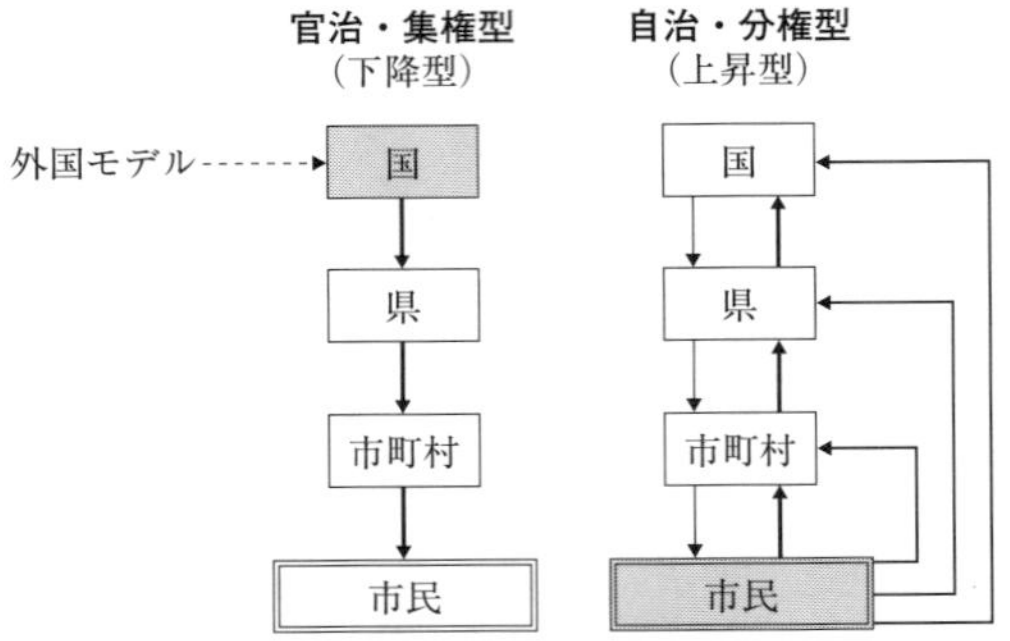

っても、相互に「政府」として対等となり、**図7－3**のように日本の政治・行政は官治・集権型から自治・分権型にようやく転換しはじめることになったのです。

《二〇〇〇年分権改革》までは、『日本国憲法』に反して、明治憲法からつづく官治・集権型の政治・行政が、その劣化にもかかわらず、戦後も半世紀つづいてきました。このため、日本の国の政策・制度つまり法制は、官治・集権型からくる①全国画一、②省庁縦割、③時代錯誤がいちじるしくなって、今日ではいわば「日本没落」ないし「構造破綻」の段階にはいってしまいました。とすれば、**図7－3**の自治・分権型に本格転換できるか否かが、日本の市民に問われています。

もちろん、御承知のように、一九六〇年代から日本の市民自らによる「市民活動・自治体改革」は出発し、これを起点に《二〇〇〇年分権改革》が実現しました。今日では、先駆自治体が政策・制度を開発し、この自治体が開発した政策・制度を原型に、遅れて国が国法を改革するという上昇型構造が、日本の政治・行政の特性となってきました。一九六〇年代からの市民活動、自治体改革の成果が、政策循環を**図7－3**にみる下降型から上昇型に逆転させはじめてきたのです。

市民生活、とくに福祉から環境にいたる今日の国の全政策領域は、二〇〇〇年代の今日では、いずれも市民活動や先駆自治体が開発して、省庁政策ないし国法の改革原型をかたちづくっています。市民参加・情報公開、行政手続・政策評価、また文化行政、あるいは法務・財務・数務といった先駆戦略領域はもちろん、いずれも先駆自治体が国に先行します。市町村が平成合併以前は三〇〇〇余あったのですから当然でしょう。かつての公害法、福祉法から、最近の情報公開法、景観法にいたる個別課題領域にしても、数十の自治体が条例・要綱というかたちで先行し、国はこれらの先駆自治体から学んで、遅れて省庁政策を転換し、国法を変えたのです。

図7-3にまとめた、以上の政策循環の変化は、日本でも「下からの市民主権」による《市民政治》の時代がはじまり、「上からの国家統治」という〈戦後民主主義〉の表見性ないし表層性が終わりつつあることをしめします。戦前はもちろん、戦後も《二〇〇〇年分権改革》まで、たしかに一九六〇年代から〈市民活動・自治体改革〉主導の上昇型に変わりつつありましたが、制度のタテマエは国のひとにぎりの省庁官僚のみが政策発議をほぼ独占し、法段階説つまり法律ついで政令・省令さらに通達というかたちでの、下降型の官僚統治がつづいていたのです。

政治家も明治では維新の元勲・元老政治がみられましたが、その後は、当時の政党内閣もふくめ、さらに戦中、戦後も、国の中枢にある内閣ないし大臣は、軍官僚をふくめて、おもに官僚中心に組織されていました。これまでの官僚出身にくらべて政治家出身の大臣がおおくなる戦後の田中内閣以降でも、かえって省庁官僚ならびに次官会議による「政治決定」について、閣議はその事後承認というかたちで形骸化します。省庁大臣は各省庁で、責任をとらされる辞任もふくめて「政治儀礼」を担うにすぎなくなっていたのです。これが日本の《官僚内閣制》の歴史なのです。

しかも、そこでは、県知事、市町村長ついで自治体職員には、官治・集権型政治・行政のもとでの「思考停止」が、機関委任事務方式による通達・補助金行政というかたちで、戦後も強制されていました。そのうえ、県、市町村の職員自身も国の官僚のマネをしてオカミとなり、ひろく市民にたいしては、国の威を借るお役人として臨んでいたといっても過言ではなかったのです。

このため、自治体職員は、明治以来、《二〇〇〇年分権改革》まで、また《二〇〇〇年分権改革》後の今日も、自ら〈わが自治体〉の政策・制度づくりを「考えない」職員にとどまっている方が多い。「明治国家」ついで「戦後民主主義」も、自治体職員を「機関委任事務」方式の名において、国のロボット、つまり「考えない職員」にしてきたといってよいでしょう。

この政治・行政の官治・集権方式は、日本における市民活動の活力ついで自治体の職員人材の創意の〈否認〉という意味で大失敗、さらには転型期にある今日における、日本の政治・行政、経済・文化をめぐる自治・分権型《再構築》という課題からみれば大損失だったのです。自由闊達な市民活動、ついで各自治体における政策・制度の独自開発・発明がないため、日本の政治・行政は劣化・腐敗をみちびく官治・集権＝一元・画一の閉鎖構造にとどまり、自治・分権＝多元・重層という開放構造がもちうる活力を失くしてしまったのでした。

この官治・集権型の日本の近代化は、近代化の後発国方式としてたしかに不可避だったといえるのですが、今日からみて大失敗・大損失だったのです。《二〇〇〇年分権改革》後も、とくに国の省庁官僚は、自治・分権＝多元・重層の《市民政治》の不可避性と不可欠性を理解できておりません（本書二九〇頁**図1**参照）。

その結果、日本の主権者である市民も、自治体や国のいわゆる「権力」についても、たんに、《法》による市民からの「信託」（憲法前文）にもとづく道具、つまり政府の「権限・財源」にすぎないという現実を見失ってきたわけです。

それゆえ、各自治体の主権市民による基本条例の策定には、『日本国憲法』が政府を国民からの「信託」とのべているように、自治体政府の権限・財源も市民からの「信託」にすぎないということを明記して、長・議会ついで職員からなる自治体政府を、市民が自ら設計し設置する道具というかたちで、位置づけていくことが必要になります。

市民によるこの自治体の設計書が《基本条例》です。自治体の基本条例の論理は当然、「市民主権」からの出発、ないし「政府信託」の再確認となります。

〔3〕 基本条例の考え方と検討課題

都市型社会にはいった日本の市民は、今日では「社会分業」の深化にもとづいて、さまざま、かつ大量の専門家をふくみ、国の国会議員、大臣、省庁官僚や、自治体の長・議員、職員の水準以上にたかい文化水準・専門水準をもつというのが、私の持論です。

しかし、いうまでもなく、基本条例のたかい水準はある日突然うまれるものではありません。

（1） まず、一九六〇年代、日本が都市型社会へ移行しはじめて以降、市民活動・自治体改革をふまえた、わが自治体における政治・行政の水準がこの基本条例に反映されていきます。いわば、市民主権の主体である市民の文化水準が自治体の政治・行政水準に「反映」するとともに、この基本条例によってさらに「規範」化されていくことになります。

この点では、本日はやくお伺いして、武蔵村山市の市政の現状について勉強させていただきました。武蔵村山市はすでに経営管理課をおいて、市政の財務水準に留意されてきたお話を聞いて、国、自治体ともに財務破綻がみられる今日の日本での一般実状に対比して、その堅実性に感銘をもちました。職員も一人当たり市民一七一人（二〇〇八年四月一日現在）で順当です。私はかねてから一四〇人以上でなければ、日本の市の財政は持続不可能とのべています。

この経営管理課は後にのべますが、私のいう「政策財務室」（財政課とは異なる）にあたります。日本の自治体における政治・行政、あるいは自治体の政府としての自立をめぐって、これまで欠落していたのが、自治体が実務としてとりくむこの「財務室」設置による〈政策財務〉と「法務室」新設による〈政策法務〉でした。ですから「政策法務室」の設置も、ぜひお願いしたいと思います。この法務・財務の原則を基本条例にくみいれているのが、多治見市の基本条例です。この法務・財務については、拙著『自治体は変わるか』（一九九九年、岩波新書）を参照ください。

（2）　基本条例の策定にあたっては、わが自治体の市民活動ないし自治体改革の経験のみならず、他の自治体の経験からもひろく学んでいただいて、今後の自治体の戦略課題ないし自治体再構築の可能性についての予測をもつ必要があります。各自治体の今日の基本条例それぞれは、一九六〇年代以来、市民活動ないし自治体改革の始動にともなう、その経験の結集という意味での、普遍性をもちます。

この（1）（2）の経験の結集という意味では、とくに、『札幌市自治基本条例［神原私案］』、『栗山町議会基本条例』の原文をふくむ、神原勝さんの『自治・議会基本条例論』（二〇〇八年、公人の友社）、それから『市政基本条例』を策定し、その原文をふくむ、多治見市前市長、西寺雅也さんの『自律自治体の形成・すべては財政危機との闘いからはじまった』（二〇〇八年、公人の友社）がとくに参考となりますので、ぜひ御一読ください。また、日本における基本条例という考え方の歴史と理論については、拙著『転型期日本の政治と文化』（二〇〇五年、岩波書店）のなかの一章「なぜ、いま、基本条例なのか」もみておいてください。

では、なぜ、基本条例は、日本の自治体にとって、今日、不可欠となったのでしょうか。

この論点にはいるとき、《二〇〇〇年分権改革》をめざした新『地方自治法』もまだ、細かいところまで、時代錯誤の、詳細な過剰規制をもっていて、いまだに全国画一に日本の自治体をガンジガラメにし、自治体の政府としての自由をうばっていることに、私たちは留意しなくてはなりません。

私は二〇〇〇年分権改革をすすめるために大改正された、この新『地方自治法』をさらに全面改定して、「憲法関連法」、つまり、国・自治体間の基本準則のみを定めるにとどまる〈地方自治基本法〉とし、個別・具体の政策・制度のあり方については、各自治体の自由な自治立法としての「基本条例」ついで「個別条例」にゆだねるべきだと考えています。

まず、［1］自治立法権による自由な個別条例制定について、各自治体におけるその基本枠組を定めるのが、《基本条例》となります。また、規制過剰でも現行『地方自治法』があるかぎり、この『地方自治法』にもとづく必要がありますが、そこでもこの新『地方自治法』さらには個別国法については、現在一八〇〇ある日本の各自治体はそれぞれ自由に解釈すればよいわけです。《基本条例》は各自治体が責任をもつ、この［2］自治解釈権を行使する基本枠組です。ですから、基本条例を策定した自治体では、今後、この基本条例にもとづいて、［1］自治立法・［2］自治解釈を政府として自立した自己責任でおこなうことになります。

基本条例は各自治体での、いわば「最高法規」です。各自治体では、この基本条例が、『地方自治法』ならびに個別国法にたいする〈上位規範〉となります。基本条例が、各自治体の［1］自治立法・［2］自治解釈の基本枠組となるからです。自治体では、基本条例が比喩的に自治体の「憲法」と位置づけられるゆえんです。

ここで、あらためて、前述の**図7－1・2・3**をみてください。自治体（市町村・県）、国、国際機構はそれぞれ課題はちがいますが、今日ではそれぞれは相互に「対等な政府」となっています。この点については、《二〇〇〇年分権改革》のとき、当時の自治省も、県、市町村についてそれぞれ独自の政府性を認め、「機関委任事務」方式の廃止にふみきりました。さらには、このとき、自治体の自治立法権・自治解釈権を強化しています（この地方自治法大改正については、また後述の**［質問2］**も参照）。

この『地方自治法』大改正で、国法の解釈権を省庁官僚に独占させたかつての「通達」が廃止され、参考としての「通知」になったのも、基礎自治体としての市町村、広域自治体たる県が、政府課題は異なりますが、国と対等な「政府」となったためです。市町村、県の法務・財務の自立が不可欠となり、国の後見性が否定されます。明治以来の「国家統治」つまり「国→県→市町村→臣民」という考え方は、「市民自治」つまり「市民→市町村→県→国」という考え方に変わったのです。もし国、県、市町村の間に政治対立がおきたとき、その政治妥協ができなければ、すべての領域で市町村からの提起もふくめて裁判手続がとれます。「機関委任事務」方式を廃止する実質的な意義がこれです。自治体に数人でよいのですが専門職員からなる法務室が必置となるゆえんです。

以上をまとめますと、次のような「新思考」の成立となります。

(A) 基本条例の制定とその課題

基本条例は条例の新しい運用方法であって、自治体ではその最高法規として、国の憲法と同じ位置となる。基本条例は、自治体の「最高法規」として、各自治体がそれぞれ自治体としての基本構造（constitution）をあらためて構成し、次のような課題をもちます。

① 主権市民による自治体政治・行政（長・議会＋職員）への権限・財源の「信託規範」

② 政策・制度の制定・運用、とくに個別条例立法や個別国法解釈を各自治体で整合させる「調整規範」

③ 各自治体での自治体総合計画、政策法務・政策財務、自治体再構築の「準則規範」

(B) 基本条例と関連条例

基本条例と個別の政策・制度条例との中間には、いくつか、必要に応じて、次のような「基本条例関連条例」を制定して、基本条例を実効化することになります。

①市民参加条例、②議会運営条例、また③情報公開条例、④個人情報保護条例、⑤自治体計画策定・改定条例、⑥行政手続条例、⑦行政監査条例、⑧公益通報条例、⑨オンブズ条例など。国の憲法関連法に国会法、内閣法、

裁判所法、地方自治法、公務員法など、あるいは情報公開法、行政手続法などがあるのと同型です。

この(A)(B)の考え方の成熟と、これをめぐる実務能力の熟成によって、はじめて、自治体をいわゆる「国家」の付属物とみなす《国家統治》という考え方から脱却して、今日では理論常識となった「補完原理」にもとづいて、市民が順次、市町村→県→国→国際機構へと〈補完〉しながら「複数信託」するという、多元・重層型の考え方ができるようになるわけです。その出発点が「基礎自治体」＝市町村での〈基本条例〉の策定による、《自治体改革》にむけての、主権市民間での相互確認ということになります。

（なお、この補完原理については、私が一九八五年の『EU地方自治憲章』の一〇年前にのべた、一九七三年の拙稿「市民参加と法学的思考」拙著『国会内閣制の基礎理論』［松下圭一法学論集］二〇〇九年、岩波書店所収を参照。）

とくに、ここで、留意していただきたいことがあります。日本の戦後の各自治体議会は、戦前の帝国議会をモデルとして旧内務官僚が原型をつくった「標準議会会議規則」（『議員ハンドブック』所収）を丸写しした全国画一規則を、残念ながら今日もつかっています。戦後半世紀もつづく、この標準議会会議規則とは今日あらためてサヨナラして、あらたに、各自治体議会は独自かつ独創の議会運営条例をつくるべきだということです。すでに、この条例をつくった栗山町や三重県などの市町村・県の議会があります（本書一四八頁参照）。

そのうえ、日本では、主権市民の意見表明ないし参加手続をなぜ、二一世紀の今日も、国家統治のもとでの臣民の言葉である、オカミへの「陳情」とか「請願」とかよぶのか。たちどまって、この点を考えてください。「公聴会・参考人」制度も、議会への市民参加の制度として運用すべきでしょう。また議員間の自由討議が基本にあって、次に長・議員相互に一問一答の対論となるべきでしょう。長・議会は対等な二元性をもつのですが、戦前とおなじくオカミとしての長への議員による「質疑」どまりとはマチガイではありませんか。

各自治体議会それぞれは、独自かつ独創の「議会運営条例」をつくって、『地方自治法』の国家統治型用語法

図7－4　代表の二類型

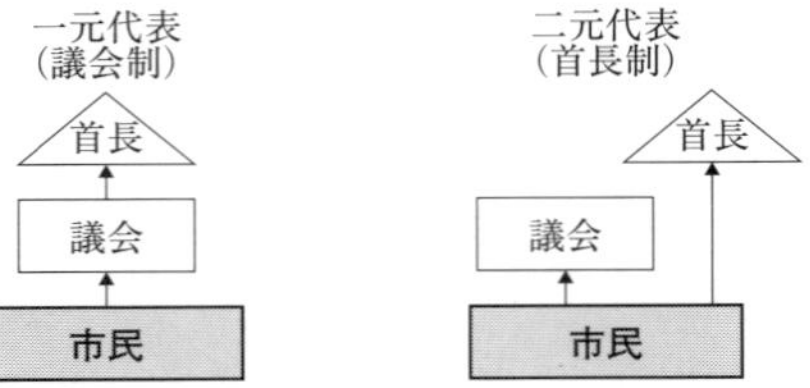

図7－5　自治体基本条例策定での検討課題模型

（1）市民自治の基本原則
（2）地域政治・経済・文化の基本課題（自治体の戦略課題）
（3）市民の自立と権利
（4）市民参加ついで市民組織（＋団体・企業）
　・運動型
　・制度型 ― 市民会議・委員会／オンブズマン／住民投票（など） ＋計画策定手続
（5）情報公開・行政手続
（6）長の課題・責任・補佐組織
（7）議会の課題・責任・構成
（8）職員機構の課題・責任・構成
（9）行政外郭組織のあり方
（10）法務・財務ついで監査・入札の原則
（11）危機管理・有事における市民保護（無防備地域をふくむ）
（12）自治体間の相互支援、また国際・外交政策
（13）政府間関係の改革
（14）制定・改正手続（とくに住民投票問題）

を変えながら、自律すべきです。議会招集権も、長だけではなく、議会自体が当然もつべきではありませんか。三重県議会は条例で通年議会にして、現行の招集権問題を骨抜きにしてしまったのも参考になると思います。

この意味で、長・議会の二元代表制（図7－4）からなる日本の自治体では、自治体基本条例の策定にあたっては、さしあたりは長・議会の了解をえたうえですが、議会のところは簡明な数条ぐらいにとどめて、後にあらためて自治体議会が、「議会基本条例」とよんでもよいのですが、独自の本格的な「議会運営条例」を議会での市民参加手続によって策定することを予定しておくべきでしょう。くりかえしますが、基本条例の策定にあたっては、議会における従来の「標準議会会議規則」とのサヨナラ、つまり廃止を考えてください。

基本条例策定にあたっての検討課題は、**図7−5**に模型としてまとめておきました。これはあくまでも検討課題の項目模型にとどまります。それゆえ、条文化の課題とはなりません。これらの検討課題を十分議論したあと、各自治体はそれこそ自由に条文化をおこなえばよいのです。

なお、この条文化にあたっては、『日本国憲法』がほぼ一〇〇条であることを想起して、市民に親しみやすい文章とともに、市民がひろくこなしきれる条文数を考えていただきたいと思います。このとき、さらに、前述した基本条例の「関連条例」が別に必要となることも、想定しておいてください。

ただ、基本条例は自治体の《基本法》であるかぎり、いつかは住民投票にかける必要があります。さしあたりは、自治体議会での通常の立法手続で基本条例を制定し、今後、逐次、自治体改革の深化とともに条文改正をつみあげ、二〇年ほどの時間がたって、条文としても成熟したと判断しうる状態がきたとき、はじめて住民投票をおこなえばよいと、私は考えています。

［4］ 市民自治・自治体改革への覚悟

基本条例の策定にあたっては、私たち市民は今日の日本における自治の現状をめぐる問題点の整理と、自治体再構築という将来をみこしたうえで、策定するのでないかぎり、役だたない空文となってしまいます。

とくに、次のような基本論点をふまえておくことが必要です。

(1)「市民主権」、「政府信託」という概念設定の不可避性

(2)市民参加・市民行政の熟度があがれば職員行政は縮小するというかたちで、市民・職員の利害は反比例するという政治緊張(いわゆる「協働」は幻想です。)

(3)変化のはやい現代の都市型社会では、市民の地域規模から地球規模に開かれた文化水準は、庁内閉鎖型になりやすい長・議員ついで職員の行政水準より高いという現実認識

(4)行政は自治体(市町村・県)、国をふくめて、市民自治・自治体改革を基本として出発するだけではなく、ミニマム行政のみおこないうるという、ムダの抑止をめぐる課題設定

(5)条例は市民が自治体(市町村・県)に「権限・財源」を付与・剝奪する規範だという意義確認

くわえて、自治体、国ともに、[1]市民は「政治主体」、長・議会は「制度主体」、職員ないし官僚は制度主体である長・議会の「補助機構」、したがって市民の「代行機構」にすぎないという位置づけとなります。また、[2]長・議員、ついで職員の給与の基本は市民の税金からでています。ただ、自治体間に財政力の格差があるため、地方交付金などによって国が副次的に、あるいは将来は自治体相互に、財源を補うにすぎません。この[1][2]の二点が、基本条例の理論前提となります。

職員についてみれば、時代の変化が激しいため、若い職員にOJT(仕事をしながら職務についての能力・熟度の形成・訓練)ができる先輩職員がいなくなっていくこともあって、従来の常識だった「終身雇用・年功賃金制」も限界にきています。ここから、四〇歳代、五〇歳代の先端技術に習熟している市民について、外部からの職員中途採用が不可欠となるため、新学卒者の採用縮小となることについても、基本条例の討議のなかでたえず留意しておく必要があります。なお、人件費については、手取りではありませんが、職員一人あたり年総額として、ほぼ一〇〇〇万円かかるということも、たえず考慮してください。

さらには、職員がカリキュラムをつくって公民館で市民を教育するという「社会教育」行政もとっくに終焉しているとみるべきでしょう。「生涯学習課」と名を変えていてもおなじです。社会教育は自治体職員がエライという前提をもつ後進国型行政です。このため、市民みずからの自治訓練・自治学習の機会の拡大という、市民活動ないし市民参加方式からの出発が、今後の自治体のあり方の基本となります。もし育児、介護や緑化などでの市民講座が施策として必要なときは、それらの専門担当課がおこなえばよいわけです。今日の公民館のタテモノは市民管理・運営の地域市民センターとします（拙著『社会教育の終焉』新版、二〇〇三年、公人の友社参照）。

基本条例の策定では、とくに市民参加・情報公開・行政手続という、一九六〇年代から都市型社会にはいるにしたがって、日本の私たち市民が切り開いてきた市民自治方式からの出発が基本とならざるをえません。この市民参加・情報公開・行政手続については、前述の基本条例の「関連条例」をそれぞれ策定し、自治をめぐる市民、ついで長・議員さらに職員個々人の覚悟をあらたにしたいと思います。

それゆえ、基本条例の策定は一時の条文作文ではありません。作文づくりであれば、基本条例がすでに一〇〇近くもある今日では、ITをつかえば誰でも、どこでも、ハサミとノリで条例原案はつくれます。

だが、基本条例の策定には、市民自治への覚悟をもち、**図7−5**（本書一五二頁）の討議課題にくわえ、とくに地域特性をもつ地域個性経済の造出から地域個性文化の創出まで、わが自治体をたえず再構築するための、市民間の相互討議、また市民、長・議員、職員間の相互討議の集約が基本です。たんなる作文づくりではありません。それに、基本条例を制定しても、今後、①基本条例条文のたえざる修正、②「関連条例」の制定による、そのたえざる整備こそが、基本条例に生命と魂を吹き込んでいきます。つまり市民における、たえざる自治体改革ないし自治体再構築への覚悟が必要となります。

明治の自由民権運動は〈国家統治〉つまり官治・集権をかかげる明治憲法にそのエネルギーを吸収・弾圧され

てしまいましたが、今日の自治体における〈自治・分権〉型の基本条例は、時代の変化の激しさを前に、市民みずからによる、直接の、たえざる、自治体改革ないし自治体再構築という課題をもち、その条文もつねに①修正、②整備が必要となる、「未完」の条文だと考えたいと思います。

戦後、『日本国憲法』の制定にもかかわらずつづいた、戦前型の《官僚内閣制》によって配給された官治・集権型自治は《二〇〇〇年分権改革》で終わりとなり、地域個性をもつ《基本条例》の策定を基軸として、自治体からの新しい「市民自治」の現実がはじまってきたというべきでしょう。

[質問1　革新自治体ではじまった自治体の政策自立は今日どうなっているか。]

日本における都市型社会への移行のはじまりである一九六〇年代、七〇年代、当時の革新自治体は市民の生活権保障（憲法二五条）としてのシビル・ミニマムという考え方を提起しました。つまり今日でいう安心・安全ネットという考え方をかたちづくり（本書④参照）、今日でも日本の自治体の基本の考え方となっています。

しかし、二〇〇〇年代では、考え方としては以上を前提にしながらも、日本の国、自治体いずれも、ムダづかいからくる巨大借金による財政破綻だけではなく、少子高齢社会への移行にともなう政策再編の立ち遅れないし失敗もあって、各自治体は今後それぞれ、あらためて地域特性をいかし、市民も政治・参加責任をもつ自治・分権型での《自治体長期・総合計画》の策定からの、たえざる再出発となるといわざるをえません。それゆえ、基本条例には、この自治体計画の策定方法も条文にもりこむべきです（本書⑥参照）。

[質問2　憲法九四条では、条例は「法律の範囲内」となっているが、各自治体で自治・分権型の条例を自由につくれるか。]

社会の変化の激しい都市型社会では、これまで官僚主導でつくられた国の既成法律は、①全国画一、②省庁縦割だけでなく、構造特性としてたえず③時代錯誤となるため、国会主導による国法のたえざる改革立法だけでなく、前述したように条例主導による官治・集権型から自治・分権型への国法再編が要請されます。そのため、国法優位型にみえる「法律の範囲内」という憲法九四条の規定は、自治・分権時代の今日、国法（法律）・自治体法（条例）間における、上下の〈規制原理〉ではなく、相互の《調整原理》として、理解・運用することが必要となっています。

《二〇〇〇年分権改革》をめざした『地方自治法』大改正では、第一条の二第一項・第二項、また第二条第一一項・第一二項・第一三項をこの調整原理という意味で、自治・分権型基準に変容しています。この地方自治法のこの改正条項は、市民主導による憲法九四条の運用改革をめざすと考えます（拙稿「市民立憲への憲法思考」前掲拙著『転換期日本の政治と文化』参照）。当然、条例による国法への上乗せ・横出し、ないし上書きも自治体法務の課題です。

この自治立法・自治解釈の拡充・整備をめぐる憲法運用改革を自治体がみずから深めるため、私はかねがね主唱してきたのですが、財務室とならんで、市ではあらたに自治立法・自治解釈をめざした法務専門職員数名の「法務室」、町村では県単位の町村会に「法務センター」をつくりつつあります。多摩地区でも、東村山市や三鷹市の政策法務室、武蔵野市の自治法務室などがすでに新設されています。

ただし、地方分権改革推進委員会の調査によれば、省庁官僚の抵抗により、なお官治・集権の旧型法が約五百、ほぼ一万条項がのこるため、条例制定の自由のためにも、国会主導による国の立法改革の同時進行が不可欠です（前掲拙著『国会内閣制の基礎理論』四五頁以降参照）。

［質問3　市町村での自治会の位置づけ、またこれへの補助金をどのように考えたらよいか。］

日本で農村型社会がほぼ一九八〇年代に終わり、都市型社会が成立していくなかで、今はまだ過渡期ですが、ナンデモ行政下請をした従来のムラ自治型の自治会（町内会・地区会）は空洞化していき、地域個性にみあったかたちで、市民の自由活動型に転換します。事実、地域でのその実質加入率も三〇％から七〇％のハバがある。すでに、近くの武蔵野市や小平市などでは「行政下請」をする旧自治会はありません。自由な市民活動があれば、従来型の自治会は不必要ですし、市町村の政治・行政は広報配布をふくめ、かえって責任をもつかたちになります。地方自治法の地域自治区の規定も不必要です。

都市型社会での地域は、伝統のつよい山間《あ》いをふくめ、地域特性をもつ市民の自由な自治型の多元・重層のネットワーク＝公共空間として、市民活動という〈市民の相互性〉からなりたちます。画一の定型化をめざす条例化・法律化になじみません。事実、一九七〇年代以降、国のコミュニティ構想はいずれも破綻しました。

この地域という土壌は、農村型社会ではムラ構造をもっていましたが、都市型社会では制度化が不可能な、無限の可能性をもちうる、また自由と孤立が相緊張する、相互扶助の「自治型公共空間」となります。しかも、震災など地域の危機時点の現場では、既成行政も崩壊し、地域市民による《原始自治》の再生となります。

御質問にもどりますが、従来型の行政下請から出発する自治会（町内会・地区会）は、規約すらつくっていないところが多いため、これに市町村が税金から補助金をだすときは、これまでは問題をボカシてきましたが、その配分・使用基準の策定・公開をめぐって、また実質加入率推定の不可能とあいまって、その会計報告・監査については、想像以上に行政としてはむずかしい問題をかかえこむことを考えるべきでしょう。

なお、集落林や集会所など、古くからの集落財産があるところでは、その権利関係を明確にするため、法人化ができます。

武蔵村山市・二〇〇八年九月三日講演
原題・自治体基本条例の策定にむけて

8

市民が自治体をつくる（二〇〇九年）

［大矢野修　本日のテーマ「市民が自治体をつくる」は、二つの意味で『月刊自治研』記念号のインタビューにふさわしいと思います。

日本における現代政治理論は、松下先生による基礎概念レベルからの再検討をへて大きく組み替えられてきましたが、とくに強調しておきたいのは、その組み替え過程に現実の政治・行政をつくりかえる実務的方法論が組み込まれていることです。それだけに、先生が提起された一つひとつの概念はそれ自体が論争的で、既存の理論や方法論、ドグマとの闘いをくぐるなかから確立されてきたことを、われわれは忘れるべきではありません。

こうした、松下現代政治理論の中核を構成する概念群は、「市民が政府としての自治体をつくる」という命題と響き合っているはずで、本日、このテーマを掲げた理由の一つです。

もう一つの理由とは、自治労および自治研活動にとって、このテーマがどのような意味をもつかということです。一九五四年に自治労が結成され、自治研集会が一九五七年にスタートして半世紀がたちました。自治労は、自治体政府で働く職員によって組織された労働組合ですから、市民の納税でなりたつがゆえの固有の課題をもっている。この課題は「市民が自治体をつくる」という命題との緊張関係によって、より鮮明になるのではないか。自治研活動の歴史と展望は、この命題ぬきには語れないというのが、今回のテーマを設定するにあたっての、私の二つめの理由です。

さて、松下先生は自治研集会がスタートした早々にかかわられていますが、当時どのような考えをもって参加されたのか、そのあたりからお聞かせください。］

〔1〕「戦後民主主義」の表層性・外見性

私が自治研活動にかかわったのは、一九六一年の静岡集会（第五回）と翌年の大津集会（第六回）の二回です。私は三〇歳を過ぎたころで、それからもう五〇年になりますね。

なぜ二回でやめたのかは後ほど話しますが、その直前の一九六〇年は安保国民運動の時期で、国会前でも県庁前でも、大規模なデモが行われていました。ところが「国民運動」といっても、その主流は公務員や大企業の企業労働組合が中心で、国民会議ないし政党が上から組織として系列動員をかけ、日当も出るという、いわゆる戦前スタイルで、今日でいう個人自発性から出発する「市民活動」とは構造がまったくちがっていた。

そのうえ、当時の労働組合のデモは、毎年のメーデーもふくめて、職場の部・課・係のタテ系官僚組織そのままの軍隊編成で、日当をだすため誰が参加したか、こなかったかがただちにわかる。このため、デモは閉鎖性をもったまま、街頭を素通りして、地域市民との交流もない。ヨーロッパなどでの市民個人として自由に参加するデモとはまったく異質です。

私は鳴海正泰さんらと、そうした特性をもつ日本の政治構造について杉並区での調査を行い、東京都政調査会『大都市における地域政治の構造』（一九六〇年）にまとめます。原水禁運動発祥の地であり、いわゆる文化人が多くすむとみられ、アナーキストの新居格さんを区長に出したため、ひろく日本で最先端の「民主的」「進歩的」とみられていた杉並区でしたが、日本の隅々の地域と同じく、地域は町内会・地区会（二三区では町会）によってかためられ、安保反対の街頭デモにも微動だにしなかったことを調査でしめしたわけです。

この町内会は、東京でも日本中の市町村と同じく区役所がガッチリ統御し、当時の市民個人は相互監視で地域で身動きもできない。それゆえ、私は当時の知識人を「ムラ逃亡者」とみなしていた。いいなおせば《戦後民主主義》は「表層的」、「外見的」に過ぎない。ここから私は、一九六〇年、「地域民主主義」「自治体改革」という言葉を造語して、日本での民主政治の新視角を提起していくわけです。

[この杉並調査から、おっしゃるように、戦後革新運動の薄っぺらさが見えてきた。と同時に、地域政治は国政に比べ「下々」の政治とみなされていたにもかかわらず、保守政治の基盤として再編されているという実態が明らかになる。先生の言葉でいう現代型のマス状況、旧来型のムラ状況の二重構造ということですが、当時の革新理論は、この地域をおおう二重構造に真正面から向き合い、その構造を変えるという戦略をもたなかった。

こうした問題が底流にあって、「地域民主主義」「自治体改革」という名での自治体理論の構築がはじまる。したがって、先生による地域民主主義、自治体改革の提起は、単に地方自治の充実のためというより、戦後日本社会のなかに、いかに民主政治の基盤を新しく構築するかという発想でとりくまれたことを、はっきり認識しておく必要があると思います。]

自治研での私の出席した「住民組織分科会」は、すでに一九五八年からできていました。私が呼ばれたのはまだ「市民運動」以前でしたが、杉並調査を踏まえて『月刊自治研』一九六一年三月号に「構造改革と地方自治体」(小泉元首相の「構造改革」は、この時代にできたこの言葉の逆用。後述)を寄稿して、地域民主主義・自治体改革を強調し、自治研でも取り組むべきとのべたからでしょう。

当時の自治体職員はまだ戦時体制の考え方からぬけきれないため「お役人意識」が強く、本気で町内会・地区会を行政のナンデモ下請組織とみなしていた。その後の「市民運動」もまだ出発していない。この地域の現実をまず認識することから始めようというのが、私の問題設定でした。

だが、この分科会とは別に、自治研全体の雰囲気はコピー機の導入ショックで「合理化反対闘争」に傾いていた。当時、自治体の戸籍窓口には、手書きと読み合わせというかたちで、戸籍一通に二人がかり、とくに月曜の午前は大増員していました。このコピー機を導入すれば、人手はいらなくなるため、「合理化断固反対」に自治研は流れていく。

私はこのコピー機は、将来子どもも使うようになり、また自治体職員の仕事は高度な福祉、環境などで増えるため、配転はあるが職員減にはならないと考えていました。この後向きの立論を見て、私は自治研から静かに去ることにしました。この論点は、今日誰でも理解いただけるでしょう。

［当時の資料を見ますと、分科会が一六あるのですが、圧倒的に役所のタテ割所管業務にそって編成されており、住民組織分科会は隅っこに申しわけ程度におかれている印象があります。先生は「忘れられた抵抗権」（『中央公論』一九五八年一一月号）で、「革命」によるユートピアではなく、市民型抵抗を強調されていましたが、しかしこの分科会の編成をみても、地域を単位に、地域民主主義の核となる、組織横断的な市民的抵抗を構築するという発想は、自治労のなかになかった。あっても少数派だったことがわかるような気がします。ところで先生は、こうした実状にもかかわらず、自治労の自治研活動そのものには、高い評価をされていたのではないでしょうか。］

ええ。私は自治研とその先輩の日教組の教研をふくめて、いろいろ批判されているような問題はあるものの、成果はともかくとして、日本独創の知識労働者の運動形態として位置づけています。外国の学者や視察者も、労働運動での日本の発明として評価します。くわえて、当時、特定郵便局の女子局員や小さな医院の看護婦（当時）さんなどが、業務外に局長や医者の自宅でタダで家事雑用を強いられていたことからも理解できるように、自治体もふくめて日本全体の労働条件は、まだ実質は後進国の身分型だった。自治体でも「役場」での女性への「お茶くみ」「掃除」強制など、自治研が自治体内部で究明・改革していった意義も、歴史現実として評価したい。

[2] 「自治体職員の三面性」理論の展開

[本来、先生の関心は、労働組合運動と自治体改革との関係にあったのですね。一九五〇年代なかばから一九六〇年にかけては、市民運動はまだ本格的に登場していないため、民主政治の担い手として、まだ労働組合への期待があった。とくに自治労の自治研に「住民組織分科会」が設けられた意味も、ひろくいえばそこにあった。]

ええ。その当時は、驚かれるでしょうが、日本に自立した自治体理論がなかった。このため、自治労も彼らのいう「国家権力」の末端をめぐる「自治体闘争」という言葉をつかっていた。私は一九五八年、戦前型オイコラ警察の復活をめざした警職法改正反対国民運動のころから、《地域》をめぐって「自治体」の理論を考えはじめていました。「自治体改革」という言葉も、当時の「構造改革論」にヒントをえて、私が造語します（本書③参照）。

一九六〇年前後は、ようやく福祉とか公害という課題別についての理論が開拓されつつありましたが、資本主義・社会主義の体制対立を極大化して考えるため、自治体はいまだ戦前系譜の国家統治対階級闘争の図式のなかに埋没してしまう。この体制対立の極大化にたいして、その後、私は旧来の「階級闘争」に新たな「市民運動」、旧来の「国家統治」に対極の「市民自治」を対置して、いわば都市型社会（当時は大衆社会という）の自治体理論の構築を私の理論課題としていった。

その後、自治労との関係もほとんどなかったのですが突然よばれ、一九七七年の自治労二〇周年記念講演「自治体革新と市民参加」（『月刊自治研』一一月号）という話をする。一九六三年の飛鳥田横浜市長など、また一九六七年の美濃部都知事などを出し、一時は日本の市全体の三分の一におよんだ。革新自治体の経験蓄積ができてきた時代です（本書4参照）。

その頃の自治労は、「階級闘争」を基軸において、革新首長と手を結ぶべきか、それとも反対すべきかという、つまらぬ議論に入っていた。この教条発想で自治労運動が行き詰まりを見せるなかで、「自治体闘争」から「自治体改革」への転換を、私はあらためて強調しました。

つぎに、一九八四年九月『月刊自治研』発刊三〇〇号記念号に「自治体職員論の再構成」を書きます。前掲七七年論文でものべましたが、当時、自治労はよく「自治体労働者の二面性」といっていた。いわゆる労働者と、公務員との二面性です。

私はこれにたいし、これでは自治体単組ごとに閉鎖型の企業組合におちいり、市民との横広がりの運動はできないではないか。これからの自治体労働者は労働者、公務員である以前に、まずみずからを市民と考えねばならないというかたちで、「自治体労働者の三面性」をあらためて提起します。

当時、自治労をふくめて労働運動の主流だった、いわゆる「民同左派系」による「階級闘争＝労働組合」という基本図式はまた、広くみて当時、革新政党といわれた社会党あるいは共産党の公式理論でもあった。この図式では、労働組合は市民とのヨコの連携ができない。そのうえ、私自身でみても、労働者、学校教員であると同時に、普遍人権をもつ市民です。自治体職員も労働者、公務員であるとともに、地域では隣人相互に同じく普遍人権をもつ市民です。

今日では当然の《三面性》理論ですから、自治労はすぐこの理論を受け入れたものの、実質はまたもとの二面性に戻ります。自治体単位での企業組合の宿命なのでしょうが、自治労ではいつも〈自治体の主権者〉である《市民》を忘れている。

二〇〇〇年代には、市民活動が多様に自立して、地球規模でも展開するのですから、どうしても自治労をふくめ企業単位の労働組合は、社会の変化にオクレル。私は市民常識を組合内部に大胆に取り入れていただきたいと思っています。この点では、『月刊自治研』一九八七年一月号の有賀弘（ヨーロッパ思想史）さんとの対談「市民政治理論の現代的意義」、おなじく二〇〇一年一月号の須田春海（『月刊自治研』編集委員）さんとの対談「二一世紀の民主主義を展望する」があります。

［一九七七年および一九八四年の論文で提起された自治体労働者の三面性についてですが、先生はこの提起に先行して、一九六六年に「市民的人間型の現代的可能性」（松下圭一『戦後政治の歴史と思想』一九九四年、ちくま学芸文庫所収）を書かれ、古典的ブルジョア市民論とはちがう「現代市民」像を析出されます。また、一九七五年には『市民自治の憲法理論』を出版されています。

やや個人的意見になるかも知れませんが、三面性理論を理解するには、この二本の論文・著書はぜひおさえておく必要があると思っています。とくに日本の憲法学、行政法学を保守系・革新系ふくめ全面批判した『市民自治の憲法理論』は、私個人にとっても多くのことを教わった忘れがたい本ですが、この著書から今日のテーマにつながる、市民による、自治体をふくめた政府創設の論理構成が定立されています。

それまで日本の政治・行政理論は、公共（パブリック）と政府（ガバメント）を一体の「国家」とみなして理論構成されていた。両者を一体のものとして統合する中核概念が「国家主権」となるわけです。だが、この本では、公共と政府はいったん分離され、そのあと『日本国憲法』「前文」の信託理論を媒介にして、自治体ついで国を連結させるという論理構成になっています。「信託」という手続を踏まえることで、戦後憲法の市民的解釈、また政治・行政理論における市民主体の組み直しがはじまってきます。

自治労の二面性理論は、公共と政府を一体とみなす明治以来のお役人の国家論理とぴったり重なってくる。しかし国の政治家、特権官僚も地域では市民で、老後は基礎自治体の行政によって支援される。「市民」自治を基軸に、自治体政府「職員」である自治体「労働者」を位置づければ、必然的に三面性にならざるをえない。」

〔3〕自治体理論の再構成へ

『地方自治通信』の編集長をながくされていた大矢野さんに、ご理解いただいて感謝いたします。

結局のところ、当時の自治労運動は賃上げないし労働条件をめぐる「闘争」が中心で、職場をどう改革するかまでの話はできても、日本の政治・行政をめぐる自治・分権はスローガン止まりだった。自治労のいう、いわゆる「住民との共闘」は、市民参加、情報公開とあいまって、かえって主権市民からのきびしい批判を誘発するため、自治労にとっては実際にはとりくみにくく、むずかしい、とおもいこんで逃げていた。

〔戦後日本社会に民主政治を構築するための結節点としての自治体と、自治体を職場とする労働組合との矛盾ということになるかと思いますが、自治労が先の二面性による、賃金をはじめ労働条件の確保だけを突出させれば、自治体の設置主体である市民の利害と衝突して、かえって市民の批判をうける、ということですね。この関連で、自治体では労働組合による自主管理はありえない、ということも強調しておくべきかもしれません。〕

そこで、あらためて、自治体の位置づけが問題となる。市民が〈市民自治〉を起点として、まず基礎行政をおこなう基礎自治体（市町村）を選挙・納税でつくり、基礎自治体がとりくめない広域課題をめぐっては広域自治体（県）をつくって補完する。さらに、市町村、県でになえない全国基準ないし直轄事業は国が補完し、さらに世界政策基準は国連をはじめ一〇〇前後の国際機構が補完する。

この、まず市民から出発する、いわゆる《補完理論》は『EU地方自治憲章』、国連の『世界地方自治憲章

（案）』の基本型で、今日では国際通説となっています。《補完理論》については、すでに一九七五年の前掲拙著『市民自治の憲法理論』で、国際理論成立より一〇年早く構築していました。

なお、当時私は、現代市民ないし都市型社会固有の生活条件保障としてのシビル・ミニマム（憲法二五条）を、①生存権（年金、生活保護など社会保障）、②共用権（道路、学校、公営住宅など社会資本）、③環境権（公害、公衆衛生など社会保健）に定式化して、都市型社会における市民活動、市民参加の必然性について理論化し、シビル・ミニマムの公共整備を自治体改革とクロスさせます（図9－5本書二〇四頁）。

いまの言葉でいえば、安心・安全ネットですが、この言葉はミニマムという最低政策基準の策定というきびしさに欠け、甘い協働ムードにひたって、多額の借金をもつ自治体の再構築につながらない。

「シビル・ミニマム」は、市民の側からすれば市民生活に最低限必要となる市民生活基準＝生活権、自治体からすればこの生活権の政策公準です。このシビル・ミニマム論を自治労との関係に置き換えれば、先の二面性から三面性への飛躍は、この生活権をいかに運動のなかに取り込むかの問題と重なってくるはずで、そうすることで、自治労運動は自治・分権を実質化する政策集団となる可能性をもっていたと思いますが、現実はそうならなかった。

ところで、シビル・ミニマムは『東京都中期計画』（一九六八年）が皮切りですが、革新市長会も先生のシビル・ミニマム論を基礎に、一九七〇年に『革新都市づくり綱領（案）シビル・ミニマムの策定のために』をつくる（本書④参照）。

このシビル・ミニマムの提起によって、日本の公共政策は、従来のフローとしての所得保障にくわえて、市民の日常生活で不可欠のストックとなる上述の①②③の三領域を核にして、公共空間の水準上昇をめざすことになる。また、この転換は必然的に富の配分のあり方を変えていく。当時の先生がおっしゃる「政権交代なき政策転換」ですが、この動きが革新自治体を中心に展開されていく。]

革新自治体はバラマキ型だったとダメにする議論がつづきますが、この批判は間違いで、革新自治体こそがシビル・ミニマム（憲法二五条）を基軸に、都市型社会にふさわしい、長期・総合の自治体計画の策定による地域づくりを主導しました。この革新自治体へのまきかえしが、田中首相の『日本列島改造論』を原型とする自民党政官業複合による公共事業のバラマキです。とくに県、市町村の自治体議会は、経済成長の果実としての収入増や起債でムダづかいをする知事、市町村長の「総与党」といわれるようになる。ついに二〇〇〇年代では、このムダづかいのため、自治体、国の財政破綻、さらには市民福祉の崩壊となります（本書⑥参照）。

[革新自治体の成果については、革新市長会が幕を閉じたのち、先生、鳴海正泰さん、神原勝さん、私の四人で『資料・革新自治体』（「正」一九九〇年、「続」一九九八年、日本評論社）としてまとめます。

革新自治体については、これ以上論じる余裕はありませんが、ともあれ、自治体現場でのこれらの動きから、自治研活動ルートとはちがったかたちで、新しいタイプの職員が育ってくる。この職員層がやがて個人として参加する「自治体学会」の設立となり、二〇〇〇年の分権改革の下地を準備していく。]

自治体職員の水準上昇をめぐっては、まず、先にお話のでた自治研が日常の職場からの突破口を切りひらきました。他方、官治型の自治体幹部養成をめざして自治省系の自治大学校、市町村アカデミーなどがつくられ、さらに一般職員用の型ハメには人事院系の、なぜ導入されたかわからないオカシナ、ＪＳＴ（人事院式監督者研修）方式がひろがっていった。しかし、一九六〇年代からはじまる自治体改革の活動のなかから、新しく、自由な改革型の職員が育ってきて、一九八六年に自治体の政策・制度づくりをめざした個人参加の自治体学会が出発する。

一九九〇年代以降はまた、ようやく私たちの自治体理論の成果として、自治体関連講座が急速に大学カリキュラム再編というかたちでとりいれられはじめたため、この自治体学会にくわわった自治体職員から担当教授がおおく輩出することになったことに注目したい。今後、この自治体職員出身の教授層と自治研がどうむすびつくか。私は双方にとって可能性あふれる相乗効果が生まれると考えています。

[4] 自治・分権と公共性の考え方

一九六八年ですが、革新自治体からの派遣の五人で、先輩格となるヨーロッパ革新自治体の経験を視察に行った。当時はシベリア鉄道でロシアをへて、ヨーロッパに入った。とくに忘れられない印象をもったのは、イタリア共産党本部で、非常にすっきりとした考え方を持っていた。

その頃、日本では、路面電車の廃止問題が争点だった。自動車がどんどん増えたため、路面電車が動かない。どう解決するか。関連労働組合は、社会党大会や総評大会で、全国統一方針を明らかにせよと迫っていた。こうした話をしたところ、イタリア共産党から「なぜ全国統一方針を出す必要があるのか」と問い返された。自治体ごとに市民と話し合って、地域特性をいかしながら、残すべきところは残す、不要なところはなくす。全国統一方針など必要ないではないか、というわけです。

当時の日本では保守系、革新系を問わず集権型発想で、それぞれの地域の実状や市民の考え方に応じて、地域個性をもった戦略ないし政策を組み立てるという、分権型発想をもっていなかったため、印象的でした。さすがイタリアと、古代・中世からひきつがれてきた都市自治の伝統を考えさせられました。

[いまのお話から、日本の革新運動は保守系と同じくオカミ意識にとらわれていたことを痛切に感じました。同時に、公共性論に関連して、「公共性一般などどこにも存在しない」という先生の発言を思い出しました。地域社会は均一ではなく、それぞれ固有の文化と課題をもっているわけで、その地域課題と、それに対応する具体

性をもった政策・制度が組み込まれてはじめて「公共性」たりうる、と先生は強調されています。

私の勝手な解釈が入っているのかも知れませんが、この問題から、依然としてオカミ崇拝を脱しきれない日本の政治文化の未熟をみるべきなのでしょうか。］

私も日本の政治未熟には同感です。公共性とは、生活の場でそれぞれの市民ないし当事者が政策・制度づくりのなかではじめて、仮説としてのみ成り立つ。その政策・制度が実効したとき、公共性を事後に獲得する。

これまで国や自治体、またその政府の公共性といわれたのは、観念としての幻影ないし仮想です。とくに政治家、官僚、公務員あるいは政党、学者もふくめ、誰もがはじめから公共性をもちえない。市民ナットクの仕事ができてはじめて公共性をもつのです。つまり、《合意》の問題とみたい（拙著『転型期日本の政治と文化』二〇〇五年、岩波書店所収、第1論考「公共概念の転換と都市型社会」で詳述）。

それゆえ、自治・分権の都市型社会では、公共性は多元・重層性をもって、たえず、それぞれの状況に対応しながら、市民が再構築していきます。公共性は今日では、一元・統一型ではなく、多元・重層性をもちます。

［公共性とは複数の可能性のなかから選択された、あくまで一つの仮説であり、しかもその具体化は、市民相互のナットクつまり合意によってかろうじて確保される。ということは、公共性は一面でいかに頼りなく、もろいものであるかということになります。しかし、逆説的なようですが、自治・分権型の政治技術はこの頼りなさ、もろさをお互い了解しあうことからはじまる。そんな印象をもってお話をうかがいました。］

［5］ 法務・財務・数務は独自課題

［さて、話を前に戻しますが、日本の政治は一九七〇年代、二回のオイル・ショックをへて、大きく転換して

いく。その過程で、自治体も国際的な視野の中で位置づけ直され、その文脈の中で自治・分権の重要性が再確認されてきます。先生は「分権化・国際化」をいわれ、長洲神奈川県知事は「地方の時代」をあらたに提起する。先生は長洲神奈川県政にもかかわられていますが、この転換の過程で自治体職員をめぐって、先述の三面性を踏まえてのことですが、あらたな定義づけがなされます。

一九八四年に『月刊自治研』に寄稿された、さきの「自治体職員論の再構成」ですが、先生はここで、職員機構（国も含む）とは、市民の税金でなりたつ市民の「代行機構」であるとともに、市民によって選出される代表機構としての首長（国では内閣）・議会の「補助機構」と位置づけたうえで、職員（国の官僚も含む）の「政治」的雇用権者は市民であり、「制度」的雇用権者は首長なのだと、職員の位置を定義づけられます。

同時に、「行政は、職員機構に独占されるのではなく、市民活動や団体・企業によってもになわれる」、つまり、市民も行政をやるのだと整理しています。この問題提起はすでに一九八〇年に先生の編著で、多摩地区の自治体職員と一緒に出版された『職員参加』（学陽書房）に出ていますが、この論点の提示によって、あらためて自治体職員の職業としての専門性といいますか、固有領域とは何かが問われてきます。」

私ははやくから、自治体職員の独自課題とは何かをめぐって、従来の「行政とは国法の執行」という、官治・集権発想の打破を摸策してきました。自治体が政府として成熟する条件如何という問いでもあります。

今日からまとめますと、第一は法務です。自治体では、いわゆる国法ないし通達どおりの行政をやっていては、①全国画一、②省庁タテ割、②時代オクレの行政になる。それゆえ、自治体の地域個性をいかして、当然、条例の自治立法、国法の自治解釈をおしすすめる自治体法務ないし政策法務は不可欠という問題提起となる。

第二が財務です。財政学では、国全体の財源を市町村、県、国にどう配分するかを中心に考えてきた。そうしたマクロの見方は不可欠ですが、ミクロの個別自治体の財源を自治体計画ないし連結財務指数をふまえてどうヤリクリするかは、原価計算・事業採算、連結財務諸表づくり、また人件費をふくむ施策別予算方式をふくめ、個々の自治体独自の政府課題・責任となる。ここから、自治体財務ないし政策財務という考え方を提起した。

さらに第三が数務となる。国勢調査をはじめ、いわゆる官庁統計への依存のみという事態から脱却して、それぞれの市町村、県ごとに独自に政策効果・政策予測をめぐって将来推計をしなければ、法務も財務もなりたたない。こうした数字づくりの必要性を政策数務として提起しました。

自治体議会からみると、議会課題をめぐって、法務は立法、財務は予算、数務は総合計画に対応します。

［数務とは、政策をめぐる情報を数値化するということですね。この発想は、すでに先ほどのシビル・ミニマム論に組み込まれていますが、数値化によって政策が具体的なかたちで目に見えるようにならなければ、市民も議会も政策を議論できない。政策を見えるようにするという観点では、先生は地図情報（生活環境指標地図）の重要性を一九七〇年代から提起されていました。これが、今日のＩＴ化にすすみます。

いずれにしろ、そのことをふくめ、法務、財務、数務は、自治体職員の行政技術として欠かせないということですね。］

政策法務はその後私の提案で自治体学会を中心に広がり、全国にさまざまな研究会もでき、行政法学に導入されてすでに法学を変えつつあります。財務についても、今日の自治体の財政危機にはオクレかつアマイのですが、財政健全化法ができたこともあいまって、自治体が連結財務指数をようやくつくりはじめた。自治体職員が覚悟を決めるならば、巨額の負債処理や政策原価・事業採算手法の導入、また入札手続の改革など、「わが」自治体の再構築をめざす法務・財務課題にとりくめるようになる。

ついで、数務の考え方は、人口比での職員数や人件費の自治体間比較指数の作成・公開という基本をはじめ、人口減についての将来推計と関連する行政縮小・再編をめざすとりくみなど、組織が硬直したままの日本の市町村、県ではまだまだ理解されていません。

逆にいいますと、これらの論点は、また、従来の自治省→総務省系の政策水準がいかに低劣だったかということになります。たしかに自治体の大借金は、法務、財務、数務に未熟なそれぞれの自治体にもちろん責任があります。しかし、もし自治体がこれらに前もって熟達しておれば、国の省庁、とくに総務省は総合整備事業債、合併特例債、退職手当債などで、政策として自治体借金を膨らませることができなかったでしょう。

くわえて、自治体基本条例の策定を私は提案していきます。政府基本法として、国には憲法があり、国連には国連憲章がある。政府としての自治体に基本法がないのはおかしいではないか。そのとき、条例の新しい運用方法として、「基本条例」を位置づけます。基本条例は、すでに日本の一〇〇前後の自治体でつくられている（本書7参照）。

そのほか、首長部局のみの行政基本条例や、最近では議会基本条例の制定もはじまります。従来、法学者が想像もしなかった、自治体による独創的な法務活動が誕生し、市民参加から自治体再構築まで、自治体職員にはきびしくとも、主権市民みずから責任を引き受けることとなります。

これからは、市民主権を基軸に、市民参加・情報公開の手続をふまえて、自治体法務、自治体財務、自治体数務、それらを戦略的・論理的に組み合わせる基本条例・自治体計画というかたちで、自治体再構築が進んでいくのではないかと私は考えています。戦後も国の官僚のなすままだった官治・集権型の政治・行政構造を変える基点は、一九六〇年代からの市民活動、自治体改革の結集である〈二〇〇〇年分権改革〉とあいたずさえて、このようなかたちをとっていく。

[6] 「中進国」日本の危機状況

［日本の自治体は、政府としての可能性を一九六〇年の「地域民主主義」「自治体改革」の提起からスタートしたわけですが、そこから五〇年が経過して、日本の自治体は法務・財務・数務をくみこんだ自治体計画の実現、さらに基本条例の制定というかたちで、政府としての実質を備えるところまできた。にもかかわらず、というべきなのでしょうか、先生は最近の著書で、「日本は中進国状況のまま衰退する」との危機感を表明されています。］

中進国状況とは、戦後も、自民党政官業複合からなる、戦前からの〈官僚内閣制〉がつづいて政権交代もできず、日本国憲法が想定する《国会内閣制》も構築できていない。さらに〈官治・集権〉の政治・行政がこの官僚内閣制のもとでつづき、いまだ《自治・分権》の社会を築いていないという意味です。

そのうえ、二〇〇〇年代では、生活権あるいは労働権をめぐる基本システムが、政治・行政の劣化のため、崩壊しつつある。私たちに今日問われているのは、日本が官治・集権の中進国状況を脱して、市民文化をめぐる「成熟と洗練」をふまえた、〈自治・分権〉による《市民政治》を実現できるか否かです。

さしあたり、一九六〇年代以降の「自治体改革」を背景にもつのですが、前述の機関委任事務方式をなくした〈二〇〇〇年分権改革〉を、私は高く評価します。だがこれは第一歩です。最近の地方分権改革推進委員会のデータによると、いまだに官治・集権の旧型法律が四八二、条項は一万五七にわたっている。

この旧型の個別法の改革をどうすすめるのか。財源の再配分とともに、緊急課題です。「分権改革はすすめど、官治・集権の行政法、さらに官僚は変わらず」が、日本の今日の中進国型官僚統治の現実といえるでしょう。

〔八月末に総選挙が実施されます。分権改革はすぐれて政治改革であるという意味では、結果は現時点ではわかりませんが、政権交代の可能性が出てきたということは、分権改革を一歩先に進めるうえで、プラスになるのでしょうか。〕

政権交代があっても、新政権の政治家が覚悟をもって国の権限・財源について、自治・分権型再構成を断行しないかぎり、この国の官治・集権は変わりません。日本の政治家は与野党ともに、その官治型教育の欠陥もあって、市民自治の発想をいまだ成熟させていない。私たち市民がいかに市民型政治家を訓練・選出するかが問われるわけです。

しかも、現実をみるかぎり事態は逆行しています。国つまり省庁官僚はどんどんムダな外郭組織をつくり、出向また天下り・ワタリが膨張しますが、「国権の最高機関」である国会をふまえて政治家が、これを制御できるかがあらためて問われています。国の権限・財源を県、市町村へ、県の権限・財源を市町村におろして、前述の「補完原理」ですが、市町村→県→国という正常なカタチに置き直さないかぎり、事態は変わりません。

そのうえ、日本は国、自治体あわせてＧＤＰの一・五倍をおおきくこえる、いわば敗戦国なみの、各国にくらべても超絶した借金を抱えてしまっています。また、日本はこれから高齢化・人口減がすすみ、施設類の統廃合や老朽化という問題にも向き合わねばならない。それに、地震・津波もある。ここから、私は、「中進国状況のまま、日本は没落していくであろう」と言っているのです。また、自治体の大借金、とくに大都市県の大借金をみれば、道州制論も無責任な「逃げ」の空論にすぎません。まず、借金をへらすことです。

国の財政破綻については、国債がこれまで国内で消化できたため、日本の省庁官僚は甘くみている。しかし、国債の国内消化も限界となってきました。くわえて、日本の官僚のなかから自発的な改革運動もカタチにならないほど、官僚組織の生理と病理は深刻です。その解決には、国ついで県のムダづかいを切るだけでなく、権限・

財源、したがってまた人材も基礎自治体の市町村におろし、市町村、県、国それぞれの自治・分権型再構築が、日本の市民ついで政治家の基本課題となっています。

[7] 自治体をいかす情報の整理・共有・公開

[都市の地下に埋められている上・下水道管をはじめ、高度成長期に建設されたインフラはこれから一気に老朽化してきます。しかし、その補修費用を自治体会計は、複式ではなく大福帳ですからカウントしていません。また、今後は大都市部を中心に高齢者が急増して、きびしい状況が出てくる。高齢化と税収減によって財政が厳しさを増すなか、行政需要はますます拡大してくる。自治体財務ないし政策財務は緊急の課題ということになります。

さて、このような問題状況の中で、自治労はこれらの課題にどう向き合うべきか。非常にむずかしい判断をせざるをえないのではないでしょうか。]

おっしゃるとおりです。世界経済の変動と技術革新の急進、また日本では人口の高齢化と減少、とくに国、自治体の巨大借金とあいまって、自治体職員個々人は、まず市民として、ついで自治労組合員としても責任がある。もちろん、世界各国でもそれぞれの理由で、政治・経済・財政状況は厳しい。いまのまま組織が保てる労働組合はないと思います。としますと、労働組合にも先見性、予測性が不可欠となります。

私は連合組織の自治労が単組を基点に組織分権、つまり自治労内地方分権を確立し、無理に全国組織としての「画一・統一闘争」を組もうなどとがんばる必要はすでにないと考えています。むしろ、自治労は国、自治体、また市民生活についての情報を整理・公開するシンクタンク機能に重点を移して、いまよりも高い水準で単組との情報共有をすすめていきたい。

事実、一九八〇年代から私が警告していたのですが、二〇〇〇年代、職員年齢の逆ピラミッドからくる退職金危機への対応には、私が早くから警告していたにもかかわらず、自治労本部はたちおくれてしまったではありませんか。その結果、膨大な退職手当債の発行となり、またまた将来に自治体の借金をさらに増やした。今日でいえば、次の分権改革のあたらしい課題をはじめ、各自治体の財務実態とくに連結赤字まで、いかに情報の精度を高めるかが、自治労にもきびしく問われています。

高い情報水準をくみこみえてはじめて、各自治体がその行政規模、文化特性、また市民活動、職員水準にそくした政府としての個性ある自治体の再構築をおしすすめうる。このため、長期・総合の自治体計画の策定には、自治労単組も参加し、市民からの批判も率直にうけとめるべきでしょう。ここから、ようやく、従来の企業労働組合型体質を各自治体単組は脱却できる手がかりをもつ。

とくに、市町村、県が自治体として自立した政府になるには、政府責任として前述の地域個性をいかす法務・財務・数務への習熟が不可欠ですから、自治労、自治研はこれらの新領域について、情報レベルで各自治体職員を支援するという取り組みをひろげたいと思います。

本書[1]にのべましたが、とくに政治家たちの無知からくるオモイツキの道州制論議は不毛で、それ以前に、大都市県をはじめ今日の県がかかえる巨大借金を大幅に圧縮してのちの議論にすぎません。くわえて、さしあたり県は、県幹部への国の省庁からの出向官僚を一掃して、国の省庁タテ割支配を脱却し、自治体としての政治・行政水準をたかめることが先決です。

そのとき、先駆自治体が、居眠り自治体をヨコの情報交流で引っ張っていけばいい。単組間でも、高質かつ実務をめぐる情報水準で切磋琢磨する。だが、いまだに、職場での公金によるカクシ田や裏金ヅクリ、あるいは入札不正、就職不正すらのこっている自治体も、マスコミにでる。それゆえ、市民のシビル・ミニマム（憲法二五条）の公共整備による地域づくりが、都市型社会での自治体の基本課題ということを、たえず確認していきたい。

［グローバル経済のなかで地域経済が生き残っていくには、農協であれ商工会議所であれ、集権型の一元管理の組織スタイルではもたなくなる。それと同じで、自治労も中央本部の統制のもとで一律に組織運営をしなければならないと思うからおかしくなる。単組ごとにできるところからまずはじめる。自治労も、そういう柔らかな組織論に切り替えねばだめだということですね。そこから新たな活力が生まれてくる。］

連合体の自治労でこそ、組織分権つまり地方分権の《体験》が不可欠で、先駆自治体は自己改革をたえずつづけ、停滞の居眠り自治体は財政破綻というかたちでの自治体責任となる。また自治労の方々は、①市民としては、「わが自治体」をめぐって、地域での市民との共通課題を自治体計画策定への参加で確認する。②専門職業人つまり行政マンとしては、官治・集権型の国の政治・行政の早急な自治・分権型への再構築をめぐって、各自治体独自の政策・制度づくりに熟達していく。③労働者としては、労働条件のミニマム保全は当然ですが、職場にひろがってきた労働形態の多様化の承認、あるいは「専門家市民」の中途採用やさらには「市民行政」の拡充整備など、雇用方法の柔軟化による職場再編をめざしていきたい。

単組としても、また自治労としても、キマリ文句をつかう「労働官僚制」を打破して、いわゆる「スケジュール闘争」でなく、市民の日常の言葉をつかった、地域特性をいかす「自由かつ独創」の長期戦略をもちたい。とくに日本全体での生活の底抜けは、すでに日本の年金、医療、介護などの破綻となってあらわれている。とすれば、これらの問題は将来、否今日も、個別地域における自治体職員の課題ないし負担の拡大となることを、すでにおきており、それゆえもうオソイのですが、あらためて、きびしく考えていただきたい。

［今日の生活のきびしさはかつての絶対的貧困時代とはちがい、ＧＤＰ世界第二位という豊かな社会での政府政策の失敗からきています。ということは、政策のあり方如何がたえず問われているわけで、その関連で、自治体政府職員の労働組合である自治労も、当然のこととして政策責任を問われてくる。

では、自治労はその政策責任をいかなる方法でクリアするのか。そのためにも、先生がおっしゃるように、単組レベルから自由かつ独創の自治戦略をもつことは重要だと思います。たとえ自治労会館がおんぼろになろうとも、裾野がしっかりしていれば問題ない。自治労は、職場はどんどん変わりますが、それぞれの単組の自発的エネルギーを引き出すために、どういう戦略をたてるべきか、いまこそ先見性が求められている。その意味で、自治研活動のもつ意味は大きいはずです。

市民自治つまり市民の自立を基礎においた自治体政府論、その政府で働く職員集団として何をすべきか、逆に、何をなすべきでないのか、そのことを考えながら、労働組合の立場から、自治体の政府責任のあり方を考えるためのシンクタンクとしての自治研活動、というイメージです。］

私は自治研からいつも遠くにいましたが、最近は地域によっては市民もくわわるヒロバとなる。「市民自治研」もうまれています。たえざる試行・模索という文脈で、自治研を応援しています。皆さんのご活躍に期待しています。

大矢野修　龍谷大学教授、元川崎市職員研修所副所長

『月刊自治研』二〇〇九年九月号（六〇〇号記念号）

9

市民・自治体・政治（二〇〇七年）

《市民》という言葉について、あらためて皆様とともに考える機会をおつくりいただいた、北海道地方自治研究所にまず感謝したいと思います。

今回の公開講演のテーマ決定にあたって、理事長をされている神原勝さんから、四〇年前、一九六六年の『思想』六月号にのせた拙論「市民的人間型の現代的可能性」をふまえ、人間型という《市民》の位置づけについての再論というかたちで、市民概念の今日的論点をのべるようにとの、強い要請がありました。

今日は、ひろく「市民の時代」といわれていますが、なぜ国の政治では財政は破綻するとともに、劇場政治といわれるような市民の幻惑状況がうまれるのか、また、市民のみぢかな政治といわれる自治体でも、なぜ自治体破産という問題が顕在化するのみならず、市民の無関心もつづくのか、という日本の政治緊張について考える機会をいただいたわけです。

北海道でみても、自治の誇りをもって新課題の法務・財務にとりくむ先駆型の市町村が輩出するにもかかわらず、国依存の甘えによる補助金がらみなどで財政破綻する市町村がみられます。北海道庁も、国の北海道開発庁→国土交通省北海道局があるため、戦後も自治体として自立できず、二〇〇七年で道債残高五・六兆円、道民一人あたり約九九万円の借金、しかも自転車操業にあたるのですが借換債が急速にふえ、また財源不足のため二〇〇八年度については開発予算の概算要求をさしあたり「空欄」とするなど、道の政治・行政も破綻状態にあります。この事態は歴代の知事・議員、職員幹部の責任ですが、従来のような小刻みの手直し改革にとどまるようでは、北海道庁の沈没となるでしょう。

としますと、あらためて、市民という問題設定を基軸に、今日の財務危機にある国、自治体のみならず、政治・行政のあり方までふくめ、《転型期日本》の状況全体について、皆さん方とともに考えざるをえないことになります。このため、テーマを『市民・自治体・政治』、副題は「再論・人間型としての市民」としました。

また、自治体再構築については、『北海道地方自治土曜講座』をはじめ、幾回も御当地ですでにお話していますが、これらのすぐ「役にたつ」その実務課題については、二〇〇五年、公人の友社刊の拙著『自治体再構築』にまとめていますので、御検討ください。

1　転型期日本と市民の問題性

二〇〇〇年代の日本は、数千年の歴史をもつ農村型社会から都市型社会に移行し、この都市型社会にふさわしい政治・行政、経済・文化の構築にむかうという転型期にあります。この転型は、さらに明治にあらたにかたちづくられた、過渡性をもつ官僚主導の「官治・集権国家」から、市民主導の「自治・分権社会」への移行でもあるという、日本の文明史的転換といってよいでしょう。

国、自治体の政治・行政について、この官治・集権から自治・分権への転型という都市型社会の課題にとりくめないかぎり、日本は中進国状況のまま《没落》するという予感がひろがっています。たしかに日本の特定産業技術あるいは特定大衆文化はすでに「世界共通文化」を構成しつつあります。だが、この日本の没落という予感は、二〇〇〇年代の今日、経済停滞もつづき、もはや否定できません。

最初からきびしい論点をだして申しわけありませんが、この日本の国ないし自治体の転型をめぐる再構築の課題には、次のような背景があります。

(1) 巨大な政府借金の問題性

国、自治体をふくめ日本の財政は、一九八〇年代のバブル、これにつづく一九九〇年代からのデフレという政策失敗のため、国、自治体あわせてGDPの一・五倍をこえる、かえせないほどの借金をつみあげてしまっています。このため、今日も日々、さらに時々刻々、巨額赤字がふえつづけ、実質、日本の財政は破綻しています。ただ救いは外債を発行せず、いまのところ国内債のみだということです。EUの加入条件がGDPの〇・六倍ですから、いかに膨大な借金かおわかりいただけるでしょう。敗戦国なみの借金といわれる理由です。日本の内外の国有資産も、毎年時価で国会が公開し、使用目的も明示しないかぎり、「官僚管理資産」にすぎない。

だが、この巨大借金をなくすため、従来型の激烈な、いわゆる国家破産をみちびく調整インフレをおこすことは、日本が都市型社会にはいったためできません。インフレをおこしますと、市民の貯金だけでなく、老齢年金、また健康保険、雇用保険、介護保険などの膨大な私たち市民の積立金が「無」にちかくなって消えさり、今日の政官業複合のみならず、政治・行政、経済・文化の急激なシステム崩壊をひきおこすからです。

この借金の全額をただちにかえす必要はありません。だが、できるだけはやく半分以下、さらにEU加入条件のGDP〇・六倍以下にしていかなければなりません。とくに、現在の日本の金利はデフレ対策をひきついで低くおさえていますが、通常金利に回復すれば、国・自治体ともに、現在の巨大借金は複利方式でみるみる膨張していきます。国の政府が必死に日本銀行の金利引き上げをおさえこもうとしている理由がこれです。また、低金利による円安は輸出に有利でも、これではひろく市民の貯金金利も収奪されるという問題もつづきます。

なぜ、このような政府財政の破綻となったのか。国・自治体の政治家の未熟、官僚・行政職員の劣化、ジャーナリスト、理論家の長期展望なきその日ぐらしがそこにあります。基本には、私たち市民の批判力・拮抗力の脆弱性も考えてよいでしょう。いいかえれば、政治・行政の内部現実についての情報公開がはじまったばかりという、私たち市民の政治をめぐる《品性・力量》の中進国水準があります。かつて「一身独立」をめざした福沢諭吉らの「文明」にたいする期待にこたえるどころか、今日のお話の主題となるのですが、私たち日本の市民は市民たりえず、退化しているのではないか、という問いなおしすらが必要となっています。

(2) 少子高齢段階への移行

日本は周知のように、二〇〇〇年代では少子高齢段階にはいり、ついに人口減はもちろん、経済成長率の低下、ついで高齢者福祉費の増大という時代となります。明治以来、《工業化・民主化》による後・中進国型経済高成長をめざす「日本の近代化」、つまり官僚主導の「進歩と発展」の段階は一九八〇年代に終わりました。

このため、政府のムダづかいによる巨大借金をかかえながら、「成熟と洗練」という先進国型の市民政治段階にはいれるか、という問いが新しくでてきます。今日では、日本はこの先進国状況にもはいれず、中進国状況のまま、「没落と焦燥」におちいるという危機感がにじみはじめているではありませんか。くわえて、中国、ロシアまたインド、ブラジルなどという後進大陸国家の新台頭という、現実もくわわっています。

こうして、日本は明治以来、また戦前・戦中・戦後をとおした、官僚主導の「進歩と発展」という歴史発想を、《普遍市民政治原理》(後述)を基軸におく、先進国型の「成熟と洗練」をもつ《市民政治》につくりかえうるか否かが、あらたに問われるようになっているとみるべきでしょう。

(3) 政府行財政の縮小・再編

以上の(1)、(2)にともない、とくに戦後の一九六〇年前後にはじまる経済高成長、ついでバブル、デフレとつづくのですが、そこには、集票のためのバラマキをめざす自民党とむすびついて、官僚によるケインズ理論の安易な教条化がおしすすめられていました。とくに最近では、デフレ対策という名での、膨大なバラマキによる国、自治体の政府借金の急拡大がおこなわれます。

この結果、前述したGDPの一・五倍以上の巨大政府借金に、日本の市民生活は耐えられるかが、今後問われていきます。そこには、低生活者層ないし年金生活者層の増大のなかですでに小細工の社会保障費の圧縮あるいは市民負担増大もはじまります。だが、小細工ではすまず、市民生活ついで国民経済を緊張させるマクロの財政再建が、自民党政官業複合長期政権の「宴のあと」の処理として、日本の急務であるだけでなく、国際責任となっているのです。

だが、不可避の大増税以前に、国、自治体の政府ともに、この間に水膨れした行政肥大・財政膨張をいかに縮小・再編するかを、私たちは問うことになります。これは、「大きな政府」か「小さな政府」かという、問題をゴマカスための、今日流行する低水準のスローガン選択の問題ではありません。

日本では、国、自治体いずれでも、すでに水膨れし、しかもムダのカタマリの国・自治体の行政機構、さらに膨大でムダな外郭組織までふくめて、政策・組織・職員をいかに縮小・再編するかこそが問われていくわけです。ここには、高額公務員の天下り、さらにワタリすら拡大しています。また、ムダな施策・施設の肥大だけでなく、官製談合による入札価格は二、三割はたかいというムダもかくされています。つまり、市民が活性化する都市型社会にふさわしい、政府の〈政策・組織・職員〉のあり方いかんという問いが、そこにあります。

くわえて、市民型政治家主導による、国レベルでの劣化した省庁行政水準の再生、自治体レベルでは自治の誇りにふさわしい自治体行政水準の上昇というかたちでの、官治・集権から自治・分権への政治・行政、経済・文化の転型をめざすという、日本の《成熟と洗練》という考え方への転換が急務となります。この《成熟と洗練》は、順次お話ししますが、日本の私たち市民の新しい文明史的課題設定でもあります。

以上の(1)、(2)、(3)に対応する心構えないし覚悟が、日本の国、自治体の政治家、また官僚をふくむ行政職員、さらにジャーナリスト、理論家、それに基本としては主権者たろうとする市民自体に、いまだできていないことこそが、今日の危機状況の核心となっています。もちろん、所得格差や福祉、都市、環境をめぐる制度再設計もそこでは問われています。その解決は、ここでみた(1)、(2)、(3)をめぐる、日本の転型となります。

だが、問題はさらに深刻です。二〇〇八年からの日本の自治体はようやく財務指数では、私がさきがけて主張してきた連結段階にはいりますが、これまで、日本の政治・行政では企業がおこなっている「連結財務諸表」の開発能力がないため、国も自治体も実質、どういうかたちで、どれだけの借金があるかを、官僚・職員自体が整理できず、したがってその公開もできていない。このため、政治家、ジャーナリスト、理論家はもちろん、情報の整理・公開に直接責任のある官僚・職員をふくめて、政治・行政の再構築、政策・制度の再構成をめぐる決断がおこなえないという、惨憺たる状況にあるのです。

国、ついでおおくの自治体が財政破綻状況にあるのに、その実態を当事者の政治家ならびに官僚・職員も知らないという現実が、今日の日本の深刻な問題です。そのうえ、日本では、政治学、また行政学、財政学も、その解決を準備できないという、その不毛性ないし非生産性も確認せざるをえません。

二〇〇七年になって年金の記録管理をめぐって、社会保険庁の行政崩壊があらためて表面化しました。首相、官房長官、担当の厚生労働大臣、それに長官をはじめ社会保険庁職員が夏のボーナス一部返上という事態となり、私が従来のべてきた「行政劣化」というよりも、さらに「行政崩壊」が露見してきたというべきでしょう。

この社会保険庁問題は例外ではありません。各省庁もようやくバランス・シートをつくりはじめましたが、省庁間さらに外郭組織をふくめて、国全体のヨコの連結財務諸表がいまだにつくられておりません。それゆえ、国全体の借金の総額また各種社会保障積立金の実態すら、政治家、官僚自体、それに私たち個々の主権者市民もわからない。なぜ、この実状について、ジャーナリスト、理論家、学者はこれまで、オモイツキでなく、持続する批判論陣をはってこなかったのでしょうか。これらの層にも、直接の責任があります。

市民が無知なのではなく、情報を整理・公開する能力を、直接責任ある日本の官僚ないし自治体職員がもちあわせず、さらに政治家、ジャーナリスト、理論家、学者、それに公認会計士や弁護士らがこれを追及してこなかったという事態自体が、日本のナサケナサとして問題なのです。日本の私たち個々の市民は、特別会計、外郭組織などをふくめ、国、ついで多くの県、それに市町村の惨憺たる今日の財政・財務現実については、情報の整理・公開がなければわかるはずがないではありませんか。

私は、かねがね、日本の政治・行政の生理・病理構造をしめす政治指数ないし行政指数、とくに財務指数の時代オクレをめぐって、政策法務・政策財務とならぶ《政策数務》の緊急性を提起してきました。拙著『自治体再構築』(二〇〇五年、公人の友社)の第3論考「シビル・ミニマム再考」もこれです。なぜ、日本の政策・制度づくりをめぐる政治・行政水準が低いのかという理由を、政策数務をめぐるこの政策指数ないし将来推計のタチオクレからも、御理解いただけると思います。

当然、自治体レベルでの政策・制度関連の指数のあり方も問題にしております。一番、簡明な例でいいますと、私は一九八〇年代から職員年齢構成の指数をめぐって、すでに今日の「退職金危機」を問題にしていました。だが、つい最近まで、各自治体の財政担当をふくむ行政当事者すら、それに財政学者、行政学者も指数がないため、あるいはあっても読みとれないため、この論点をアヤフヤにするか、気づいていなかったのです。だが、とうとう、自治体のいわゆる二〇〇七年問題というかたちで退職金危機が現実となりました。この危機は、職員年齢の逆ピラミッド構造のため、各自治体それぞれほぼ五年以上はつづくことになります。

しかも、「総合整備事業債」以来、自治体に巨大借金をうながした自治省↓総務省は責任追及をゴマカスため、安易かつ無責任に問題を先送りする「退職手当債」の大増発に逃げこみました。「合併特例債」にくわえて、あらたな自治体借金の拡大です。

北海道庁の財政問題はすでにのべましたが、退職手当債でも二〇〇七年度のみで二六〇億円の新規発行です。どのように行政縮小ないし行政再編をはかるかによりますが、今後最悪の場合には、総額でどれくらいの退職手当債発行が必要になるか、という問題となります。だが、この関連財務指数ないし連結財務諸表というかたちでの、あらかじめ情報の整理・公開がないため、道民はもちろん、道議員、道職員も、最後は夕張市のように主権者市民へのツケになるのですが、その財務実態がワカラナイという事態となっています。

この急務の行政の縮小ないし再編にあたっては、各県、各市町村のムダな施策の整理・廃止はもちろんですが、給与水準のみならず職員数の人口比も当然に問題になります。総務省では人口一〇〇〇人あたり職員何名というヤヤコシイ指数をつかうため、問題が鮮明になりません。逆に私のように、職員一人あたり市民何名という数字にすれば、論点が明確になります。

ここで、大阪府での各市の指数を、政令市をのぞいて比較できる**図9-1**（本書一九〇頁）をみてください。行政水準に問題のある大阪府や政令市の大阪市をみて、大阪府の市全部の財務指数が悪いのではないかとお考えになっている方々もおられると思いますが、各市の間では職員一人あたり市民一七〇人から七〇人まで二・五倍の格差があり、各自治体の財務構造は同型ではなく、不均等であることがわかります。ここにこそ、各市の市民、ついで長・議会、職員の自治責任が鮮明にあらわれます。

たしかに職員の少なさと行政の質とは、直接ではなく、関連の関係となります。だが、借金の多い自治体では職員減はさしあたりの急務です。今日、手取りではありませんが、退職金積立などをふくめ自治体では職員一人あたり一〇〇〇万円かかりますから、ITで各自治体の「決算カード」をみれば、誰でもアバウトな職員数と総人件費の概算はできます。市民からみれば、人件費の負担が軽ければ、厳選された個別施策の高い質ないし文化水準をめざすことができます。

私は一九九〇年代までは、市レベルでは職員一人あたり市民一二〇～一三〇名というような基準値を設定し機会あるごとにお話ししてきました。だが、自治体も巨大借金をもち、国の財源が実質破綻している二〇〇〇年代の今日では、一四〇名以上でなければ、各市の財政は持続できないとみています。町村ではいまだに職員一人あたり五〇名というところもありますが、ここでももう一〇〇名以上でなければ町村も持続可能とはなりません。すでに二〇〇名をめざして、行政水準・組織編成の改革をすすめている市も多くあります。大阪府では**図9－1**にみるように、一七〇名前後の二市があります。

図9－1　職員一人あたり市民数の市間比較（大阪府）

	職員一人あたり市民
岸和田市	96.5
豊中市	97.9
池田市	74.7
吹田市	100.2
泉大津市	95.7
高槻市	141.3
貝塚市	93.9
守口市	106.3
枚方市	134.6
茨木市	144.0
八尾市	111.7
泉佐野市	74.2
富田林市	127.8
寝屋川市	138.2
河内長野市	169.3
松原市	112.7
大東市	132.4
和泉市	117.7
箕面市	82.2
柏原市	104.2
羽曳野市	173.5
門真市	124.9
摂津市	111.1
高石市	123.3
藤井寺市	105.5
東大阪市	121.8
泉南市	106.2
四條畷市	118.2
交野市	134.9
大阪狭山市	127.1
阪南市	100.1

（2006年4月1日現在・吹田市作成）
［職員数には市立病院をのぞく］

ぜひ北海道でも、職員数の多い公立病院のない自治体もありますので、また公立病院は独立採算制でもありますので、公立病院をのぞいて、まず、このような誰にもわかる退職金のでる正規・常勤職員一人あたり市民何人という指数の整理・公開をすすめてください。この公開がすすむとき、各市、各町村のなかには、市民、長・議員、それに職員の間で、ガクゼンとなって緊張感がみなぎる自治体もでてきます。

私は以上の指数問題については、『日本の自治・分権』（一九九六年、岩波新書）でも指摘してきました。だが、旧自治省、現総務省の感度はきわめて悪いといってよいでしょう。財務指数にしても、ここ一、二年でようやく、初歩である連結実質赤字比率というような連結型の財務指数の作製にとりくみはじめたにすぎません。「基準財政需要額」の独善ないし恣意による算定をはじめとする、サジかげんでの地方交付税の配分をふくめて、総務省の行政水準がいかに劣悪かが露呈しているわけです。

さらに、むずかしい論点があります。かねてから、日本再構築をめざしながら、私は省庁官僚をはじめとする「行政劣化」を批判してきました。だが、今日ではさきにみましたように、行政劣化どころか「行政崩壊」ともいうべき状況があらわになってきています。私たち市民から受託された年金積立金について、グリーンピアなど退職後の天下り確保をめざす、「公務員の犯罪」ともみるべき、周知のムダづかいだけではなく、さらに本務である年金の個人記録管理すらもできていない社会保険庁をふくめ、医療、介護、食品などから金融、建設、環境、教育などまで、ムダづかい、汚職、偽装、それに手抜き、不作為が、文書や国公有財産の管理不全をふくめて、国、自治体それぞれの行政全域にひろがっています。

そこには、また、予算をオミヤゲにする官僚天下り・ワタリあるいは出向を中核として、公務員とほぼ同数の職員（国税庁調べ）をかかえるさまざまな外郭組織が寄生し、国費、自治体費のムダづかいがはびこります。

くわえて、政治家の「政治未熟」については、最近さらに世襲政治家の「幼稚化」もくわわります。郵政をめぐる〈劇場選挙〉ではマスコミが躍って「小泉チルドレン」の大量当選、それぞれの国がそれぞれ独自の美しさをもつのに、「美しい国」日本という安倍首相の〈日本独善〉も、あらためて注目したいと思います。

くわうるに、小泉首相は訪米でテレビの前で歌ってみせてアメリカ大統領を当惑させるだけでなく、靖国問題をめぐる国際論点についての常識欠如、安倍首相は「オトモダチ内閣」といわれて組閣自体に失敗し、政治家としての「幼稚化」をそれぞれしめします。この小泉首相や安倍首相による日本独善の「国柄」の強調は、戦前型の「国体」論の系譜につながる、オールド・ライト系の発想をかかえこんでいます。

《世界共通文化》が成熟しつつある二〇〇〇年代の今日、日本独善型のオールド・ライト系発想をもつ首相がつづくこと自体、日本の政治における普遍市民性の未熟、さらにマスコミが拍車をかける政治の幼稚化となるといってよいでしょう。このオールド・ライトの問題性については、拙著『戦後政党の発想と文脈』(二〇〇四年、東京大学出版会)を参照ください。

この政治の土台にある日本の「社会」では、さらに農村型社会における餅状のムラ状況から、都市型社会における砂状のマス状況への移行にともない、都市型社会固有の論理によって、犯罪、汚職、偽装、事故、また自殺、孤独死などが日々連続し、「社会の解体」ではないかという事態も進行していきます。

市民個々人の自治能力を訓練しえない、国家統治型の官治・集権「政治」の崩壊は、市民自体の市民性の未熟とあいまって〈社会〉自体の解体をうみだしていくことになるのです。多様な市民活動がつくる多元・重層性をもつ市民自治型の自治・分権「政治」をつくるとき、はじめて開かれた都市型社会としての《現代》「市民社会」の誕生となります。これまで自民党政官業複合が国の名で独占した〈公共〉が《市民の相互性》として問われはじめる理由です(前掲拙著『転型期日本の政治と文化』参照)。

戦後、「進歩と発展」に期待をふくらませながら、普遍現代文明原理としての工業化・民主化、つまり「経済成長」（工業化）と『日本国憲法』（民主化）を基軸として、日本は再生をめざしてきました。その結果、中進国型官僚主導ではあれ、工業化・民主化がうみだす「都市型社会」の成立をみ、二〇〇〇年代、日本は後・中進国型の「進歩と発展」という発想を、先進国型の「成熟と洗練」へときりかえ、政治は社会の分権化・国際化に対応して官治・集権から自治・分権にきりかわる転型期にはいるはずでした。

にもかかわらず、以上にみたような政治の未熟・幼稚化、行政の劣化・崩壊、また社会の解体というかたちで、中進国状況のまま停滞するのではないかという、「没落と焦燥」を予感させる時点に日本はたつことになります。これには、日本の人口減となる高齢・少子化はもちろん、国、自治体の超絶した借金、また各地域とくに東京圏をはじめ大都市での巨大地震などの危機管理をめぐる夢魔も、それぞれ現実としてくわわります。

そのうえ、戦後も明治国家以来つづく官治・集権の再編による自治・分権を指向したタテ軸の〈二〇〇〇年分権改革〉すらも、その成果の定着以前に、ヨコ軸の市町村合併、道州制に関心を移行させ、政治家・官僚、ジャーナリスト・理論家・学者などのおおくは無責任にもそちらに流れていきました。ここからも、日本の戦略課題である「分権化・国際化」へのとりくみへの手がかりをうしないます。

2　日本における市民活動の出発

以上をふまえるとき、二〇〇〇年代における政治・行政、経済・文化の転型をめぐって、あらためて、日本の市民の可能性を問う必要が急務となってきます。本日は、その可能性をとくに自治体再構築の文脈のなかで、あらためてとらえなおしていきたいと思います。自治体、また国という各レベルでの政府それぞれの再構築は、市民の可能性からのみ出発できるからです。それに、政治家、理論家については別にのべますが、日本では、官僚、また自治体職員自体による、みずからの身を切る行政改革運動も、残念ながらほとんどみられません。

私は「自治体職員論の再構成」を二〇年前、一九八四年九月、自治労系の『月刊自治研』(三〇〇号記念号)に書いています。その主要論点は、市民を自治体職員からどうとらえるべきか、というところにありました。

そのころ、自治体職員は公務員・労働者という「二面性」をもつというのが、自治労の公式の理論構成となっていました。この考え方にたいして、私は自治体職員は、国の官僚なども同型ですが、まず「市民」であり、この市民を前提に、市民、公務員、労働者という三面性をもつのだという考え方を提起していきました。この三面性は、すべての職業人にあてはめることができます。

教員をしていた私は、市民・政治学担当教員・労働者、銀行員は市民・銀行の経理係・労働者、会社員は市民・工作機械要員・労働者、芸術家も市民・洋画家・労働者、農家も市民・稲作者・労働者といったかたちで、あらゆる人々はこの三面性をもちます。いわば(1)生活者としての市民(citizen)、(2)専門家としての職業人(specialist)、(3)収入をうる必要のある労働者(worker)という三面性です。

この三面間の矛盾は、誰もが永遠に解決できません。私たち都市型社会における「現代人」としての個人は、いかなる職業につくにしろ、この三面緊張を生きなければならないわけです。そのとき、ある人は(1)、またある人は(2)、さらにほかの人は(3)に重点をおくかもしれませんが、この三面緊張を生きることになります。

(3)については憲法でも労働条件をめぐる「労働基本権」が保障されます。農業者や商店主などの個人自営業主、それに家事労働の男性・女性をふくめて、類比で自分の労働の自己管理が必要です。(2)では、専門も今後たえず細分化しますが、①自己能力をのばす自己訓練、あるいは②自己実現としての仕事のたのしさ、さらに③社会への使命感も問題となります。とくに、(1)では、市民としての「自由・平等」「自治・共和」また「公開・公平」

などという市民倫理が問われます。

このような私の自治体職員「三面性理論」は、当時ただちに自治労はうけいれました。だが、いつのまにかこの〈三面緊張〉を見失うことになります。二〇〇〇年代にはいっても露見している、自治体職員をめぐる情報非公開、職場の裏金、秘密の雑手当や第二退職金、あるいは官製談合、また国の省庁官僚ほどではありませんが、県や政令市を中心にみられる予算つき天下りのための外郭組織づくりなど、国の官僚と同型の「公務員の犯罪」ともいえる反市民性がみられます。これらの公務員の問題性は、終身雇用、年功序列を想定する国、自治体いずれもの「公務員法」の時代錯誤性とあいまって、ひろく市民にたいして、さらに公務員自体の〈市民性〉への「敵対」となってきているではありませんか。

つまり、自治体労働組合では国の省庁労働組合も同型ですが、個別の自治体機構に寄生する閉鎖型「企業組合」としては、公務員性と労働者性の二面性は表裏の関係になるため一致し、矛盾しません。だが、そこに市民性を前述の三面性としてくみいれるそのとき、この(1)市民、(2)公務員、(3)労働者の三面性間に矛盾がおきてきます。なぜなら、公務員性はⓐ市民代表としての長・議会の制御のもとにあり、ⓑ労働者性をめぐる基本の給与は市民の税金からでているため市民参加を誘発します。市民参加と長・議会の板バサミというかたちで公務員性、労働者性は、いずれも《市民》の監視・制御のもとにあることになるからです。

この矛盾については、いちはやくに自治体職員自体が問題としてとりあげ、その克服を訴えている、一九八〇年の拙編『職員参加』(学陽書房)を参照ください。市民参加との対比のなかで「職員参加」を定式化し、法定の縦割行政からくる仕事さえすればよいという従来型の「職務参加」からの脱却、つまり、「市民」としての自治体職員の再生にとりくむ「職員参加」を提起しています(本書8参照)。

では、この《市民》とは「何」、そして「誰」なのでしょうか。

日本では、市民という言葉は都市型社会に移行しはじめ、市民活動が出発する一九六〇年前後から、マスコミなどでつかわれ、日常用語として定着していきます。それまでは、市民という言葉は、まずひろく都市、あるいは行政単位としての市の住民という意味にとどまっていました。今一つの意味の市民とは、福沢諭吉ら明治の啓蒙理論家によって、英語でいえば citizen の訳語としてつくられた、いわば学術用語だったのですが、その後もヨーロッパ研究の学術用語にとどまっていました。このような「市民」をめぐる二重の問題状況は、国際市民活動が活発となる今後、アジア、アフリカなどの後・中発国でも、ひろくみられるでしょう。

たしかに、citizen としての市民の原型は古代地中海都市国家の武装市民、中世ヨーロッパ自治都市の都市貴族、また近代ヨーロッパにおける資本主義都市のブルジョアでした。いずれも、〈財産〉と「余暇・教養」をもつ都市支配層ないし都市貴族だったのです。

ここで、あらためて、明治初期の啓蒙期につくられた「市民」という言葉の文脈を注目したいと思います。日本語には《都市》という言葉があります。この都市という単語の都と市は意味がちがいます。

都すなわちミヤコは政治支配層の管制高地、歴史でみればいわば王城の地であったわけです。このため、ミヤコには領域にたいする貢納・徴税＝搾取、いわば富・人材の蓄積からくる栄華、さらにはある場合、エジプト、中国、カンボジア、インカのように「地域文明」もかたちづくられます。

市はむしろイチで、地域経済圏あるいは広域交易街道にもとづいた交流拠点でした。そこでは、物流だけでなく、同時に人流・情報流の結節というかたちでのヒロバとなります。イチは、いわば、ヒト・モノ・情報、したがって文化のヒロバだったわけです。

英語でいえば、citizen をイチの民という意味での市民と訳した明治啓蒙家たちは、その文脈をよく理解していたといえます。しかし、市民自治ないし都市自治を背景とする市民というこの言葉は、その後日本ではひろくつかわれることなく、明治以降、一般には国規模での「臣民」ないし「国民」、あるいは大正デモクラシー後は一時「公民」、また地域規模ではたんなる住んでいる人という「住民」か、さらには市町村、県という行政区画による市民、町民、村民、あるいは県民という言葉がつかわれるにとどまりました。

しかも、「人々」(peopleとしてのひとびと)を意味する「人民」という言葉は、「人民の旗赤旗は……」といった歌詞にみられるように、戦前からいわば左翼に占領され、戦後はソ連圏の「人民民主主義」というような連想とむすびついていったため、一九六〇年代の日本ではもう死語になっていました。

ところが、一九六〇年前後、日本が「都市型社会」に移行しはじめるにつれて、市民という言葉は、福祉・消費者問題など、さらに地域・都市づくり問題など、また公害・環境問題などといった都市型社会の固有課題をめぐって、当時「市民運動」とよばれて出発しはじめた《市民活動》を背景に、ひろくマスコミに定着しはじめます。この時点が、市民という言葉のつかい方における、日本での新しい画期となります。

そこには、一九六〇年前後、日本の都市型社会への移行のはじまりにともなう、(1)都市人口の拡大、(2)市民活動の出発が背景にあります(その理由は後述、なお本書[5]参照)。日本は戦後の経済高成長の過程で、数千年つづいた農村型社会から新しく都市型社会に、そのとき移行しはじめたわけです。一九六〇年前後からの市民という言葉の新しいひろがりには、この都市型社会への移行という、日本の文明史的新段階をみなければなりません。

私の最初の著作は、一九五九年の『市民政治理論の形成』(岩波書店)でした。ジョン・ロックをモデルに市民政治理論の古典的形成を定位しました。この拙著での市民の意味は、前述したヨーロッパ歴史系譜における《近代》市民でした。だが、都市型社会への移行がはじまる一九六〇年前後から、日本における市民活動の成立を背景に、《現代》市民の定位が新しく私の理論課題となっていきます。

そのころ、日本の社会理論は未熟で、[1]「ブルジョア」と「市民」の区別、さらには、[2]「近代市民」と

「現代市民」との、いずれの区別もついていなかったというべきでしょう。しかも、市民という言葉をつかうとき、「市民主義者」という党派的レッテルすらはられるほど、市民という言葉は、右の「国民」派、左の「階級」派を両極として、まだひろく理論家から敵視されていました。

私は、この［1］については、「ブルジョア」という《階級概念》ないし《歴史概念》と、「市民」という《人間型概念》ないし《規範概念》とは、〈理論〉における次元が異なるというかたちで区別します。［2］の《現代市民》については、《現代》としての大衆社会→都市型社会での私たち普通人＝生活者を前提とするという文脈で位置づけ、いまだ農村型社会であった《近代》の市民つまり名望家層ないしブルジョアという〈身分〉とは異なるとしていきます。

私は《現代》市民を、当時日本ではじめて、大衆社会ないし都市型社会の成立という、文明史的なマクロの文脈に、時代の要請にこたえるかたちで位置づけたのです。この定式化が『思想』一九六六年六月号にのせた拙稿「市民的人間型の現代的可能性」でした。この人間型とは、個性ある歴史・文化の特定地域・時点でかたちづくられる人間の発想・行動、つまり人格の特定様式ないし型と御理解いただいてよいでしょう。

その後、私はこの現代市民概念について、くりかえし、くりかえし

一九七〇年「シビル・ミニマムの思想」（『展望』六月号）

一九七一年『市民参加』（拙編）（東洋経済新報社）

一九七一年『都市政策を考える』（岩波新書）

一九七五年『市民自治の憲法理論』（岩波新書）

一九八五年『市民文化は可能か』（岩波書店）

などで設定し、従来の「農村型社会」を前提とした国家統治発想から、「都市型社会」での市民自治発想にむけ

ての、日本の社会理論全体、ついで政治全体をめぐる構造転換をめざしていきました。

日本におけるこの「市民」の用法の歴史文脈をめぐっては、とくに［A］現実政治のレベルでは、《市民活動》の胎動はもちろん、これを起点に一九六三年の統一自治体選挙からはじまる〈自治体改革〉と「シビル・ミニマム」をかかげた革新自治体の群生、また［B］社会理論のレベルでは、都市型社会における自治・分権型の政策・制度づくりを提起した、一九七二年からの『岩波講座・現代都市政策』（伊東光晴、篠原一、松下圭一、宮本憲一編・全一二巻）の刊行を注目していただきたいと思います。この［A］［B］は当時、従来の農村型社会を原型とする官治・集権型の政治ついで社会理論をくつがえすかたちでの注目をあび、それぞれおおきな衝撃力を日本における運動・政治、思想・理論にもちます。

以上の経過について、くわしくは、私の回想録『現代政治＊発想と回想』（二〇〇六年、法政大学出版局）を参照ください。

3　都市型社会の規範人間型

ところで、市民という特別の人々がいるわけではないことを、まず考えていただきたいと思います。

市民とは「誰」かと問われたとき、都市型社会の今日、それは私たちです、と答えざるをえません。ただ、市民とは「何」かと問われるならば、かつての〈国家統治〉という考え方を離脱ないし批判して、〈市民自治〉を起点とする考え方をもつ人々、いわば、自由・平等という生活感覚、自治・共和という政治文脈についての規範意識をもつ人々ということになります。つまり、《市民規範》（後述）を自覚して考え、活動する「人間型」とい

図9－2 市民規範（普遍市民政治原理）

Ⅰ基本規範	市民自治・市民共和	（市民主権）
Ⅱ価値規範	①市民自由＝人権・平和 ②市民福祉＝シビル・ミニマム	（自由権＝人格価値） （社会権＝生活価値）
Ⅲ組織規範	選挙・機構分立・法の支配	（自治体・国・国際機構 ─ 政府責任）

図9－3 市民公準

X 合意公準	①政策目的の普遍性 ②政策手段の妥当性 ③政策結果への責任性	（普遍目的による規制） （適正手段の選択） （責任手続のくみこみ）
Y 選択公準	①公平性（社会的） ②効率性（経済的） ③効果性（政治的）	（最大正義） （最少費用） （最適効果）
Z 策定公準	①最低保障の原則 ②政策革新の原則 ③簡明簡便の原則	（ミニマム政策の要請） （先駆型開発の要請） （わかりやすさの要請）

うことになります。逆にいえば、「市民」という人間型を規範として想定しうるようになった、私たちが市民なのです。

しかし、この市民規範は特殊な規範ではありません。今日、民主政治は《世界共通文化》として、地球規模での政治組織原理となっています。この民主政治が代表・選挙手続で成立するかぎり、「愚民」を前提とするならば、民主政治は「愚民政治」となってしまいます。とすれば、民主政治は、自由・平等という生活感覚、自治・共和という政治文脈をもつ《規範人間型》としての市民を前提としないかぎり、なりたちえないことになります。民主政治が実質可能となるには、その主体の個々の人々が、「市民」という人間型を規範として設定せざるをえないという循環論法がここにあります。いいかえれば、《市民政治》こそが本来の民主政治なのです。

その意味では、日本における市民という人間型についての私の理論提起は、『ポツダム宣言』受諾による占領「民主主義」つまり「戦後」民主主義への批判でもあったわけです。

事実、『日本国憲法』は図9－2に整理した市民規範＝普遍市民政治原理によってなりたっていたからこそ、戦後半世紀以上つづきえたのです。自民党改憲派すらもその『新憲法草案』では、「前文」は低水準での全文書きかえをめざしていましたがボツとなり、条文では制定時の「吏員」などの憲法字句の訂正はあっても、実質的に条文を変えるところは少なく、第九条問題すらも、『不戦条約』という普遍条約からくるため一項は残り、二項をどうするかのみが、改憲論点となるにとどまっています。これでは「改憲」とはおおげさで、特定条文の修正つまり「修憲」にとどまるだけではありませんか。拙著『転型期日本の政治と文化』第3章「市民立憲への憲法思考」（二〇〇五年、岩波書店）でのべた、「整憲・加憲・修憲」という考え方を検討してください。

ただ敗戦から一九六〇年代までは、この市民規範＝《普遍市民政治原理》については、自民党中心のオールド・ライト、共産党・社会党中心のオールド・レフトが、いずれも戦前の国家統治型思考のため理解できなかったのでした。『日本国憲法』をオールド・ライトは「オシツケ憲法」、オールド・レフトは「ブルジョア憲法」とみなして、いずれも軽ベツしていました。

その後、一九六〇年前後からの市民活動の始動もあって、明治国家型の発想をうけつぐ旧来のオールド・ライト、オールド・レフトの政治家、理論家を批判して、新しくこの『日本国憲法』をふまえるニュー・レフト、ニュー・ライトをめざす政治家・理論家の登場をみます。ようやく《普遍市民（民主）政治原理》の日本における定着がはじまります。

以上にみた戦後の理論状況の変化については、拙著『政治・行政の考え方』（一九九八年、岩波新書）、さらに『現代政治＊発想と回想』（二〇〇六年、法政大学出版局）を参照ください。またニュー・レフト、ニュー・ライトの成立については『戦後政党の発想と文脈』（二〇〇四年、東京大学出版会）が、一九六〇年前後の政党配置にそくしてのべています。

だが、講壇憲法学者は、驚くべきことに二〇〇〇年代の今日すらも戦前型の国家統治思考をもち、国の政府を明治憲法型用語である「統治機構」とよび、機構分立を行政権中心の「三権分立」とみなして、国会がもつ国権の「最高機関」という位置づけを「政治美称」にすぎないとしています。国家統治型発想が戦後もつづくこの講壇憲法学者たちは、官僚法学者と同型で、今日でもこの普遍市民（民主）政治原理について、「世界共通文化」としての普遍性を理解していないというべきでしょう。『日本国憲法』は不幸な出発だけでなく、さらに日本の憲法学者の無理解という歴史をもっていたのです。

（本書追記　この点くわしくは、拙著『国会内閣制の基礎理論』〔松下圭一法学論集〕二〇〇九年、岩波書店参照。）

つまり、日本に《市民》という規範人間型がひろく定着しはじめるには、一九六〇年前後から日本の《都市型社会》への移行のはじまりを背景とする《市民活動》の出発にみられるような、《普遍市民政治原理》の定着という、私たちにおける思想革命ないし生活革命が不可欠だったのです。

そこには、まず第一に、市民個人の相互性の自覚が不可欠でした。人々は超越的な天・神、あるいは君主また国家によって統合されるのではなく、《市民の相互性》としての〈市民社会〉を構成するという理解が基本となります。古くは『論語』や『マタイ伝』にのべられ、あるいは「黄金律」ともいわれてきましたが、「汝の欲するところを他人にもなせ」という「個人の相互性」による社会構成です。

第二に、「社会分業」の専門化、「価値分化」の多様化がすすむ都市型社会の今日、一国閉鎖性は崩壊し、**図7－1**（本書一四一頁）にみるように、地域規模、国規模、地球規模でのⅠ市民活動、Ⅱ団体・企業活動が多元・重層化してくりひろげられることとなります。そのとき、市民規範（**図9－2**本書二〇〇頁）・市民公準（**図9－3**本書二〇〇頁）の明文化が、**図7－2**（本書一四一頁）にみる今日性をもつ、自治体、国、国際機構の基本条例、憲法、国連憲章という「基本法」となります。

第三には、この市民規範・市民公準による政治・行政、経済・文化の、たえざる市民型再構築が、日々の「個

図9－4　近代化＝工業化・民主化の構造模型

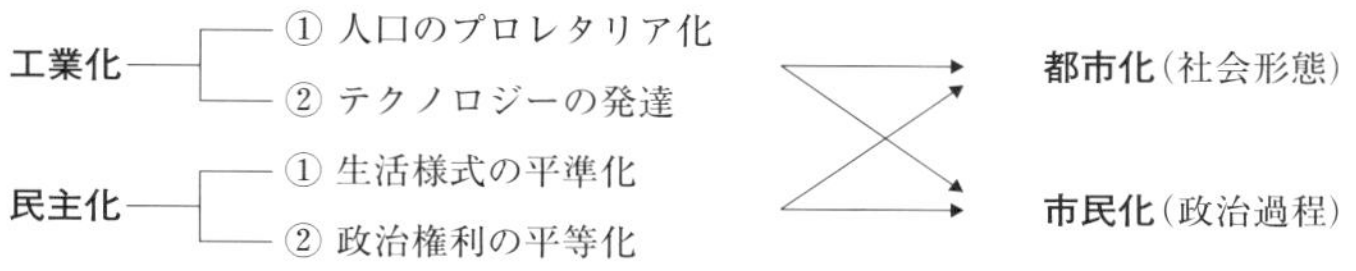

注：マルクスついでウェーバーが定式化した「人口のプロレタリア化」は、農村型社会のムラから解放された日本語の「勤労者化」ないし「サラリーマン化」を意味し、シビル・ミニマムが保障される今日では貧困化を直接には意味しない。

別・具体」の《政策・制度改革》をめぐって、自治体、国、国際機構の各政府レベルで、それぞれ問われることになります。

市民からの出発というのは、以上にみた第一、第二、第三の論点を区別しながら考えることにあります。

では、以上のような問題性をもつ《現代》の〈市民〉がなぜ、今日、先進国からはじまり、やがては中・後進国をふくめながら、順次、地球規模で展開するのでしょうか。基本は**図9－4**にみるような〈近代化〉としての「工業化・民主化」という、文明史性をもつ普遍推力にあります。

この**図9－4**にみる工業化・民主化の構造連関は、私の回想録である『現代政治＊発想と回想』（二〇〇六年、法政大学出版局）の主題としていますが、私の《現代》のとらえ方としての大衆社会→都市型社会という問題設定も、この「工業化・民主化」という普遍文明軸からきています。

私の大衆社会論は、**図9－4**のくりかえしとなりますが、次のような工業化・民主化という普遍文明軸をふまえてかたちづくりました。

工業化　①人口のプロレタリア化
　　　　②テクノロジーの発達
民主化　①生活様式の平準化
　　　　②政治権利の平等化

図9－5　都市型社会の生活・政策構造

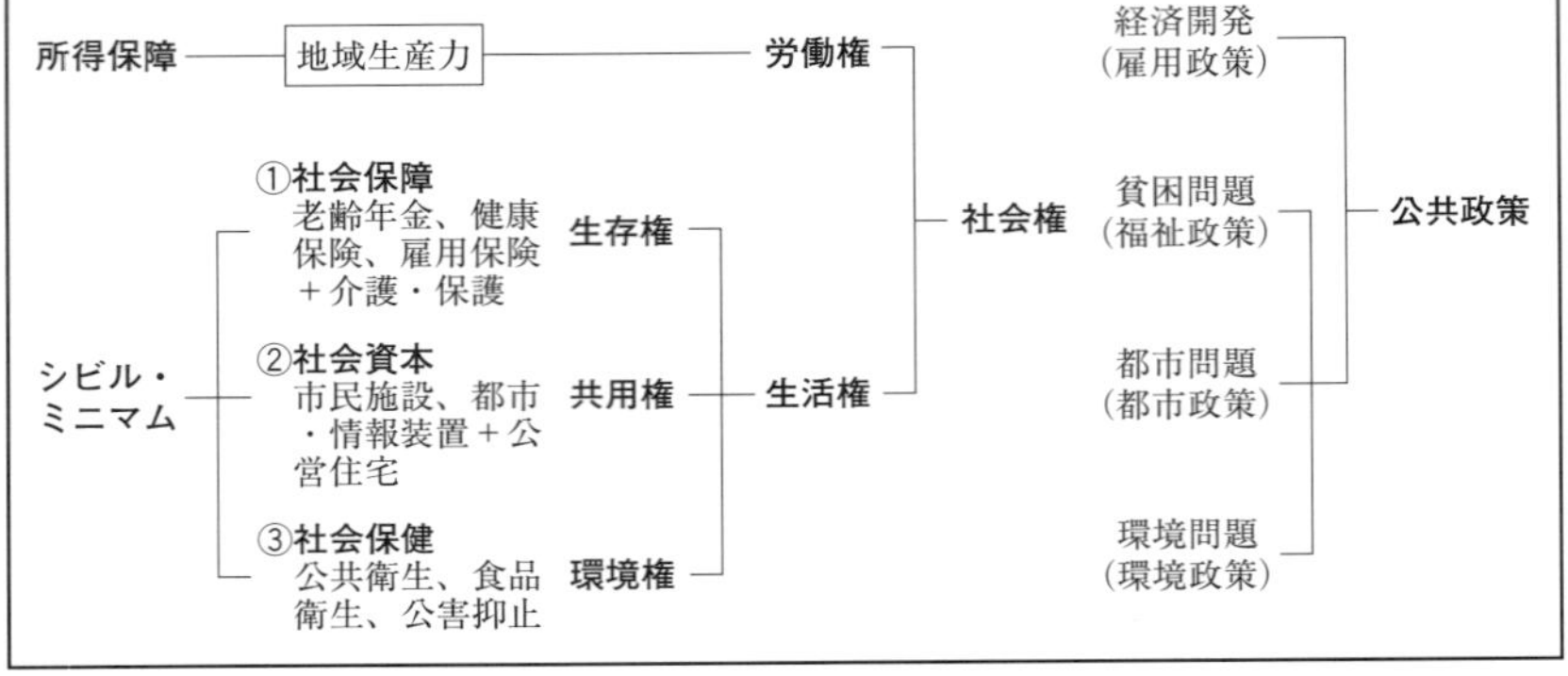

図9－6　政策課題の歴史展開・理論特性

伝統政治段階（農村型社会）	近代化（過渡段階）			現代《市民政治》段階（都市型社会）	
	Ⅰ型	Ⅱ型	Ⅲ型		
支配の継続（原基政策）	国家の構築（絶対国家）	経済の拡大（経済国家）	生活権保障（福祉国家）	政治スタイルの転換	世界共通課題
貢納・徴税政策 ＋ 治安・軍事政策	国家統一政策	経済成長政策	福祉政策 都市政策 環境政策	分権化 国際化 文化化	国際人権　　核危機 南北調整　＋　侵略 環境保全　　テロ
伝統政治理論	一元・統一型理論構成（国家統治）	二元・対立型理論構成（階級闘争）	多元・重層型理論構成（大衆政治）	多元・重層型分節政治理論	

歴史的展開　──────────────　現代的累積 →

← ──────────────　現代的再編

ここから、「テクノロジー」の現代形態としてのマス・プロダクション、マス・コミュニケーション、マス・コンサンプションと同型のマス・デモクラシーが《現代》特性をもつ「政治形態」として成立することになります。もちろん、このマスは形態特性ですから、収入や熟練、名誉の階層格差は今後もきびしくのこり、その調整のための制度規制ももちろんすすみますが、マス化はたえずつづきます。

以上が私の〈大衆社会〉論の基本です。この基本がそのまま私の〈都市型社会〉概念の構造論理となります。この基本から、都市型社会でのシビル・ミニマムをめぐる、私の現代生活構造論の構築になります。

ここで、**図9－5**における、シビル・ミニマムの設定をみてください。かつて数千年つづく農村型社会の生活では、社会保障・社会資本・社会保健は分化せず、ムラ自治というかたちで、地域共同体規模での解決をしてきました。王権・帝権は**図9－6**にみるように、近代化I型政策の開始となる国家の成立まで、貢納・徴税あるいは治安・軍事の原基政策以外は、庶民の地域生活に介入しなかったのです。「王力なんぞ我にあらん」で、そこには、地域名望家支配をともなう「自（オノ）ずから治まる」地域共同体自治があったのです。

『桃太郎』という日本昔噺をここで想起してください。「ムカシムカシおじいさんとおばあさんがおりました。おじいさんは山に柴刈りに、おばあさんは川に洗濯に……」。これは、地球各地にみられた農村型社会の生活原型です。だが、今日はどうでしょうか。

農村型社会では地球各地で、エネルギー源の柴や生活前提の水は地域自給でした。都市型社会ではこの地域自給の条件となるムラ共同体は、工業化、民主化によって崩壊していきます。とくに一〇〇万人単位、一〇〇〇万人単位の大都市の成立をみる都市型社会は、エネルギー源や水源は地域規模をこえて、国規模、あるいは地球規模の巨大システムで供給されることになります。最近ようやくエネルギー・水の地域循環型の技術開発がすすみはじめましたが、これまではエネルギーの石油は国際システムで供給され、水も国規模で建設される巨大ダムを必要としていたではありませんか。また、昔の道も残りますが、今日では鉄道や高速道路の全国ネット、航海や航空の国際システム、とくに情報では地球規模のＩＴを想起してください。

都市型社会では、これらの〈管理〉が巨大かつ精密となるため、自然災害から戦争・テロ、あるいは担当者個人の不注意にはモロイ構造をもつという、その特性を私たちは自覚して、何重もの安心・安全装置を、地域規模、国規模、地球規模で工夫しておくことになります。これが今日の「危機管理」ないし政治の特性です。

農村型社会での生活条件の管理は、長年の経験蓄積からなる、いわばムラの慣習によっています。この農村型社会での政治は、王国、帝国のいわば超越「権力」による貢納・徴税ついで治安・軍事、つまり原基政策にかぎられていました。せいぜいこれに王城の建設、ついで治水や交易路・軍用路の整備がくわわる程度でした。

しかし、都市型社会では、地域自給ないしムラ慣習が工業化・民主化という〈近代化〉の「普遍文明軸」によって崩壊しているため、私たちの生活条件であるシビル・ミニマムの整備ないし管理は、自治体、国、国際機構という各政府レベルでの、多元・重層の政策・制度によっておしすすめます。

つまり、都市型社会では、シビル・ミニマム（生活権）の整備をめぐって《管理↓行政↓政治》という問題連関が成立します。政治とは農村型社会ではムラ共同体をこえて上から支配する「権力」の原基政策にとどまったのですが、都市型社会での政治の原型は貢納・徴税、治安・軍事という原基政策はのこるものの、このシビル・ミニマムの《管理》が基本となります。

生活条件の整備ないし管理をめぐる「ムラ慣習から政策・制度へ」という文明史的転換が、そこにおきているわけです。かつて一九世紀にメーンがのべた「身分から契約へ」はこの文明史的転換の序曲だったのです。この《政策・制度》には、社会の〈管理〉として、私たち市民による「公開の合意」というかたちで、立法・予算、つまり各政府レベルの権限・財源をめぐる法制化が必要となります。そのうえ、近代における国家の存在理由だった国の法律だけでなく、自治体の条例、国際機構による普遍条約も、都市型社会の管理には不可欠となってきました。

とすれば、**図9－6**（本書二〇四頁）でみたように、近代の「国家」とは、数千年つづいた農村型社会から都市型社会への転換期、つまりヨーロッパの一六、一七世紀にはじまる《近代化＝工業化・民主化》の過渡媒体ないし過渡推力にすぎなかったといわなければなりません（**図2**本書二九〇頁）。今日、工業化・民主化が地球規模での普遍文明軸となったかぎり、絶対主権をもつとみなされた〈国家〉は、自治体、国、国際機構という〈政府三分化〉のなかで、先進国から、順次、三政府レベルのなかでの国レベルの政府というかたちで、相対化されていきます。

もちろん、工業化・民主化、つまり《近代化》が出発したばかりの後発国では、今日でも国家いいかえれば官僚組織や国民議会の構築という、**図9－6**（本書二〇四頁）にみる近代化Ⅰ型課題・政策が緊急となっています。今日の先進国欧米では、一六、一七世紀ごろから、いわゆる国家の近代化Ⅰ型課題をめぐって、工業化・民主化政策が始動しはじめました。ついでⅡ型課題・政策では一九世紀、国民経済の成熟による工業化・民主化の定着がすすみ、Ⅲ型課題ではその成果として拡大した国富の再配分というかたちで、二〇世紀にはいって国家主導の福祉・都市・環境政策が順次ととのえられはじめます。これまで、二〇世紀前半、いわゆる「国家機能の拡大」、あるいは「政治化の時代」とよばれていた問題状況は、このⅢ型課題の成立を意味していたわけです。

しかし、次の「市民政治」段階では、かつては《国家》とよばれたこの国レベルの政府は、自治体レベルでの数百から数千にいたる基礎自治体＋広域自治体、国際機構レベルでは国際政治機構（国連）＋一〇〇前後の国際専門機構によって相対化されていきます。二〇世紀後半の先進国からはじまる、多元・重層という政治状況がこれです。政府の三層性をふくむ**図7－1**（本書一四一頁）をあらためてみてください。

この都市型社会では、前述しましたが、数千年つづく農村型社会のムラを単位とする地域自給・ムラ自治が終わり、人々は工業化によるプロレタリア化としてサラリーマン化します。しかし、このサラリーマンはサラリーつまりフローの収入だけでは生活できないことに、あらためて、注目すべきでしょう。

つまり、**図9－5**（本書二〇四頁）にみたように、個人のフローとしての所得のほかに、社会のストックとしての社会保障・社会資本・社会保健をめぐる、シビル・ミニマムの基準設定によるその公共整備が、自治体、国、国際機構という三政府それぞれの課題にみあった政策・制度によって構築されないかぎり私たちは生活できない、という生活構造になっています。ですから、日本の昔噺の「大判、小判がザクザク」あるいは「蔵がタッタサ」という、フロー中心での〈私〉の「富」についての考え方は、当然ながら共同体を前提とする農村型社会の考え方だったのです。

社会保障・社会資本・社会保健という生活条件のミニマム保障（『日本国憲法』二五条）というかたちで、社会ストックが〈公共〉の「富」として整備されないかぎり、都市型社会の私たち市民は生活できません。拙著『シビル・ミニマムの思想』（一九七一年、東京大学出版会）、また『都市型社会の自治』（一九八七年、日本評論社）を参照ください。

この都市型社会では、個人ができることはまず「個人自治」で解決する。だが個人で解決できない生活条件については、各政府レベルが補完して、その「ミニマム整備」を三政府レベルでの分担による公共保障とする。ついでミニマム以上は自由な「個人選択」となる。——という考え方が不可欠となります（後述）。

そのとき、社会保障（福祉）、社会資本（基盤）、社会保健（環境）については、**図7－2**（本書一四一頁）のように、ナショナル・ミニマムとしての国基準、グローバル・ミニマムとしての世界基準も必要ですが、生活の土台は地域個性をもつ地域にあるため、この地域特性をいかすシビル・ミニマムとしての自治体基準こそが基本となります。これが、政府の三分化にともなう法の三分化となります。ここから、都市型社会では、この自治体も地域政府となり、その自立をめぐって、従来の「国家」つまり一元・統一型の国家主権を中心とする考え方の《分権化・国際化》がすすみ、自治体、国、国際機構という政府の三分化となるため、政治構造全体の「多元・重層型」への再編が不可欠という考え方になります。

以上をふまえたとき、なぜ、日本が都市型社会にはいりはじめる一九六〇年前後から市民活動が出発したのかが、あらためて説明できます。一九六〇年前後の当時、日本社会は全体としてはまだ農村型社会だったため、(1)不可欠のシビル・ミニマムについては量・質ともにその整備はナイナイづくしだったこと、また(2)当時の日本における国の法制はムラ+官僚統治という明治国家の構造を前提としていたため、シビル・ミニマムの公共整備という都市型社会独自の市民課題への対応ができていなかったことが、その理由です。

都市型社会のシビル・ミニマムの公共整備という課題について、当時の日本の政治・行政、とくに法学がいかに時代オクレだったかについては、拙著『市民自治の憲法理論』（一九七五年、岩波新書）で整理し、その官治・集権型の国法構造という、その時代錯誤性をまとまったかたちで批判しています。

さらに、なぜ一九六三年からほぼ一九八〇年まで、「革新自治体」が群生し、一九八〇年代からは保守系も加わる「先駆自治体」に継承されていったかも、ここで説明できることになります。つまり、都市型社会のシビル・ミニマムの公共整備には、①市民活動の起動力、②政策・制度の地域性をいかす自治体の政府としての自立が不可欠だったためです。つまり、明治国家型の官治・集権から市民政治型の自治・分権への、日本の政治・行政、経済・文化の再編がカギとなっていたのです。

この革新自治体は、拙著『現代政治＊発想と回想』でふりかえりましたように、自治体による地域個性をいかすシビル・ミニマムの公共整備を政策綱領としてたかくかかげていました（本書④参照）。一九七二年、田中角栄元首相の『日本列島改造論』は、官僚発想もくわえたそのマキカエシだったとみることができます（本書6参照）。

もちろん、明治以来、否日本の古代律令制以来の官治・集権の思想ないしシクミは一瞬には転換できません。革新自治体の実質も、首長だけが革新という「泥田の中の丹頂鶴」と、私がのべたような実状でした。当時、市民のおおくはまだ、オカミ崇拝のモノトリ型であるだけでなく、町内会・地区会という地域のムラに組織されています。自治体職員も明治以来の官僚法学、講壇法学による官治・集権意識を刷りこまれつづけていました。自治体議員も当時はまだ農業者や自営業者など旧中間層のコヅカイ銭カセギだったのです。

その後、市民活動を起点に、順次、《市民自治》からの出発に、日本の市民の考え方も変わりはじめ、職員、首長・議員、さらに理論家、ジャーナリスト、また国の政治家も、まだ表見的にとどまりますが、自治・分権型にその発想をようやく変えはじめます。その結果として、ついに、〈二〇〇〇年分権改革〉となるわけです。

二〇〇〇年分権改革には、また、戦前の国家統治型の国家から「派生」するという従来の自治体の位置づけを、「市民」から出発し、自治体ついで国を市民課題の「補完」と位置づけるという、明治以来の政治・法学理論の大転換も不可欠でした。

たしかに、一九六〇年代からの市民活動ついで自治体改革の蓄積には、（1）日本の文明史的転換である都市型社会への移行、（2）市民活動の始動にともなう《市民》という言葉の日常化、さらに（3）規範人間型として市民概念の日本における初定着が必要だったことを、あらためて確認したいと思います。

しかも、市民が政治の起点として自立しうる条件も、都市型社会の成立によって準備されてきたのです。

第一に、都市型社会での工業化・民主化の成熟は、〈個人財産〉の保持だけでなく、基本としては《シビル・ミニマム》としての生活条件の整備によって、「余暇と教養」をすべての人々に準備していきます。農村型社会におけるように、「朝には星をいただいて出で、夕べには月を仰いで帰る」というような生活では、「余暇と教養」という市民自治の社会前提自体が成立していなかったことになります。

すでにのべましたように、古代地中海、中世・近代ヨーロッパの各都市の市民は、いずれも都市の支配層でした。〈財産〉を基本に「余暇と教養」のある支配層市民だったからこそ、市民としての品性・力量を自己訓練して、熟達した市民自治としての都市自治が「持続」する制度としてなりたちえたことを、確認すべきでしょう。この「余暇と教養」が、日本では、一九六〇年代からの経済高成長（工業化）、ついで『日本国憲法』（民主化）の定着の開始にともなう都市型社会への移行とあいまって、ようやくひろく個人全般に成立していくかぎり、市民活動の出発は必然だったのです。

この点くわしくは、市民活動ないし市民参加を日本ではじめてまとまったかたちで著作として整理した拙編『市民参加』（一九七一年、東洋経済新報社、本書二七五頁以降参照）の編者論文「市民参加とその歴史的可能性」（拙著『昭和後期の争点と政治』一九八八年、木鐸社所収）をみてください。

第二には、シビル・ミニマムの公共整備が都市型社会に移行しはじめる一九六〇年代から、日本で不可欠となるにもかかわらず、いまだナイナイづくしのため、福祉・都市・環境問題をめぐって当時、とくに社会保障制度の整備、あるいは都市の自動車氾濫、また地域生活をめぐる公害というかたちで激発していきます。当時、国の政府は、農村型社会の官治・集権体質のため、自治体もふくめて、都市型社会独自の新しいこれらの政治争点に理論ないし政策・制度として対応しうる考え方、さらに即応する行政技術の準備もほとんどできていなかったのです（本書一〇三頁以降参照）。ここから、国・自治体にたいする批判・参画としての市民活動の噴出、ついで革新自治体の群生がおきるのは当然でした。

たしかに二〇〇〇年代にはいれば、シビル・ミニマムについての「量充足」をほぼおえて、私がのべてきたような質整備をめざした再編にうつるべきでしたが、この課題転換ないし政策・制度再編に失敗して、日本自体の財政破綻となります。さらに少子高齢化ないし人口減少という条件変化、また政治家の幼稚化、官僚行政の劣化もあって、地域福祉、地域医療、また地域雇用などの崩壊すら全面化します。このため、このシビル・ミニマム関連の制度再設計こそが、日本の二〇〇〇年代の急務として日程にのぼってきます。

しかし、一九六〇年前後は、この「都市型社会」への移行とその特性、ついで「市民活動」「自治体改革」の出発、また「シビル・ミニマム」の公共整備については、国、自治体の官僚や職員、大学などでの理論家、またジャーナリストをふくめて、その想定すらおこなわれていなかったのでした。一九六〇、一九七〇年代では、官僚法学、講壇法学からは、憲法二五条シビル・ミニマム（生活権）規定も、たんなる「宣言条項」つまり空文とみなされていたのです。

私があたらしく定式化する「都市型社会」、あるいは「市民」「自治体」という言葉も、当時はいまだ未開拓の理論フロンティアというべき実状でした。政治についても、今日もつづくのですが、憲法学のように戦前型の「国家統治」とみなし、その対極である「市民自治」からの出発はいまだ考えられてもいなかったのです。

このため、当時、私は新しい思考範疇として、一九六〇年前後から「地域民主主義」「自治体改革」、一九七〇年代には「都市型社会」「市民自治」「シビル・ミニマム」などといった言葉を造語していくとともに、市民、市民活動、市民参加、市民文化、ついで自治体といった言葉についても、都市型社会という新文脈で理論化していくことになります。新しい時代には新しい言葉が必要となるからです。日本にとって、「市民」という問題設定がいかに画期性をもったかが、御理解いただけるでしょう。

同時期、一九六〇年の「安保国民運動」、つまり究極には「改憲」をめざしたオールド・ライト官僚派岸内閣の日米安保条約改定についての革新系反対国民運動について、多くが語られてきました。しかし、この「反対」の革新系国民運動、他方、「賛成」の保守系国民運動のいずれもが、戦前型の政党「指導」という考え方による、その外郭団体の上からの動員がほとんどでした。このため、この旧保守・旧革新いずれの国民運動も、「個人参加」というよりも「組織動員」を中心に、業界団体あるいは労働組合などのアゴアシつき、つまり日当あるいは交通費つき、さらには日当をふくむ動員がみられたのです。

だが、市民活動については、一九六〇年前後の都市型社会への出発からはじまるのですが、地域課題、全国課題、国際課題をめぐって、個々の活動は少数者のさざ波であっても、自発性をもつ「個人参加」を起点とするその構造特性に、注目すべきでしょう。この市民活動はそれぞれがさざ波でも、日本全国に多元・重層的におきたのですから、日本で画期となる大きなウネリがかたちづくられ、今日では国際規模で相互波及性をもちます。そのうえ、NPOという市民活動の法人化では、目的の特定というかたちで、市民活動は、**図7-1**（本書一四一頁）のⅠ市民活動からⅡ団体・企業のレベルにうつって、持続性ある責任をもつことになります。

このような構造特性をもつ市民活動の自立後は、日本で政党についての「指導」ないし「前衛」という言葉も消失します。ここから、私たち市民は、政党から制御されるのではなく、政党を創出あるいは選択というかたちで制御する時代にはいります。従来の政党へのムラ型支持あるいは利害型支持という「組織」票が順次底抜けとなり、二〇〇〇年代では崩壊しつつあるとみるべきでしょう。いわゆる浮動票、批判票、あるいは「無党派」票の増大問題がこれです。二〇〇〇年代にはいると、ムラ＋官僚組織に依存した自民党永続政権の本格崩壊も問われはじめるのも、このためです。中進国型永続官僚統治つまり〈官僚内閣制〉としての自民党政治の終わりにともなう、〈政権交代〉も日程にのぼりつつあります。

とすれば、都市型社会が出発する一九六〇年代以降、とくに都市型社会が成立する一九八〇年代以降、日本におけるマス・デモクラシーのなかで、ムラ政治あるいは利権政治がたえず再編されながらも崩れはじめ、二〇〇〇年代では《市民政治》の成熟条件がようやくかたちづくられつつあるといえるでしょう。この市民政治では、市民にとっての政党とは、政府選択についての「媒体」という、いわばツカイステの「道具」にすぎなくなるわけです。

とくに、国では憲法となりますが、市町村、県でも日本の市民は「自治体基本条例」という、市民自治の「基本法」を自治体レベルでもつくるようになっていきます。この《基本条例》という言葉は、私が造語しましたが、その理論背景については本書⑦、ついで拙著『転型期日本の政治と文化』第4章「なぜ、いま、基本条例なのか」(二〇〇五年、岩波書店)を検討ください。

この基本条例の制定は、今日のところまだ一〇〇前後の市町村ですが、県もふくめ数百自治体となればその水準・成果もたかまり、明治以来の日本の官治・集権政治、とくに今日も官治・集権型理論構成のつづく憲法学、行政法学、それに政治学、行政学・財政学もふくめて、自治・分権型に再編されざるをえません。

この自治体基本条例は、「二〇〇〇年分権改革」による機関委任事務方式の廃止という新地方自治法の成果もあって、市民が各自治体の組織・制御をめざすとともに、自治体では国法の運用基準として国法の「上位基準」となります。

市民みずからによる、「市民的人間型」の設定からはじまる政府構築という制度構成が、この自治体基本条例の策定というかたちで、日本でも始動しはじめたのだといってよいでしょう。市民の成熟にむけての自治・共和型思考訓練が「学習」ではなく「政治」として定着しはじめてきたのです。

4　市民による政治現実の転型

ここであらためて、都市型社会における日本の現実政治での、市民の登場の意義をまとめておきたいと思います。全国各地でこの市民の問題性は不均等にあらわれますが、これまで官治・集権型だった従来の社会・政治理論が想定もしていなかった、自治・分権型への政治・行政、経済・文化の転型がすでにおきています。

〔a〕 市民行政と職員行政は反比例

市民が政治・行政についてナマケモノならば国、自治体の職員は多くなる。市民による政治・行政への批判・参画、とくに直接の行政をになう市民行政が成熟すれば、職員は少なくてすみます。つまり、市民と職員との本来の関係は反比例つまり利害相反の関係にあります。市民と職員の「協働」という言葉でゴマカスことはできません。市民間の協働は当然ですが、市民と職員の関係は「批判と参画」の関係で、協働というナレアイではありません。まして職員による市民のカカエコミではありません。

事実、実例がしめすように、農道、林道は地域の市民たちでつくれますし、公民館も職員は不要で市民管理・市民運営ができるではありませんか。**図1－3**（本書九頁）にまとめましたように、福祉、基盤、環境などの各政策領域で、ひろく、すでに、多様な同型の可能性が進行しています。そこには、さらに団体・企業による行政分担の登場もみるため、自治体あるいは国における職員行政自体のシクミの、自由かつ個性ある再編もおきるはずです。

高成長期、バブル期、デフレ期にそれぞれの理由づけで国、自治体の水膨れした戦後職員行政の縮小ないし再編が、以上の基本論点から出発して、当然ながら、公務員制度の再編をふくめ、それぞれの自治体、また国の省庁の再構築が、市民ついで政治家による政治の緊急課題となっています。

［b］ 職員行政再編が市民課題

市民の基本原理は市民の「個人自治」です。市民がこの「個人自治」でやれる領域をこえる生活課題の次元では、ミニマムのみが「公共政策」となり、とくに政府はこの公共政策のなかのかぎられた政策のみを「政府政策」としてにないます。ついで、このミニマムをこえる領域はまた「個人選択」となります。ミニマムの公共保障をになう公共政策と政府政策との関係は、前述**図１－３**（本書九頁）に図示しました。

現実にも、ほぼシビル・ミニマムの「量充足」をみつつある一九八〇年代以降、とくにバブル期、ついでこのバブル崩壊にともなうデフレ期、いずれも「行政ミニマムの原則」をふみはずして、国は自治体をまきこんで、行政の「量拡大」をめざしてムダをふくむバラマキ政策を拡大して巨大借金をつみあげ、すでにのべましたように、二〇〇〇年代には実質、政府借金はＧＤＰの一・五倍強（ＥＵ加入条件は〇・六倍）という、破産状態におちいります。東京タワーに表示されるように、日々、それも時々刻々と恐るべきスピードで政府借金はふえつづけます。

この間におきていた事態は、自民党だけでなく各党の集票、さらに省庁官僚・自治体職員の既得権保持とむすびついていたのですが、国内市場拡大あるいは景気対策の名をかざした、ムダな施策ないし行政のムダによる、安易な行政の水膨れでした。膨大な政府借金をつみあげてしまった二〇〇〇年代には、あらためて、行政は市民生活の「最低限度」の保障をめぐって、ミニマム以上は不可能だという、「行政ミニマムの原則」を痛感しながら、この原則を再確認する事態となっています。

この行政の水膨れ、これにともなう財務破綻の解決には、大胆な政策→組織→職員の縮小・再編、つまり国、自治体の行政再構築が緊急となります。それゆえ、たえず今後も必要となる新個別施策のビルドには、既成個別施策の見直しによるスクラップ・スクラップ・アンド・スクラップが必要となります。

しかも、国、自治体ともに巨大な既成借金をEU基準まではやく戻さなければなりませんし、そのうえ利率が上がれば既成巨大借金自体が自動的にふくれあがります。さあ、どうするかが、国、自治体の「財務」問題として、今日きびしく問われてきます。すくなくとも、国、自治体ともに、年度収入の一定基準での減債はもちろんですが、もし年次の税収増あるいは不用資産売却などがあれば、新しい施策のビルドにではなく、かならず借金べらしにまわすべきなのです。

市民は政府の主権者であるだけでなく、政府の失敗の最終負担者でもあります。国、自治体をとわず市民合意を基本に、地域産業の整備・拡充は時間のかかるたえざる課題ですが、国の経済成長政策の新構築には政策↓組織↓職員の縮小・再編による借金返しのくみこみは当然かつ緊急の要請となります。二〇〇〇年代になって、あらためて失敗があきらかとなった明治以来の国家統治型の政治・行政を、あらたな市民自治型の政治・行政への転型が急務となる理由です。でなければ、国境をこえて国際化のすすむ今日、個人あるいは資産の海外流失をうみだします。

〔C〕 市民の文化・情報水準、専門・政策能力の上昇

従来、官僚ないし公務員は、絶対・無謬という「国家観念」の威信もあって、日本の市民からエライとみなされてきました。しかし、このエライとみられていた理由は、国家観念の神秘・権威だけでなく、官僚特権の保護のための情報非公開にもあったといえます。

だが、今日、社会分業の深化による市民の文化・情報水準、専門・政策能力の上昇、またマスコミないしIT技術による情報伝達、とくに市民活動による国、自治体との参加手続による行政との直接接触機会の拡大によって、行政の劣化つまり水準の低さ自体があきらかになってきました。とくに市民参加・情報公開また行政手続・

公共通報の制度化は、行政内部におけるその独善性の論理をあばくことになっていきます。

社会保険庁の年金管理から、ひろく公共事業の官製談合、あるいは建築基準、環境基準、医療基準などの偽装問題などなどがその典型で、日本の現行法制いかんを問わず、実質、これらは「公務員の犯罪」というべきです。また最近では、かつての公害問題への対応とおなじく、ゴミ不法投棄や食品基準などについて、とくに国、県のもつ権限の行使をめぐる「不作為」、つまりナマケの実態も露呈しつつあります。

「二〇〇〇年分権改革」後は、最高裁判決もあって、国法による権限がなくても、市町村、県はみずから「権限・財源」をつくる条例制定をふくめ、政府としての「不作為」責任が法廷で問われることを覚悟すべきでしょう。

市民は、都市型社会では、〈市民〉としての文化・情報水準がたかくなるだけでなく、「職業人」としての専門・政策能力も、国、自治体の官僚、行政職員以上にたかくなるという事態を、あらためて確認すべきです。日本の行政における情報の整理・公開から法務・財務また数務（政策推計）の低水準は、市民からみて今日ではアキレハテルというかたちで、公然の常識となってきました。

こうして、かつては「国家」とよばれたのですが、今日そこには、未熟な政治家、劣化した省庁官僚からなる、しかも日本では膨大な借金をかかえる破綻寸前の国レベルの政府があるだけとなります。そのうえ、「二〇〇〇年分権改革」もあって、のちにみるように自治体政府も国の政府から「自立」していきます。

[d] 市民起点の政策・制度づくり

絶対・無謬とみなされたかつての国家観念の威信のもとに、『日本国憲法』制定後も明治憲法のシクミをひきついで、行政とは省庁官僚がつくる「国法」の執行とみなされてきました。自治体もこの国法の執行を、戦後も

〈機関委任事務〉方式で強制されつづけます。そこでは、自治体職員はもちろん、知事や市町村長も国の手足としての「機関」とみなされてきたのです。

「二〇〇〇年分権改革」によって、ようやくこの機関委任事務方式は廃止となり、官治・集権から自治・分権へという、政治・行政の制度論理の転換となってきました。その理由は、⑴国法つまり国の政策・制度の、①全国画一、②省庁縦割、③時代錯誤という「構造欠陥」が明確となるとともに、⑵自治体レベルでの政策・制度づくりには、問題解決をめぐってその「地域特性」が基本という認識が、ようやく理解されてきたからです。

とくに国法の時代錯誤という③についてみますと、都市型社会では社会の変化の速度がはやくなるため、国法の改正ないし新立法がたえずオクレ、市民課題にいちはやく対応できるのはむしろ自治体条例となり、これにおくれて国法が先駆条例に追従することになります。

この国のオクレという構造問題は市民活動、自治体改革が出発する一九六〇年代にははっきりしたのですが、事実、建築・都市計画関連法から福祉・公害関連法まで、さらに今日の情報公開法や景観法などでも、自治体が先行し、国の省庁をリードしてきました。そこには、市民の文化水準・専門水準がたかくなるという前述の事態をふまえて、市民→自治体→国という上昇循環が、かつての国（官僚）→自治体→市民への下降循環にかわってきたのです。

〔e〕市民主権からくる自治体の位置づけ変化

従来の日本での考え方は、憲法学・行政法学のかくされた秘密だったのですが、戦後、『日本国憲法』による国民主権から出発するものの、国民主権は、いったん国家主権にもちあげて、国家主権におきかえられるため、官僚法学、講壇法学では国→自治体→市民という国家統治理論は戦前と同型で戦後もつづいてきました。

しかし、一九七五年、前掲拙著『市民自治の憲法理論』で、市民から出発するならば、政治理論は市民→自治体→国という市民自治型の「政府《信託》理論」に一八〇度転換せざるをえないというかたちで、明治以来の「国家統治理論」の破綻を提起しました。

その後、このような自治体・国の位置づけは、私と同型ですが、おくれて一九八五年『EU地方自治憲章』、あるいはこれをモデルとする国連の二〇〇一年『世界地方自治憲章（案）』以来、すでに国際理論常識となっていきます。国家主権からの派生説ではなく、主権市民への補完説が、これです。明治以来の政治学・憲法学、行政学・行政法学の伝統理論の基軸である、国家から自治体の派生という国家統治型の考え方は破綻したのです。

ここから、自治体の市町村ついで県、また国はそれぞれ課題の異なる独立の政府となり、国際機構をくわえて、**図7−1・2**（本書一四一頁）にみたような、自治体から出発してそれぞれの政府がそれぞれの独自課題で市民を補完する「政府三分化」が定式化されます。そこでは、当然、政府だけでなく、文化・経済、政策・制度など、それぞれの三分化が政府の三分化とともに進行します（なお、ここでの地域個性文化には〈少数民族文化〉も当然ながらふくまれます）。

この各政府レベルでは、市民が主権をもち、市民による《信託》というかたちで、長・議会が市民の「代表機構」、職員はこの代表機構の「補助機構」という位置づけとなります。とすれば、国の官僚、自治体の職員は、下からの「市民参加」、ついで上からの「長・議会」というかたちで、二重に市民が制御する、市民の「代行機構」にとどまり、もはやオカミではありえません。

〔f〕　職員の給与は市民の税金から

国際機構の財源は国からでているため間接的ですが、自治体、国の財源は、基本として市民個々人の「納税」

によってまかなわれます。この財源の集め方、使い方は、また市民が「選挙」によってえらぶ、その代表機構としての長・議会が制度決定します。つまり、いずれの政府の「財源」も「権限」とともに、それぞれ私たち市民の政府《信託》からきています。

だが、官僚や自治体職員は、自分たちの給与は隣のオバサン、向かいのオニイチャンからでているというと、精神的屈辱と感じます。なぜなら、日本の公務員は自分の給与は神秘で権威ある「国家」からでていると考えたがっているからです。とくに自治体の職員は、政府間調整にすぎない国からの補助金・交付金もあって、国からきていると考えがちです。

隣のオバサン、向かいのオニイチャン、つまり市民一人一人の顔がうかばず、「権限・財源」はこの市民からの信託によると考えないため、公金は官金となり、政治家だけでなく、国の省庁官僚、自治体職員も「自由裁量」という名での、ムダづかいなどから官製談合、裏金、汚職、さらにはワタリもある外郭組織への天下りなど、あるいは月給をとって仕事をしない《不作為》という、「公務員の犯罪」がつづきます。

[g] 国、自治体の人事再編と市民責任

今日の日本の行政機構は、その劣化、さらに政治家の未熟とあいまって、行政は堕落するという「パーキンソンの法則」そのままの集団となり、そのうえ水膨れ状態となってしまいました。そのツケは二〇〇〇年代、目でみえるかたちでの巨大借金のつみあげとなって、国またおおくの自治体では財政破綻となっています。このため、国、自治体をとおした政治・行政全体の改革、つまり日本の再構築は急務というべきです。でなければ、この各政府レベルでのムダづかいの結果は、かならず市民にシワヨセされ、主権市民の負担増大となります。

そこには、さらに少子高齢による人口の絶対減少もあって、国、自治体それぞれの独自課題領域での政策・制

度の再設計ないし個別施策の縮小・再編こそが緊急となっています。この課題の解決には、当然、官僚の供給源としての受験秀才を採用セズを起点におくとともに、国、自治体の公務員法改革を基軸とする、日本の政策・制度の官治・集権型から自治・分権型への転型が急がれています。

日本の政治・行政における官治・集権から自治・分権への移行は、参加や世論のシクミだけでなく、市民型人材の政府採用、ないしその育成・選択のチャンスの多元・重層化でもあることを、確認しておきましょう。とくに、自治体では時々表面化するのですが、今日なお縁故採用すらつづく始末です。特権型閉鎖性から市民型開放性にむけて、いかに行政機構を再編するかが、国、自治体ともに人事改革の基本になります。

外国モデルをふくめ既成解答をなぞる受験秀才型の多い後・中進国型官僚は、幼きころからの遊びのなかで訓練されるのですが、未来を構想する知恵と決断が必要となる政治・行政改革には、「役だたず」だということにたえず配慮して、公務員制度改革にとりくむべきでしょう。

旧日本陸海軍の最大の失敗は、軍学校卒業成績序列で人事を決定していたためおきたのですが、組織・思考の硬直化、ついで個人責任感の喪失となります。戦後もつづくのですが、日本の文官の官僚組織も、次官候補を中心に順次同期生を排除する年功序列のため、同じく組織・思考が硬直するとともに、個人責任感の喪失となり、二〇〇〇年前後から日本沈没をまねいたという意味で、旧陸海軍と同型ではありませんか。

この点は、「海図」なき時代にはいったと私がのべていた一九八〇年代前後から、すでに戦後官僚組織の劣化として、問いなおしてきた論点ですが、今日も劣化したまま、その改革はすすみません。そこには、官治・集権型の講壇法学を基軸とする、日本の大学教育、また採用制度の失敗は歴然としています。

また、時代の変化のスピードがはやくなり、ひろく市民の情報水準・政策水準が特権官僚よりも高くなる都市型社会では、国、自治体をとわず、若き日からの幹部試験採用者は課長補佐ポスト以上の半数ぐらいにとどめ、あと半分は庁外からの「市民型人材」また「各種専門家」をあてて、人事を閉鎖身分型から市民開放型にすべきでしょう。変化のはやい今日、停年まで「秀才」でありつづけることは誰もできないではありませんか。くわえて、学校秀才の特技である模範解答は、時代の変化のはやい今日、たえず時代錯誤になります。

それゆえ、当然、省庁の内外出身者をまじえて、省庁幹部は内閣ないし大臣の政治任命制にすべきなのです。このためにも特権をもつ「恩給」系の公務員年金もはやく廃止し、各年金制度を完全統合して、人事交流をひろげやすくする必要があります。

しかも、「たえざる」人事異動による、職務責任さらに職務熟度からの「たえざる」解除という公務員の個人無責任、ないし「たえざる」栄転・出向による腰かけのひろがり、さらには今日では周知の「たえざる」天下りさらにワタリによる退職後の制度化された高額所得をふくめて、公務員倫理についての市民による緊急議論が必要となっているではありませんか。でなければ、すでにはじまっているように、劣化して泥舟状態の公務員制度から、数少ない活力ある人材の流出となります。

もちろん、情報公開による市民からの国、自治体への監視また参加への熟達が、主権者責任としても、あらためて市民に問われていきます。

〔h〕 市民への責任は法務・財務の熟度で

国、自治体ともに、法務の時代オクレ、財務の実質ハタンは、市民から「信託」された「権限」「財源」の責任ある行使をめぐって、官僚、職員の永年にわたる、熟度不足としての「無能」、ないしはサボリという「不作為」からきていることがはっきりしてきました。

この問題点は、今日、「官僚タタキ」といわれるほど、当然のこととして、とくに国の省庁官僚にきびしくなります。また「二〇〇〇年分権改革」以降は自治体も私があらためて再定位した「法務・財務」を新戦略課題として新しく再生すべきなのですから、自治体職員にもきびしく、市民は追及することになります。

《法務》については、政策法務・訴訟法務いずれにおいても、条例立法、国法運用、国際法引照が自治体の法務課題となりました。政府としての市町村、県は、地域特性をもつ課題の解決はもちろん、さらに緊急のゴミ不法投棄、広告不法掲示、個人や事業所の近隣妨害などをふくめて、懲役をふくむ条例を自治体は政府責任として制定することになります。すでに硫酸ピッチ不法投棄には条例で懲役（二年以下）、罰金（一〇〇万円）が課され、「条例は法律に劣る」という時代は終わっています。ただし、国法とおなじく、条例の執行可能については警察、量刑範囲については検察との検討が、立案の時点で必要です。

また、政府間の「財源配分」という財政とは異なるのですが、現在もつ財源のヤリクリ、いわば政府財源の「政策配分」という《財務》が、法務とむすびついて、行政縮小をめざす、国はもちろん自治体の戦略課題となってきました。そのうえ、今後は未収金への配慮も緊急です。今後比重のたかくなる自治体税から日々の給食費まで、また零細企業への融資をふくめ、誰にもわかる手続・ルールのもとでの徴取特別組織によるその機動化をしないかぎり、二〇〇〇年代の財務は自治体をふくめ自壊します。この財務でも、自治体の法務責任を明確にするという課題もひろがっていくのです。そのとき、市民個々人の番号制も行政技術として当然となります。

ここに、「権限・財源」を市民が条例によってたえず造出・廃止するだけでなく、その行使においても市民から信託されている市町村、県は、国とおなじく、その政府責任についての覚悟・決断が、これまでの無責任なズルズルと異なり、問われていくことになります。「二〇〇〇年分権改革」によって、劣化した国の「法務・財務」に自治体は依存できなくなったわけですから、市町村、県は政府としての独自の見識と熟度で法務室、財務室という、新しい担当組織ないし責任職員をおいて、市民にたいする自治体の法務・財務責任を明示すべきです。実質破綻の自治体にみられるような、かつての通達・補助金依存という、無責任な後・中進国型行政は終わったのです。

なお、新戦略課題領域としての、この法務・財務については、拙著『転型期日本の政治と文化』第5、6章(二〇〇五年、岩波書店)、また『日本の自治・分権』第5章(一九九五年、岩波新書)、『自治体は変わるか』第4・5章(一九九九年、岩波新書)を参照ください。

以上、八点に要約して、今日の都市型社会における市民と政治・行政との新しい緊張をのべました。ここで整理した論点に、私たちはたえずたちもどって、考えざるをえなくなっています。私たち市民は、すでに偉大なる「父」のごとき、また慈愛ある「母」のごとき、〈絶対・無謬〉の「国家」主権の受益者ではなくなっています。国家自体が未熟な政治家、劣化した官僚からなる、しかも可変・可謬の、さらに日本では借金づけの、国レベルの政府にすぎません。日本の自治体政府も同型です。

ここで不可欠の視点は、第一に、政治・行政には情報の整理・公開がなければ、市民、政治家は全体展望をもち、しかもたえざる政府再構築の発想・立論ができないという認識です。また第二に、官僚、職員も情報の整理・公開がみずからできないとき、国、自治体それぞれの全体構造についてその問題点がわからず無知で、そのうえ市民参加の衝撃力がなければ行政の自己改革のとりくみもできないという事態です。

明治国家の解体の第一歩となり、さらに『日本国憲法』の運用改革となるという画期性をもつ《二〇〇〇年分権改革》の基軸である「機関委任事務」方式の廃止、これにともなう旧通達の失効、新通知の助言性すら、残念ながら、いまだに自治体の職員、国の官僚にすら周知できていないことに刮目すべきでしょう。これが日本の行政のナサケナイ現実です。

このため、国の政府中枢である内閣府でも、「構造改革特区」の「事前審査」の違法性すらも理解していなかった。自治体は、二〇〇〇年分権改革にもとづいた独自の政策・制度を自己責任で条例化して開発・実現し、問題が国の省庁との間におきれば「政府間訴訟」という手続となるため、国の事前審査を自治体は拒否すべきだったからです。

5　マス・デモクラシーの多元・重層化

二〇〇〇年分権改革については、個別法改正による省庁の個別権限・個別財源の解体にいまだすすみませんが、日本の都市型社会への移行にともなう、分権化・国際化という緊急の政治要請にこたえる、必然性のある基本改革の第一歩でした（本書2参照）。国の政治家、官僚は、国の独自課題レベルの権限・財源以外の権限・財源を自治体に「分権化」しなければ内向きにとどまり、ひろく外向きとなって地球規模の「国際化」に対応できません。日本の国の政府ないし政治家・官僚の閉鎖性はここからきます。

しかし、問題はさらにこみいっています。そこでは、現代のマス・デモクラシーをどのように位置づけ、評価するかがあらためて問われてきます。このため、さしあたり、マス・デモクラシーにおける《大衆政治》と、市民活動ないし《市民政治》との関係を、思考の基本ワク組として設定しておく必要があります。

都市型社会におけるマス・デモクラシー、つまり大衆が表見では主権ないし主動力をもつかにみえる「政治スタイル」としての大衆政治は、他方における「政官業複合」さらにこれと癒着するマス・メディアによる大衆操作とあいまって、誘導されていきます。この論点は、大衆社会論→大衆政治論の古典的論点です。国際機構レベルと異なって、選挙による代表機構をかたちづくる自治体、国の政治では、今後も現代政治としての構造特性である大衆政治は続きます。現代民主政治がもつ宿命です。

だが、《市民政治》はこの構造特性としての「大衆政治」からの出発となります。近代化としての工業化・民主化は、農村型社会固有のムラ共同体、ついで地域での共同体をたばねる名望家↓領主による中間身分支配の崩壊をおしすすめて、普通平等選挙権の全般化としての大衆政治をうみだすからです。この大衆政治は二〇世紀に先進国から成立し、順次、今後、今日の中進国さらに後進国に波及していきます。

都市型社会の個人は、農村型社会の農民などと異なり、「テクノロジーの発達」にともなう大量生産・大量交通・大量消費を土台に、サラリーマン化、つまり人口のプロレタリア化によって、「餅」状のムラから「自由」「孤独」になった、「砂」のごとき、《大衆》となります。

そこでは、前述したように、この大衆の「行動様式」は、収入・熟度・威信による社会地位の格差はあれ、大衆文化のなかで「平準化」し、この大衆の「政治参加」はおなじく一票として、政治権利も「平等化」します(図9―4本書二〇三頁参照)。このうえに、市町村・県、国、国際機構の各政府レベルでの政官業複合ないしマス・メディアによる大衆操作がくわわって、現代マス・デモクラシーとしての《大衆政治》の成立となります。

だが、この大衆政治の「進歩と発展」によって、「受動化した大衆」から、市民政治における「活力ある市民」がうまれるのではありません。ここが基本の論点です。

市民である私たちは、「現代の宿命」としてこのマス・デモクラシーをふまえたうえで、前述のように、(1)「教養と余暇」の拡大を前提に、(2)「シビル・ミニマム」の公共整備の要請とあいまって、(3)定期の選挙によって、各レベルの「政府」の造出・管理・運営にとりくみますが、(4)生活や政治をめぐって特定の問題解決が必要なとき、いつでも、どこでも、構造必然として「市民活動」にとりくみます。

この(4)市民活動の加速要因としては、①市民参加・情報公開の制度整備、②マス・メディア、ITなどによる情報の増幅効果があり、自治体、国、ある場合国際機構の各政府レベルにおける市民活動の始動となります。しかし、問題が解決・妥協あるいは消失するとき、個々の市民はまた「日常」にもどり、政治からの一時引退となります。だが、ここで、政治争点があるかぎり、いつでも、どこでも、市民活動が多発して、たえざるウネリとなっていくことを留意すべきでしょう。

いいかえれば、大衆政治から市民政治への「進歩と発展」ではなく、現代では、しかも今後も、大衆政治と市民政治との間の「たえざる緊張」の〈無限循環〉となるとみるべきでしょう。

私が一九五六年、「大衆国家の成立とその問題性」で、現代政治の構造論理を定式化して「大衆社会論争」となります。その折、一九六〇年の〈安保国民運動〉をみて、当時は正統理論を誇っていたマルクス主義者あるいは実証理論家などから、大衆の受動化を提起した松下大衆社会論の「破産」が安易に論じられました。だが、そこでは、ここでみているように、この大衆政治からこそ、「問題解決」をめぐって、情報公開・市民参加の制度化とあいまって、逆に市民が活性化する現代政治の構造特性を、私の批判者たちはみていなかったのです。

むしろ、私によるこの大衆社会論の提起は、日本での当時の既成理論がひろく崩壊する始まりとなりました。つまり、大衆社会論は今日の用語でいえば、数千年つづく農村型社会モデルの理論から、あたらしく都市型社会モデルの理論への文明史的変換を構成していたからです。

しかも、この大衆政治には、また受動型高揚ともいうべき、革命ともみえるカラサワギの「大衆熱狂」をともなうことがあります。この問題性は、最近は、ポピュリズムといわれています。かつては、シーザー主義ともいわれましたが、古代ローマのシーザーを原型とした、「パンとサーカス」をともなう大衆煽動政治がその原型でした。現代政治にはいって、この「大衆熱狂」を背景とするポピュリズム、つまり大衆煽動政治の最初の実演者は、二〇世紀のはじめ、イギリス首相になったロイド・ジョージでした。

ロイド・ジョージは、社会保障制度の財源として酒造業への増税を提起し、「大衆の福祉」と「抵抗の資本家」という図式を革命家気取りでつくりあげて、総選挙に勝利します。その勢いで再度、議会を解散して総選挙をおこない、保守抵抗派の牙城、貴族院の改革をも一挙におしすすめました。その結果、ロイド・ジョージは所属する自由党の既成ジバンの破壊の結果、その後の自由党の没落をもたらしたと、後世批判されていきます。小泉首相も郵政改革選挙をめぐっては、この「宴の後」と同型となるのでしょうか。

（本書追記　小泉首相は既成ジバンを破壊したため、二〇〇九年総選挙で自民党大敗となり、政権交代となる。）

日本の二〇〇〇年代の小泉首相は、その疑似革命劇を日本で、ロイド・ジョージがめざした政治改革への決断からくる再度の衆議院解散もなく、郵政改革という、サーカスをミニ版として演じてしまったのです。そこには、マスコミにおける未熟な若い記者たちが興奮してえがきあげる首相と大衆との、歓呼による同調化さらに幻惑化という、マス・デモクラシーの論理による劇場政治が日本なりに、ギコチナク演出されます。

当然、抵抗派排除という、ギリシャ、ローマの大衆煽動政治の論理も、そこにはたらいていました。日本の今日のマスコミにおけるジャーナリストないし若い記者たちは、『プルータ一ク英雄伝』（岩波文庫）などで、この古代地中海都市の大衆煽動政治の教訓をかみしめておくべきでしょう。

事実、ポピュリズムは、二〇世紀前半、マス・デモクラシー形成期に、二〇世紀後半以降のように、国境をこえる《多元・重層型》の「市民活動」がいまだ成熟していないため、一国閉鎖性をもつマス・メディアを操作しながら、マス・デモクラシーを私のいう「マス・ナショナリズム」に裏返すかたちで、ムッソリーニ、ヒトラー、スターリンなど、また日本では近衛文麿をふくめて、当時のカリスマ政治家たちがもちいた「大衆」の名での《全体政治》という、現代型大衆操作をくりだす手法でした。

図 9－7　各政府レベルでの分節政治模型

〈問題点〉	〈可能性〉	〈普遍市民政治原理〉
① 大衆操作・官僚統制	→市民活動の自由	＝① 市民自由
② 団体・企業の外郭組織化	→団体・企業の自治	＝② 社会分権
③ 政党の未熟・腐敗	→政府・政策の選択・選挙	＝③ 複数政党
④ 政府（行政機構）肥大の進行	→議会・長の分立，裁判所の独立	＝④ 機構分立
⑤ 市民の無関心・無気力	→政府への批判の自由（＋選挙）	＝⑤ 市民抵抗

この意味では、現代政治史からも私たちはしっかり学ぶ必要があります。この点、大衆社会論争の発端となった、前述一九五六年の拙稿「大衆国家の成立とその問題性」（拙著『戦後政治の歴史と思想』一九九四年、ちくま学芸文庫所収）を検討ください。ロイド・ジョージの疑似革命・劇場政治もこの論考で位置づけています。

だが、市民政治の問題はここからはじまります。マス・メディアの記者たちも狂う、カリスマによる大衆操作、とくにシーザー主義ないしポピュリズムとなる大衆政治をいかに市民政治に再編するかという、現代民主政治をめぐる基本論点がここから登場します。この基本論点こそが、《市民政治》をかたちづくる問いとなります。

日本では、往々、市民活動ないし市民政治は自治体レベルの政治論点とみなされてきました。たしかに、私は市民政治をめぐって、市民の日常としての地域ついで自治体からの出発を強調しつづけて、その理論化にとりくんできました。

この私の立論の背景は、日本の一九六〇年前後、ついで今日も、「市民自治」を起点におく地域・自治体理論は日本全体としてみてあまりにも未熟で、明治以来の「国家統治」を原型とした後進国型国家理論が横行していたからでした。

かつて、この一九六〇年前後の日本では、地方自治の理論は、ブライスの「民主主義の小学校」という定義から演繹されるというナサケナイ状態だっただけでなく、自治体については、後進国一九世紀ドイツ官治理論を下敷に、国家からの「派生」とみなされるにすぎなかったのです。今日でも、自治体の位置づけをめぐっておおくの理論家は、「国家」が許容する「団体自治」「住民自治」を論ずるにとどまります。

私は一九六〇年以降、「地域民主主義」「自治体改革」の提起、ついで「市民自治」「自治体政府」という発想を起点に、《都市型社会》における「地域特性」をもつシビル・ミニマムの公共整備という文明史的新課題から、市民↓自治体↓国というかたちで、「現代」自治体の政府性を位置づける、《自治・分権》理論を構築します（**図7－3**本書一四四頁参照）。

この私の考え方は、日本では二〇〇〇年分権改革の四〇年前ですし、また、市民↓自治体↓国という「補完」理論にたつ、前述の『EU地方自治憲章』、国連の『世界地方自治憲章（案）』にも先行していたため、当時のおおくの理論家たちも理解はできなかったようです。

だが、《市民》という問題設定は、地域、ついで自治体、また国、国際機構をふくめて、すでにのべてきたように、今日の都市型社会の成立をめぐる文明史的展望で、いかに「政治主体」としての市民、ついで「制度主体」としての三レベルの政府を設定するかという、基本の問いにつながっています。事実、今日、市民活動は、地域規模だけでなく、国規模はもちろん、地球規模でも、**図7－1**（本書一四一頁）でみたように、くりひろげられているではありませんか。

ここで、《現代政治》ではたえずマスコミまたＩＴをくみいれざるをえないのですが、大衆同調の「大衆政治」と、たえざる市民主権の発動をめざす「市民政治」との緊張のなかで、《何》がそのたえざる転轍のシクミとなるのかという問いがでてきます。この解答が、私の提起する、市民活動ついで世論ないし政策・制度の発生源の多元化・重層化を起点とした、民主政治の《分節構造》造出による、大衆政治のたえざる市民政治への再編です。分節政治については、各政府レベルで共通するかたちで、**図9－7**（本書二三〇頁）で模型化しました。また**図9－6**（本書二〇四頁）の歴史展開も参照ください。

図9－7にみる大衆政治の〈問題点〉[1][2][3][4][5]をきりかえて、いかに〈可能性〉をみつけ、この可能性を自

治体、国ついで国際機構という各政府レベルで制度化し、普遍市民政治（基本法）原理へとつなげていくかが、「大衆社会論」の提起以来、たえざる私の理論課題となっていたのでした。

この問題設定は、政治学最大の理論家である古代のアリストテレス、ついで大衆政治をめぐるヨーロッパの古典であるトックヴィル、J・S・ミル、またこの論点での二〇世紀の現代古典であるイギリスのラスキ、ドイツのヘラー、フランスのジュヴネル、アメリカでのフリードリッヒなどの問題設定とつながっています。

日本では、天皇制国家崇拝の戦前から戦後にかけて、それに今日もいまだに、**図9-6**（本書二〇四頁）にみた近代化Ⅰ型段階の〈国家対個人〉あるいは〈権力対自由〉という、近代国家観念の緊張論理が、たえず、しかもひろく、前提とされつづけてきました。たしかに、一時期、Ⅱ型段階の「階級闘争」観念への移行もありましたが、ここでもこのⅠ型の緊張論理が戦後日本でもながくつづいていたのです。

本書〔補論〕にみますが、この《国家対個人》という図式は、市民政治に未熟かつ受動型という日本における個人の「精神信仰」ないし「内面心情」に埋没する《私文化》状況からきています。この〈国家対個人〉の図式は、思想状況の日本特性といってもよいほど、戦後も戦前をひきついで、日本でひろがる知識人一般の自閉型思考惰性となっていました。

だが、とくに一九八〇年代以降、都市型社会の成立にともなう、分権化・国際化の激流は、私が**図7-1**（本書一四一頁）で構築したように、政治構図自体を五層化して、国家の位置を、自治体、国、国際機構という政府三分化のなかで相対化してしまうことになります。つまり、日本型の思考衰弱をしめす《国家対個人》の図式は、すでに崩壊となっているのです。

もちろん、都市型社会では市民個人が起点ですが、現代社会の構造特性をなす《分権化・国際化》に対応した市民活動、団体・企業のひろがり、また三政府各レベルでの批判・参画をふくむ、社会・政治の多元・重層化は、具体的には、**図7―1**（本書一四一頁）に整理したかたちで進行します。

だが、いまだ、この現代政治の分節性をめぐる《多元化・重層化》という構造特性についての理論展望を、日本の政治学・憲法学、行政学・行政法学をはじめ、ひろく社会・政治理論は成熟させていないことに注目すべきでしょう。このような日本の社会・政治理論のズレのうえに、「国家」観念をかざす国レベルでのオールド・ライト系政治家が、結果としてマス・デモクラシーとしてのポピュリズムをくりひろげたとみるべきです。

現実にはすでに、政府の三分化は、**図7―2**（本書一四一頁）にみたように、文化・経済、法制・政策をめぐるあらゆる生活領域での分権化・国際化を反映してすでに進行し、私たち市民個人は今日、地域規模、国規模、地球規模で緊張する個別の争点・論点にとりくまざるをえなくなっています。このため、マス・デモクラシーを「マス・ナショナリズム」に転化していく一国閉鎖型ポピュリズムは、二〇世紀前半の「全体政治」の時代とは異なって、二一世紀の今日ではたえず破綻します。

とくに、この政府三分化をめぐってたちおくれているのは、日本のテレビ、新聞の論調やニュースの構成です。たしかに、この三レベルそれぞれに記者クラブなどで対応しているようにみえますが、圧倒的に国レベルの内閣・各省庁の記者クラブないし国レベルの政治家へのブラサガリのニュースが多く、実質としては、国の内閣・省庁によるマスコミ操作につらなっていきます。

そこでの個人記者たちは、各社相互の競争にさらされて、かえって同調型相乗効果をたかめ、スポーツや娯楽の報道と同型性をもつ、いわゆる「風」を吹かせ、国レベルでの同調デモクラシーをさらに「幻惑デモクラシー」にまでおしすすめます。

とすれば、大衆同調性を突破する世論の複数化、さらに多元・重層化には、この意味で、マスコミないしジャーナリストたちの責任もおおきく問われます。今日周知となっているのですが、日本における閉鎖型の記者クラブないしブラサガリをいかに改革するかをめぐって、これまでも工夫がくわえられてきたにもかかわらず、成果がでていないのも問題です。

さらには、首長制（大統領制）の自治体レベルでの政府交代はおきるのに、国会内閣制をとる国レベルではなぜ戦後は政権交代がおきなかったのかという、政府の制度構成をめぐる問いも不可欠でしょう。ここでは、国レベルで戦後もつづく、私が造語した、《官僚内閣制》という構造特性に、とくに注目すべきです。日本の政治学・憲法学はこの「官僚内閣制」の正統化理論に今日も堕しており、行政学・行政法学も、安易に戦前系譜の内閣・省庁官僚組織が中核という国家統治型「三権分立論」（機構分立一般とは異なる）にタテコモルため、この官僚内閣制にたいするラジカルな批判がみられません。

（本書追記　「官僚内閣制」ないし「三権分立」の問題性については、前掲拙著『国会内閣制の基礎理論』**図16**一三一頁参照。）

その結果、二〇〇〇年代にはいって、政権交代なき日本は国、自治体をふくめて、官僚主導の自民党永続政官業複合による国富のムダづかいのため財政破綻になるとともに、国、自治体に噴出しはじめた行政の劣化、さらには社会保険庁をはじめ「行政の崩壊」というべき事態すらひろがります。また、国、自治体を問わず、日本におけるこの行政の劣化をめぐっては、とくに政治・行政の規範論理の構築を自負していた憲法学・行政法学は、その無能、さらにその時代錯誤性が露見したとみるべきです。

そのうえ、政治をめぐっては、未熟というよりも、幼稚化がすすんでいることは、すでにみました。この点では、選挙区世襲によるボンボンの二世、三世の議員・大臣の増大、とりわけ自民党首相には、二・三世世襲となるオールド・ライト系の小泉・安倍（本書追記　また福田、麻生）首相がつづきます。

（本書追記　民主党までも、その代表は世襲の小沢一郎、鳩山由紀夫とつづきます。）

問題は世襲が「つづく」というかたちでみられる、人材の閉塞性です。このため、政治家としての野戦経験ないし熟慮の欠如がめだち、とくに外交では、小泉首相は靖国問題での東アジア関連、安倍首相は従軍慰安婦問題についてのアメリカ関連で、外務官僚の劣化とともに、失敗する。

すでに、自治体、国いずれの行政機構でも、かつてのオカミとしての威信は喪失し、行政職員、官僚ともにその劣化がめだってきました。当事者の官僚自身も、細かな補助金のカショヅケ（地域指定）が、全国すみずみまで、完璧にできるという妄想すらもっていたのですが、その実質は、「自由裁量」という名の恣意で、政治家などや省庁外郭団体の圧力、また省庁官僚の県への出向や地方出先機関のヤミ情報にたよっていたにすぎません。

そこには、タテマエとして、国の省庁官僚の絶対・無謬神話が明治国家以来つづいていただけでした。だが、二〇〇〇年代にはいって、国ついでおおくの自治体も政策失敗や制度硬化、とくにムダづかいがつづき、財政破綻をともなって、このタテマエとしての絶対・無謬神話もくずれさったのです。当然、絶対・無謬という、後進国型「国家」観念の崩壊となります。

とくに、二〇〇〇年代では、日本の市民の政治課題としては、この行政の劣化、政治の未熟を突破して、福祉・都市・環境、つまり生活ないしシビル・ミニマム関連の個別政策・制度の再設計、いいなおせば問いなおしが、財政再建とともに、急務となっています。

だが、省庁官僚は、天下り先の制度開発に熱心でも、この緊急政策課題を先送りして、時代の転型が要請する政策・制度の再設計ないし立法改革をサボルというのが実態です。ここから、政治家の未熟とあいまって、日本の政策・制度つまり国法はますます「時代オクレ」となっていきます。この今日の事態には、とくに官僚のシゴトシタクナイという「不作為」症候群すらめだちます。事実、秀才をほこってきた官僚からの、政府改革・行政改革あるいは公務員制度改革の提言はいまだにないのです。

そのうえ、この官僚の「不作為」を許容している政治家の未熟をあらためて問わざるをえません。変化のテンポのおそい、戦前、戦後の農村型社会と異なり、変化のテンポのはやい、今日の都市型社会では、たえざる政策・制度再設計による立法改革の継続こそがもとめられています。

この点でも、立法改革論なき、法解釈論どまりの日本の法学は、立法改革にとりくまない政治家ついで省庁官僚、自治体職員、また政治学者、行政学者・財政学者についてとおなじく、その時代錯誤性を批判されるべきでしょう。

6 政治文化としての市民自治

民主政治では、基本法をふまえて、各人一票の多数決という選挙手続をとるかぎり、政府の愚かさは、国際機構は国から構成されるため間接的ですが、自治体、国の政府いずれでも、その政府を選出した私たち個人に問いなおされます。愚かな政府は愚民によってつくられ、賢い政府は賢民によってつくられるという、人民と政府との文化同一性という問題があらわれるわけです。

この基本論点が民主政治における「政治文化」、したがって「人間型」への問いとなります。民主政治としての市民政治は、《市民》という人間型を熟成させる「市民文化」の設定とあいまって、はじめて成立します。

ルソーは「民主政治は人民が神々のようでなければ不可能である」といったのですが、はたして人民は神々となりうるかという問題が、市民をめぐってあらためてでてきます。民主政治は神々のような理性と誇りをもつ人間型としての《市民》を想定しているといって過言ではありません。だが、私たちが神々でありえないかぎり、

《市民》は、自由・平等という日常感覚、自治・共和という政治文脈を想定して、かくありたいという、私たちの可能性としての「規範」人間型にとどまるといわざるをえません。

ここが、オカミにたいする崇拝と甘えをもつ従来の「庶民」とのちがい如何という、日本型の〈市民問題〉というべきでしょう。自治・共和に習熟するという、誇りと熟度をめぐる品性・力量、いわば市民熟度こそが、市民をめぐる基本文脈をかたちづくります。古代から近代にいたる都市自治は、都市支配層である市民、つまり市民権をもつ都市身分における自治・共和の誇り、さらにはその政治熟度にささえられていたのでした。

問題はかつての都市自治が市民熟度を必要としたのと同型ですが、「現代」のマス・デモクラシーの現実でも、規範人間型でしかありえない市民を政治主体として想定しないかぎり、民主政治という基本法原理自体がなりたたないという矛盾にはいります。とすれば、一九六〇年前後に、日本ではじめてひろく言葉として定着しはじめたにすぎないのですが、この《市民》を規範人間型として想定しうるようになった、今日の日本における普通の私たちが市民だということになります。だが、ここではまた、新しく、私たちは民主政治＝市民をめぐる循環論理におちいっているのです。

この循環論理を切断するのが、〈政治文化〉としての《市民文化》の熟成という問題設定になります。日常の発想・行動を文化というカタチにしていく市民文化の成熟がはじめて、個人の《市民性》を日常のなかで「訓練」し、市民としての「熟度」つまり「品性・力量」をたかめるという文脈がでてきます。

それゆえ、市民の《市民性》は、拙著『社会教育の終焉』（一九八六年、筑摩書房、新版二〇〇三年、公人の友社）にみたように、明治国家型の官僚がくみたてた行政によって、戦後もひろくくみたてられた道徳教育・社会教育といったような官治型の学校スタイルで育成されえないことになります。これでは、官僚主導の「大衆馴化」です。

むしろ、図9―7（本書二三〇頁）を照応させてみていただきたいのですが、社会の生活・政治の分節構造、とくに問題解決の政策・制度発生源を多元・重層化しながら、私たちの政治参加のチャンスをひろげるという、運動ついで実務のなかからしか、この《市民性》は熟成できません。

とすれば、ムラ共同体、ついで名望家・領主、さらに宮廷・幕府というかたちでの支配がつづいた日本の東洋専制の農村型社会では、集権政治が崩壊した中世に一時みられた堺・博多などでの都市自治を例外として、ひろく自由・平等という生活感覚と自治・共和という政治文脈をもつ、市民という人間型の成立の兆候は不可能でした。

ようやく、ムラ共同体が崩壊する都市型社会にはいって、「砂」のような個人自体がみずからとりくむ日常生活でのシビル・ミニマム、いわば「安心・安全」をめぐる問題解決ないし公共保障をめざした、政策・制度づくりという市民活動の持続によって、日本ではじめて、市民としての政治訓練の広汎なチャンスがつくられます。くわえて、政治・行政をめぐる市民参加・情報公開の制度化も不可欠ですが、それを拡大するには、マスコミ、最近ではITもふくめて、そのあり方の再検討も必要となります。私が大衆社会・都市型社会と現代市民との相関性を提起してきた理由です。

ここから、すでにみた「近代」市民と「現代」市民との相異も、あらためて、はっきりさせることができます。「近代」市民は、いまだ農村型社会ですが、とくに一六、七世紀、ヨーロッパにはじまる初期資本主義以降に成立した、ブルジョアないし名望家、ついで独立自営業者を原型としていました。しかし、「現代」市民は都市型社会の成立と対応し、工業化にともなうプロレタリア化つまりサラリーマン化した人々が、その原型をかたちづくります。

この都市型社会への移行開始は、日本でも農業人口が三〇％をきる一九六〇年代、その成立は農民人口が一〇

%をきる一九八〇年代です。欧米先進国での都市型社会の成立は、ほぼ二〇世紀なかばということになります。日本では、一九六〇年代からはじまるのですが、⑴経済の高成長によって急増するプロレタリア化した人々（→工業化）が、⑵普遍市民政治原理をふまえる『日本国憲法』を前提に（→民主化）、①余暇と教養をもちはじめ、ついで②シビル・ミニマムの公共整備をめざすための「市民活動」が出発してはじめて、「市民」としての訓練をみずからもつ段階となってきたのです。

この時点ではじまった市民活動が、市民参加・情報公開についての制度化の試行・開発をつづけ、官治・集権政治から自治・分権政治への転換をめざします。ついに日本でも〈二〇〇〇年分権改革〉となりますが、残念ながら明治以来国に馴化された自治体の政治未熟、また時代錯誤の省庁官僚の抵抗のため、〈二〇〇〇年分権改革〉で未完だった、「権限」での個別国法改革、また「財源」での個別財源再配分がその後遅々としてすすみません。

だが、二〇〇〇年代、あらためて、国の省庁の行政劣化、政治家の政治未熟、さらに政官業複合の腐敗構造が赤裸々に露呈することになりました。とくに、この論点では、最近テレビが行政劣化、政治未熟を可視化する熟度をたかめてきたため、その理論文脈は未整理としても、お笑い番組をふくめて、ようやく同時代にその行政批判が強烈な影響をもつことになります。

だが、政治文化としての市民性の熟成、つまり《市民文化》の形成は、当然ながら一朝一夕にはできません。工業化・民主化を文明軸とする、日本での都市型社会の「開始」は一九六〇年代、「成立」は一九八〇年代だとすでにのべましたが、二〇〇〇年代でもいまだに明治国家型の「官治・集権政治」、ついで「官僚内閣制」はつづきます。都市型社会にふさわしい「自治・分権政治」、さらには「国会・内閣制」の構築は、まだ、これらの課題です。政権交代があっても、この課題へのとりくみ、とくにそのための政策・制度づくりはようやく出発点にたつにすぎません。

ここで、日本の政治文化における、一国閉鎖性をもつ官治・集権政治ないしオカミ崇拝という特性をあらためて再確認しておきたいと思います。官治・集権型オールド・ライト発想の安倍首相は、日本を「美しい国」とみたいとのべましたが、自治・分権型の市民発想からみれば、いまだ自由・平等、自治・共和の美しい「市民社会」にはほどとおい、官治・集権という時代錯誤の中進国ということになります。そのうえ、岩山の国、砂漠の国もそれぞれ個性ある美しさをもつのであって、「美しい国」という想定自体、「国柄」ないしかつての「国体」発想につながるオールド・ライト固有の、政治の「実務性」を軽視する、政治の「観念化」ともいうべき独善発想にすぎなかったのです。

現実にも、大都市の幹線道路すらも緑が少ないどころか、中進国なみの電柱が林立し、また広告が氾濫する、日本の地域の市民型再生こそが、私たち市民が「美しい国」をつくる不可欠の条件というべきでしょう。歴史からみて、かつて文化水準のたかかった特定地区をのぞきますが、明治国家以降、日本近代における官治・集権型の建設・計画水準の低さもくわわって、①地域生態、②地域史、③地域デザイン、④地域景観への発想を欠いた、文化水準の低い「醜い街並み」がつくられてきたではありませんか。

ここで、日本の大衆ドラマ「水戸黄門」を想起してください。今日の日本の私たち、つまり市民以前というべき庶民の政治発想の原型そのものが、ここにあります。日常生活ないし政治・行政に問題があっても、日本の私たち庶民は問題解決の能力をもちません。悪代官や悪徳商人がいても、また泥棒やバクチウチがいても、日本の庶民はみずから「問題解決」するという政治熟度をもっていない。地域づくりどころではありません。

つまり、オカミの〈東洋専制〉のもとで、市民としての自治能力を欠いた受動型の庶民がそこにいるのみです。二〇〇〇年代の今日でも、日本の政治家、ついで官僚をふくむ公務員も、市民からの批判・参画による政治訓練をあまりうけないため、オカミとしてイバルだけで、その政治未熟、行政劣化がつづきます。

これに比べて、アメリカの大衆ドラマ「西部劇」では、先住民への弾圧・撲滅という半面があることを確認する必要がありますが、白人内部では未熟であっても「問題解決」の《自治》能力をしめします。政府が遠くにある西部開拓地では、ヒロバや教会にあつまり、失敗をふくめて、みずから議論・決定をしていくではありませんか。J・S・ミルが、アメリカ人は「いつでも、どこでも政府をつくる」といった理由です。

くわえて、ヨーロッパでも、中世におけるマグナ・カルタの制定や暴君放伐論、またロビン・フッド、ウイリアム・テルなどによる「悪政」への抵抗物語、さらにはイギリス革命、フランス革命など近代市民革命をめぐって、今日の市民性の熟度につながる、ゆたかな大衆ドラマをもちます。

日本では、オカミとしての水戸黄門がタマタマやってきて、官僚のスケサン、カクサン、最近のテレビでは忍者という特殊部隊すらつかって、上からの「問題解決」となります。黄門がこないところは、永遠に問題解決ができず、ひろく〈東洋専制〉というべき忍従の日々がつづくのみです。

日本も、近代欧米の影響から出発した自由民権、大正デモクラシーの記憶はあるものの、中世の惣村・惣町ないし一揆をふくめ、ひろく誇りある自治の歴史つまり記憶がうすく、大衆ドラマもせいぜい「鼠小僧」「大塩平八郎」また「七人の侍」などです。都市型社会の今日でも、未来にむかって自治の伝統を、私たち自身がかたちづくることが課題になるというべきでしょう。ここにみた日本の大衆ドラマと欧米の大衆ドラマとのストーリーの差が、いわば人間型ないし政治文化の相異を、典型としてしめしているのではないでしょうか。

あらためて想起したいのは、共和政治家マキャヴェリによる次のような問題の定式化です。マキャヴェリは、長年、専制政治のもとにいた人々は服従になれきっているため、あるとき共和政治に解放されたとしても、共和政治にみずからとりくむ熟度をもたない、といいきっています。共和政治、今日の言葉にいいなおせば民主政治には、一朝一夕ではない長年の自治・共和をめぐる熟達した《品性・力量》の蓄積が、その市民たちに不可欠だからです。この市民の「品性・力量」をマキャヴェリはvirtueとよんでいます。

次にモンテスキューはその『法の精神』で、君主制の心性を名誉、貴族制の心性を中庸、また専制の心性を恐怖とみなしましたが、共和制の心性としてはこのマキャヴェリとおなじく市民の「品性・力量」をあげています。人間型ないし政治文化という論点をはずしては、民主政治ないし市民政治を論ずることができない理由を、ここで御理解いただけると思います。

日本の都市型社会におけるこの人間型ないし政治文化の変容可能性については、拙稿「市民参加とその歴史的可能性」（拙編『市民参加』一九七一年、東洋経済新報社所収、のち拙著『昭和後期の争点と政治』一九八八年、木鐸社所収）を参照ください。

ところで、この二〇〇〇年代の日本でおきている犯罪、汚職、偽装、事故、また孤独死、自殺の連続をみるとき、自治・分権型の《市民社会》の成立にほどとおく、自民党永続「官僚内閣制」のもとにおける行政の劣化、政治家の未熟による、実質、社会自体の解体をみるべきでしょう。

ひろく「砂」のごとき大衆社会＝都市型社会は、前述したように新しく市民活動の起点となる反面、伝統のムラ（共同体）の崩壊が誘発する社会自体の解体という危機をみちびきだしていきます。そこには、庶民から団体・企業ついで政治家・官僚までの「ムシリ・タカリ」の肥大、さらに〈パンとサーカス〉つまり「バラマキと大衆熱狂」をともなうかたちでの〈私文化〉（本書〔補論〕参照）、いわばミーイズムの肥大が横行します。

とすれば、《市民の相互性》から出発して市民文化をうみだしていく、市民規範・市民公準による市民熟成が急務というべきでしょう。この市民規範・市民公準は、図9-2、3（本書二〇〇頁）に定式化したように、それぞれ、すでに『日本国憲法』のワク組、また私たち市民間では相互に常識となっている、「世界共通文化」と

図9－8　現代民主政治（普遍市民政治原理）の歴史系譜

市民参加	古代地中海文化圏	⟶	**共和政治**	自由権＝政治民主主義
法の支配	中世ヨーロッパ文化圏	⟶	**立憲政治**（基本法）	
個人自由	近代ヨーロッパ文化圏	⟶	**基本人権**	
生活保障	社会主義理論	⟶	**シビル・ミニマム**	社会権＝社会民主主義

図9－9　国家統治型と市民自治型の文化文脈

Ⅰ	**発想形態**	官治文化	対	自治文化
Ⅱ	**空間感覚**	私文化	対	市民文化
Ⅲ	**生活態度**	同調文化	対	寛容文化

しての《市民良識》です。

この《市民の相互性》という市民良識は、すでにみた古代からの人類史における共通良識である、「私が欲するように他人にもなせ」という〈黄金律〉からの出発にほかなりません。日本でも、前述した市民の相互性を確認する「明日はわが身」という諺があるではありませんか。これが《市民性》の原理です。「市民社会」といったむずかしい言葉をつかう必要もありません。

しかも、この市民の相互性から出発して、今日では「世界共通文化」（**図7－2**本書一四一頁）としての普遍市民政治原理が構成されています。ここで、『国際人権規約』をはじめ、人権・平和をめぐる普遍国際法を想起してください（さしあたり手軽な『国際条約集』を参照）。この世界共通文化としての普遍市民政治原理は、それこそ『日本国憲法』前文に、「人類普遍の原理」とのべていますが、**図9－8**のように、この原理は人類の歴史のなかでつみあげられています。

日本のオカミ崇拝、とくに明治国家がつくりあげた国家統治型の政治文化を、普遍原理性をもつ市民自治型の政治文化に再編する《市民文化》の醸成が、規範人間型としての市民の日常熟成をめぐって、あらためて問われることになります。

ここで、国家統治型＝私文化と市民自治型＝市民文化という政治文化の二類型、これにともなう文化文脈の緊張を、**図9－9**のように整理しておきます。官治文化のもとでは、個人はゆたかな「公共」をかたちづくる市民たりえず、「私文化」にとじこもる忍従型の私人つまり庶民にとどまって、ムラ型あるいはマス型の同調にながれます。

この文化対立は、今日の日本でも、企業名をつけて宣伝媒体となっている野球と、地域でのサポーターが参加型でくわわるサッカーとの文化類型の相異としても、目にみえるかたちで明確にあらわれるようになってきました。政治の変容の兆しがこのスポーツのあり方の類型対立というかたちで、すでにみられるといえるでしょう。文化の転型と政治の転型とは相関する同型性をもちます。

さらに、戦後はじまったのですが、明治国家型の文部官僚主導による「国民体育大会」が全県一巡したのち、今日では予算のムダづかいと批判されながらも、国、県、市町村の体育官僚中軸でつづいていることにも、留意したいと思います。国民文化祭とともに、この官治型文化事業は廃止すべきではありませんか。

なお、自治型の市民文化については、拙著『転型期日本の政治と文化』第2章「市民文化の可能性と自治」、第7章「文化の座標軸と政治文脈」（二〇〇五年、岩波書店）、『自治体再構築』第2章「市民文化と自治体の文化課題」（二〇〇五年、公人の友社）、またかつては『市民文化は可能か』（一九八五年、岩波書店）、『社会教育の終焉』（新版二〇〇三年、公人の友社）で、問題整理しています。

7　「成熟と洗練」にむけての市民熟成

最後に、日本の政治・行政、経済・文化の今日的課題状況をマクロに考えたいと思います。

まず、このマクロの「歴史」に「構造」の変化をみる《歴史・構造》論理のクミタテによってはじめてできる時務課題への答えは、実証による現状分析ではえられません。日本の社会理論は戦後、アメリカの実証研究を安易にうけいれたため、個別領域のバラバラな実証中心になって生産性、実効性を失い、答えを必要とする〈時代の課題〉にはとりくめない思考様式となっています。

このため、バブル期も、日本の省庁官僚、政治家による政策失敗からくるバブルであることを理解できず、国際統計をふまえて、未熟にも「ジャパン・アズ・ナンバーワン」とみたて、日本は「先進国」状況にはいったと錯覚するだけでなく、日本の官僚は優秀と「速断」ないし「実証」した理論家層がひろがっていたのが、その実例です。二〇〇〇年代の今日では、すでにみたように、日本の行政ないし官僚組織の劣化ないし崩壊こそが問題となり、政治家についても未熟さらには幼稚化こそが問われています。

前述しましたが、「行政の崩壊」ともいえる社会保険庁問題が、その典型です。職員構成では、他の省庁となじく、時代錯誤の「身分編成」をなし、幹部ないし上層は厚生労働省の特権官僚の腰かけ型もあるため、一般職員の職務倫理ないし勤務意欲は低いというわけです。

それに、社会保険庁の上層から下層まで、その天下りのために、外郭組織のムダを私たちの年金積立金でつくり、周知となった膨大な損失をつくっていきます。本務の年金記録でも情報管理はズサンで、職員による保険料のネコババすら制御できていなかったわけです。それに不可欠の装備であるＩＴ関連の水準も報道によれば低く、それも随意契約のため市価よりもはるかに高い。広報関係でも、私たちの積立金のもちだしでのムダづかいをおこない、広報という通常業務であるにもかかわらず、印税を担当職員はインマイポケットしていました。これでは、ザル法の公務員にたいする法規制とは別に考えられるべき、「公務員の犯罪」の見本市というべきでしょう。のみならず、年金支払いは、日本の行政法学では官治の「給付行政」だったため、資格者市民による「申請主義」をとっていました。日本の行政法学は、戦前からの官治の官僚法学、講壇法学をひきついで、戦後も〈規制・給付〉という安易な官治のテイクとギブの二元発想でした。このため、保険料積立金について、私たち市民からの信託という意識はうまれません。市民が信託した市民の膏血である「公金」を「官金」とみなし、社会保険庁が官僚独善というべき「自由裁量」でムダづかいするとともに、年金支払いは市民個人にたいする国の法制義務ではなく、官による恩恵としての「給付」と位置づけていたのです。

そのとき、年金をめぐる市民の異議・疑問についての挙証責任も市民にあって、社会保険庁にはないという理論構成となっていました。社会保障をかつては憲法二五条による市民個人の「権利」とみなさなかった日本の戦後法学は、その問題点をここでも白日のもとにさらされ、破綻しているのです。くわしくは、前掲拙著『市民自治の憲法理論』（一九七五年、岩波新書の第1論考「市民参加と法学的思考」参照、二〇〇九年に『国会内閣制の基礎理論』［松下圭一法学論集］岩波書店第1章として再所収）を参照ください。

このような二〇〇〇年代にもみられるサカダチした行政現実、とくに官僚法学さらに講壇法学の理論構成には、市民の《信託》による社会管理ないし社会工学としての行政という発想はありません。行政については、明治国家以来、情報非公開の〈国家統治〉の官僚秘術であると、今日も日本の与野党をふくむ政治家、官僚・行政職員、さらに法学者がひろく考えつづけています。市民が「制度主体」の政府をつくる「政治主体」だという《信託》論理が、そこでは自覚されえないのです。

このような官治型の論点は、年金だけでなく、市民福祉の生活保護、介護、医療など、また地域づくりの都市計画、建設行政など、環境をめぐる食品衛生、公害など、あるいは文化についてはとくに学校教育、生涯学習、芸術振興、景観規制、さらには勲章・表彰バラマキにいたるまで、ひろくみられます。つまり、日本の政治・行政が今日も国家統治型にとどまり、市民自治型に転換できていないことをしめします。そのうえ、戦後半世紀、

「政権交代」なき自民党政官業複合の〈官僚内閣制〉がつづいたのです。このような理論構成をもつ官治・集権型政治・行政が永続してきた日本は、どうして先進国状況にあるといえるのでしょうか。

ＧＤＰでは世界第二位といわれ、技術水準はようやく先進国状況にはいってきたとはいえ、「経営水準」という企業現実は、行政現実とおなじく、その法務・財務能力、さらに組織生産性は低く、いまだ中進国状況にあると、国際的にはみられています。国際規準をふくめて、市民規範・公準のキーパーであるべき日本の弁護士、公認会計士なども、市民性、国際性を欠きがちであるとともに、自己独善による一国閉鎖性がつよいという意識状況も想起してください。ここでも、日本のいわばガラパゴス化（一国独善化）がみられます。

そのうえ、日本の産業技術が大衆文化とともに、今日ようやく「世界共通文化」の一環をかたちづくりはじめているのですが、日本の知識人のおおくはいまだに、日本文化を「実体化」するだけでなく、〈私文化〉の系譜として、温泉につかって「日本にうまれてよかったね」式の独善を強調しつづける、中進国型にとどまっています。文化をめぐっても、**図7－2**（本書一四一頁）でみたように、すでに相互に緊張あるいは移行する「地域個性文化」、「国民文化」、「世界共通文化」に、今日、形態分化しているではありませんか。

政治・行政についていえば、とくに次のような論点で、日本はいまだ中進国状況といわざるをえません。

〔a〕 自治・分権政治の未熟

《国会内閣制》を設定している『日本国憲法』の成立をみる戦後も、明治憲法以来の、私のいう「官僚内閣制」による官治・集権政治はつづき、自治体を国の「派生」機関つまり手足とみなし、市民自治から出発する「自治・分権政治」は想定していなかったのです（前掲拙著『国会内閣制の基礎理論』参照）。

すでにみましたが、一九六〇年前後から日本は都市型社会にはいりはじめたため、「市民活動」ついで「自治体改革」の出発をみて、二〇〇〇年には地方自治法大改正による「分権改革」への第一歩をふみだします。今日では国連の『世界地方自治憲章（案）』の原型となって、国際通説となった一九八五年の『EU地方自治憲章』は、すでに市民→自治体→国という、市民「補完」型の自治・分権政治をめざしていますが、この分権についても、日本はこの国際常識にようやく外見としてのみちかづいたにすぎません。

〈二〇〇〇年分権改革〉で、自治体を国家機関とみなす「機関委任事務」手法を廃止し、自治体は国とおなじく、しかも国と異なった政治課題をもつ市民の〈政府〉という「位置」を制度論理としてはもつにいたりました。だが、国・自治体間の個別国法改革による「権限」再配分、「財源」再配分はたちおくれています。しかも、国、自治体とも、官治・集権型の職務慣習の改革もまだ十分ではありません。日本はいまだに、官治・集権の中進国状況を脱却できていないというべきでしょう。

〔b〕 政権交代の未熟

今日では公明党との連立で政権を維持できているとはいえ、いまだに一九五五年に保守大連合として成立した自民党中心政権が実質半世紀つづきます。そこには、戦前からの「官僚内閣制」を中核に、省庁の政官業既得権複合が、国レベルから県、さらに市町村レベルにまで膠着しています。そこにひろがる政治腐敗、行政劣化を解体するには、複数政党制によるたえざる「政権交代」しかありえません。

日本の沈没状況をつくりだしている「官僚内閣制」の実質膠着は、ムラ＋官僚組織という、その後・中進国型政治構造からきています。このムラ＋官僚組織を、都市型社会で必然化する市民活動が批判と参画によって流動化させ、しかもこの構造再編のなかからうみだされる市民文化の熟成のなかでようやく、先進国型の政権交代ができます。基本としては、日本におけるさらなる都市型社会の深化、さらに市民活動の熟成、政治家の熟度が、そこには不可欠です。

（本書追記　日本の「政権交代」をめぐっては、万年野党による新政府成立となるため、交代のそのときからあらためて、外交をふくめ新政府の政治熟度、とくにその「品性・力量」が問われます。しかも、日本での二〇〇〇年代の政権交代では、あたらしく「官僚内閣制から国会内閣制への転換」という政治再構築が加重されます。だが、政治家たちがようやく理解しはじめた〈脱官僚〉もいまだスローガンどまりで、「国会内閣制」また「自治・分権政治」の制度開発、ついでその運用習熟には、官僚の抵抗、公務員労働組合の保守性もあって、時間を必要とします。）

私はむしろ、今日、日本は中進国状況のまま衰退するという「没落と焦燥」の危機状況にはいりつつあるとみるべきだと考えます。だが、「人心に不安をあたえる」というかたちでの安易なマスコミの言論自己規制のため、また自民党政権五〇年の「戦後責任」が問いなおされるため、いまだに《日本沈没》というこの論点は、説得性のあるかたちでの整理・公開による論争にいたっておりません。

それだけではありません。安易でアイマイな言葉の魔術によって、日本の政治・行政の基本論点がいつもかくされていきます。最近での流行用語をみておきましょう。

(1)　安心・安全ネット

都市型社会では、すでにみましたように個人はカネというフローの個人所得だけでは生活できず、またこのフローがとだえる病気・事故・失業、老衰などがおきます。とすれば、社会保障、社会資本、社会保健の各課題領域でのシビル・ミニマムの公共整備、つまり公共ストックからなる憲法二五条の〈生活権〉保障が不可欠です。これが、農村型社会で安心・安全を保障するシクミだったムラ共同体の「慣習」と異なる、都市型社会の「政策・制度」の課題となります。

このとき、シビル・ミニマム、つまり生活条件の「最低限度」（『日本国憲法』二五条）についての公共保障をめぐって、個別の政策・制度について、《指数》によって明示される、「基準設定」とその「財源構成」がきびしく市民間あるいは政党間で問われます。ここが御承知のように高福祉と低負担との緊張となるのです。それゆえ、「安心・安全」という「言葉」だけでの幻想にたよることはできません。

(2) コミュニティ

「砂」のごとき大衆社会としての都市型社会では、たしかにコミュニティというかたちでの幻想共同体がたえず願望されます。だが、日本の現実では、行政下請ないし行政区画としての、都市の町内会、農村の地区会がこのコミュニティの現実となります。もちろん、町内会・地区会がなくても自治体行政がなりたちますし、町内会・地区会を行政下請としない市町村もすでにみられます。

戦時中とくに、政治・行政によって強化・再編されたムラ伝統の記憶がつよい町内会・地区会は、戦後GHQの解散指令にもかかわらず、物資配給の必要もあって、実質持続しました。日本が都市型社会にはいる一九七〇年前後、官僚たちはこの町内会・地区会の崩壊という危機感をもち、経済企画庁主管でアメリカ・モデルのハイカラな「コミュニティ構想」を提唱します。だが、日本での町内会・地区会という旧来の地域現実に対応できず、このコミュニティ構想は失敗し、コミュニティ・センターの旧自治省予算だけがのこります。

地域は地域個性・地域課題に対応して、市民が多様なネットワーク複合をつくる自由な公共空間ですから、条例まして法律による画一制度化にはなじみません。省庁官僚がムラを原型に今日も追いもとめるコミュニティ構想は、またたえず破綻・幻滅となります。私のいう都市型社会の構造論理をわかっていないのです。

阪神・淡路大震災以降は、危機管理ないし防災を課題として、またまた自治体、国は町内会・地区会の再編をはかっています。だが、二〇〇〇年代の今日では、調査が実質不可能な実質加入率もどんどんさがっています。しかも、大震災時などの危機時には、行政下請型老人支配の町内会・地区会は崩壊し、これにかわって熟度ある市民活動家層の自発的登場となることを強調しておきたいと思います（本書7質問参照）。幻想をかきたてるコミュニティという言葉を安易につかわず、「地域づくり」という進行形の日本語でよいと思います。

（本書追記　この町内会・地区会と、コミュニティ（地域）・センターといわれる小型地域市民施設の市民管理・運営問題との交錯については、拙著『社会教育の終焉』一九八六年、筑摩書房、新版二〇〇三年、公人の友社参照。）

(3) 協　働

市民「相互」の協働は当然です。行政への批判・参画という市民からの協働は〈参加〉といいます。としますと、今日、新流行語の協働とは行政から市民への訴えとなり、結果として〈参加〉の骨抜きとしての、職員による「市民とりこみ」、あるいは逆に市民における「オカミだのみ」となります。

たしかに、市民参加・情報公開の制度ないし手続を自治体基本条例などで制度化したうえでの、市民と職員との協働は当然あってよいでしょう。だが、本書8でみましたように、市民と職員との関係は、自治体・国を問わず、緊張ないし反比例の関係にあります。また、職員の給与も市民からでているだけでなく、自治体、国の政府の権限・財源は市民からの《信託》によっています。とくに、「公務員の犯罪」ともいうべき、権限の乱用、財源のムダづかいは許されません。この乱用、ムダづかいも、市民参加・情報公開の手続・制度の策定ができない、市民の政治未熟からきます。

協働という言葉をつかうとき、自治体では自治体基本条例の制定による、協働の手続化ないし制度化について、くりかえしのべてきましたように、市民からの課題設定が不可欠となります。でなければ、今度は「協働」の名で日本の行政職員はいつまでもオカミにとどまるわけです。

以上の三流行用語はいずれも官治行政とむすびついたムラ型の《共同態》を想定していることに注目すべきでしょう。いまだに官僚統治＋ムラ共同態を思考原型に「したい」という、私たち日本の市民ついで行政における思考のヒヨワサを、これらの言葉はしめしています。
くりかえしますが、①「安心・安全ネット」というとき、ミニマム基準の設定とその財源負担のむずかしさ、②「コミュニティ」ではたえず行政下請組織として職員が安易につかってきた都市の町内会、農村の地区会の現状、③「協働」では、市民間の相互性としての協働は当然としても、市民からの参加つまり参画・批判をおさえこむ行政職員からの市民とりこみ、あるいは市民の役所だのみ、がこれらの流行用語の日本型文脈にかくされています。

この〈三用語〉いずれも、農村型社会のムラ心性の残映であるため、個人をこえる「全体」、つまり共同幻想としての「私たち」という共同態が想定されています。だが逆に、この「私たち」は、都市型社会では共同態の対極の、いわば「社会契約」型の合意による個人の《相互性》としての自治・共和を意味します。都市型社会での公共とは、個人をこえる「全体」ではなく、個人の《相互性》をめぐる政策・制度づくりとなります。

とくに日本では、この共同態発想もあって、行政へのＩＴ導入もすすまず、企業をふくめ「事務」の生産性では日本は先進国のなかでも極度に低く、中進性をここでも脱却できておりません。行政ないし経営をふくめた〈情報革命〉にたえずオクレて国際競争力をうしなう日本については、あらためて《和》という共同態幻想をもつ日本の「組織技術」ないし「法務・財務」の無能はもちろん、さらに政治再構築への問題意識すらもたない無気力・停滞性、を痛感させます。

しかも、行政機構・官僚組織をふくめて政府は、自治体、国、国際機構のレベルを問わず、《市民の相互性》にもとづく、可謬・可変の〈道具〉にすぎません。各レベルの政府はいつでも、選挙という、制度化された革命によって、とりかえうるのです。また、個人はいつでも、転住あるいは国内・国外亡命ができます。

ここが土着性をもつ農村型社会と、いつでも地球規模で生活地域を選択できる都市型社会との、決定的相異です。すでに都市地区では一年単位で人口の三分の一は移動し、またその三分の一は永住者、今一つの三分の一はその中間となります。そのうえ、地域には、外国籍の市民との共生もひろくひろがっているではありませんか。

先進国状況の都市型社会では、中・後進国型〈国家〉観念は、すでに最初から「市民」と「政府」とに分解しており、その政府も自治体、国、国際機構に三分化するとともに、個人つまり市民がこれら三レベルの政府をそれぞれの〈基本法〉によって「つくる」、つまり「組織・制御」します。この三政府レベルでは、市民による政策・制度の造出によって、公共は市民活動あるいは団体・企業によって多元化・重層化されながら、たえず再構築されていきます。この新しい《公共》は、私たち市民以前の「全体精神」ではなく、私たちがつくる多元・重層の政策・制度によってのみ「実効」となる、仮説ないし合意にとどまります。

《公共》は、客観実在ではなく、市民の政策・制度策定によってたえず検証される仮説・合意にすぎません。この公共についての私の考え方については、拙著『転型期日本の政治と文化』(二〇〇五年、岩波書店)所収の「公共概念の転換と都市型社会」で御検討ください。

最後に、自治体の課題をあげれば、国の課題にも準用できますが、あらためて次のように整理できます。

(1) 市民の参加型自発性の結集
(2) シビル・ミニマムの公共保障
(3) 地域経済力をともなう都市・農村整備
(4) 政治・経済・文化の分権化・国際化
(5) 自治体機構の透明化・効率化・効果化

私が一九七〇年代から整理してきた、このような自治体の五課題については、北海道地方自治研究所はたえず先行して、ぜひ政策・制度改革の選択肢を提起していただきたいと思います。

今日では、《市民》という問題設定は、本日のべましたように、いわば抽象思考における人間型問題ではなく、政策・制度づくりによる〈問題解決〉、つまり自治・共和型に実務をこなしうる人間型問題です。いわば、官治・集権型から自治・分権型への日本の転型は可能かという問いにむすびついています。

くりかえしのべましたように、たしかに市民の成熟は永遠に未完の課題です。この意味では、人間の可謬性、試行性そのものをふまえないかぎり、この《市民》という問いを設定することはできないともいえます。

私たち個人は、プロレタリア化しているがゆえに、都市型社会固有の自由感と無力感をもっています。それゆえにこそ、政治発生源、いわば市民を起点とする「批判と参画」の発生源の多元・重層化という、市民訓練・市民熟成のチャンスの拡大をめざす、民主政治の〈分節化〉が不可欠となります。

私の旧稿「市民的人間型の現代的可能性」は、規範人間型としての市民の新しい可能性を、日本における市民活動の出発時点である一九六六年に定位しましたが、それからちょうど四〇年をへた二〇〇〇年代の今日、あらためて私たち市民は、日本の「没落と焦燥」という予感のなかで、政治・行政あるいは経済・文化の分権化・国際化をめぐって、すでにみたような多元・重層構造をもつ現実課題にとりくまざるをえなくなっています。

明治に成立した国家官僚主導の「進歩と発展」という歴史楽観は日本でも終わり、今日では、あらためて政策・制度づくりという、実務の次元をめぐる市民文化としての「成熟と洗練」が、市民の《品性・力量》というかたちで問われています。市民の〈市民性〉とは、「市民の相互性」に基礎をおく、この品性・力量の「成熟と洗練」を意味します。

［北海道自治研ブックレット№1　公人の友社・二〇〇七年八月］

〔補論〕《自治体改革》をふりかえって

本書『自治体改革＊歴史と対話』は、同じく法政大学出版局からだした、私の理論回顧をまとめる『現代政治＊発想と回想』の姉妹書である。法政大学出版局のご配慮により、ひきつづき《自治体改革》について、あらたな回顧を「対話」中心にまとめることができた。

この今日ひろくつかわれている「自治体改革」という言葉は、一九六〇年における私の造語である。この自治体改革という今日の政治基本軸は、最近では、「分権改革」あるいは「地方主権」などというかたちでも、市民活動をはじめ、政治家、ジャーナリスト、学者をふくめて、ようやく日本の常識となりはじめてきた。二〇〇〇年代の今日では想像もつかないだろうが、一九六〇年前後の当時、自治体という言葉すらも、国家統治を想定した官僚用語ないし法制用語の「地方公共団体」という言葉におおいかくされがちであった。そのうえ、今日のように自治体が「政府」であるとは、誰もが考えなかった時代であった。

一九六〇年前後からの私の基本課題は、日本で最初の問題設定だったのだが、数千年つづく〈農村型社会〉から〈都市型社会〉への日本の転型にともない、都市型社会では普遍性をもつ市民活動・自治体改革が日本でも出発するという理論構築にあった。ここでの私の考えは、農村地区もふくめて、《現代》としての「大衆社会」ないし「都市型社会」への文明史的移行という立論からくるため、《市民・都市・自治体》という現代型構造連関の構想となっていく。明治にかたちづくられた、農村型社会＋官僚統治という閉鎖型《国家》観念の解体、つまり、日本の社会・政治理論の再編ないし構造転換を、そこにめざしていた。

まず、本書に収録した自治体改革をめぐる対話などについて、いろいろな機会で企画いただいた編集部、また今回掲載を快諾いただいた対話者の方々に、あらためて御礼の言葉をのべたい。対話いただいた方々の御紹介、また掲載誌は、各章の末尾にのせさせていただいている。

＊

私の考え方は、一九五〇年代からの、（一）大衆社会＝都市型社会をめぐる《近代・現代二段階論》の提起（拙著『現代政治＊発想と回想』二〇〇六年、法政大学出版局で詳述）、（二）《市民活動・自治体改革》を起点とする政治・行政の官治・集権から自治・分権への再編（拙著『政策型思考と政治』一九九一年、東京大学出版会で詳述）、（三）官僚内閣制から《国会内閣制》への憲法運用転換（拙著『国会内閣制の基礎理論』二〇〇九年、岩波書店で詳述）という思考軸を基本にもっている。

この三思考軸は、二〇〇〇年代の今日では、日本の市民常識にようやくなってきたが、それぞれの提起当時は日本の既成思考文脈に緊張を強いる問題提起であった。

今日では、後から時代がおいついてきたのであろう。この（一）（二）（三）は、日本の社会理論の転換軸としてすでに定着し、戦後政官業中枢の省庁官僚はまだダメだが、あの頑迷な政治家たち、あるいは教条型の理論家たちもすでに党派をこえて、（一）「変化の時代」、（二）「分権」、（三）「脱官僚」というかたちをとりながら、ひろく口にするようになってきた。この三思考転換軸は、後世の歴史評価となるのだが、二〇〇九年、戦後初の《政権交代》の課題でもあった。私のこの三思考軸提起の時系列については、あらためて前掲拙著『現代政治＊発想と回想』、ならびにその巻末にのせた私の「著述目録」を参照いただきたい。

私が仕事をしはじめた一九五〇年代、日本の社会・政治理論は、その中枢は戦前のドイツ系譜での、明治国家の官治・集権型国家論であったが、その後地球規模の「冷戦」を反映して、アメリカ「では」、ソ連「では」、という幻想の「先進国ユートピア」をふりまわす、いわば「出羽（デハ）ノ守」型の思考状況になっていた。戦前、戦後いずれも、後進国知識人の悲しさをもつ。例外もあるが、このような事態は、戦前から戦中にかけての思想弾圧もあって、日本の社会・政治理論が未熟だったことによってもおきていた。

福沢諭吉ら幕末から明治初期にかけての〈泰西〉をモデルとする啓蒙論客は別として、明治憲法以降は天皇制の禁忌ないし国家観念の肥大のなかで、社会・政治をめぐる評論ないし理論は成熟したかたちで自立できなかった。そこでは、〈国家対個人〉の図式のなかで、個人はいわば国家観念の前でたちどまる、《市民性》のない、自己心情への耽溺となる〈私文化〉型の私人（本書二四三頁参照）となり、いわば〈私小説〉と同型であった。

それゆえ、拙著『戦後政党の発想と文脈』（二〇〇四年、東京大学出版会）で整理したような、日本の独自文脈における一九六〇年代のニュー・レフト、ニュー・ライトといわれる社会・政治理論家の登場まで、当時の冷戦型イデオロギー対立は別として、論壇主流をなす〈私文化〉型の文芸評論家や哲学随想家は、自分が理解できない社会・政治論点を排除するという独善性がひろくみられたといってよい。当時、私の市民政治理論史をふまえた、大衆社会論、憲法政治論、自治体論の構築、とくに政策・制度改革の試行を背景とする時務論の提起も、この〈私文化〉系譜の発想とはクロスできなかった。

市民型公共性をきずきえないこの〈私文化〉系譜の発想は、市民活動が成熟し、政治変動の急激な今日では崩壊したのだが、かつては戦前以来の学歴のたかい日本型読者層、つまり《前》市民型の〈私文化〉系「教養層」がささえていたというべきだろう。

このような、戦後、一九五〇、六〇年代の言論状況にたいして、私は前述の（一）（二）（三）といった、社会・政治範疇（考え方）の設定を、順次、基軸として、〈社会・政治理論〉を「自立」させようとしてきた。『昭和後期の争点と政治』（一九八八年、木鐸社）をはじめとする、ジャーナリスティックな時務論もこれである。そこでは、社会・政治理論の自立のため、戦後の新しい大衆社会状況を立論して、大衆天皇制、マス・ムラ状況、新憲法感覚、市民活動、自治体改革、都市型社会などといった理論設定を構築していった。

＊

本書の主題である自治体については、二〇〇〇年代ではまず地方自治法大改正をおしすすめた「二〇〇〇年分権改革」があり、政治家もカケゴエどまりにせよ分権改革、地域主権などという言葉で訴えるようになって、問題状況はようやく変わりはじめた。だが、〈国家〉観念を中核にもつ一九六〇年前後の社会・政治理論では、《地域》あるいは《自治体》が論じられるとしてもまだ未熟で、課題領域あるいは理論領域としての自立どころか、思考対象にもなっていなかった。松下による「自治体の発見」といわれる理由である。

私が明治につくられた国家観念の崩壊への基本理論をきずいたのだが、都市型社会の成立した二〇〇〇年代では、日本でもすでに、ひろく、後進国型の〈国家〉観念崇拝は崩壊している。この〈国家〉観念によってかくされてきた、市民生活の現場と、自治体、国、国際機構それぞれの政治・行政中枢とくに国の官僚との緊張が、ようやく、生活・社会・政治についての私たち市民の思考における生産性・実効性をたかめはじめている。

一九六〇年代からの市民活動のひろがりを背景に、前述の〈私文化〉状況を日本は脱しはじめ、バブル崩壊後の二〇〇〇年代、日本の文学からテレビまで、とくにニュースやその解説だけでなく、お笑い番組をふくめて、市民生活と各政府レベルの政治・行政中枢との緊張をようやくえがきうるようになってきた。その典型が、従来マレにしかとりあげられなかったのだが、無責任な政治家、劣化した官僚行政への批判とむすびつく、年金、医療、介護などの崩壊のとりあげ方にもみられる。

日本における市民政治の成熟のはじまり、いいかえれば私のいう〈私文化〉状況からの本格脱却、さらには

〈市民文化〉の胎動として歓迎したい。二〇〇九年、戦後はじめての政権交代もくわわって、政治の相対化もすすみはじめ、戦前からつづく絶対・無謬の「国家」を想定して、自己心情への閉塞におちいっていた〈私文化〉状況の終わりに拍車がかかる。かつての日本型の個人の文脈は、絶対国家に無力な私人であった。

ほぼ一九六〇年代からはじまるのだが、とくに二〇〇〇年代の日本の私たちには、「私」への耽溺つまり被治者の倫理にとどまる従来型の〈私文化〉系譜の発想を突破し、あらためて日々のさまざまな《公共課題》の「解決」にとりくみうる《市民政治》《市民文化》の形成が、日常の私たちの市民活動、ついで市民文学ないし市民理論までふくめて、ひろく出発しはじめることになってきた。逆にいえば、市民文化の成熟ないし熟成がなければ、〈東洋専制〉の風土にある日本近代の官僚統治を《市民政治》に転換できず、日本は沈没状況にはいることになる。日本における市民文化の未熟の背景にある、このかつての日本の《私文化》構造については、拙著『転型期日本の政治と文化』(二〇〇五年、岩波書店)をみていただきたい。

＊

社会・政治、経済・文化をめぐる国あるいは自治体の政府課題についてはもちろん、ひろく世界規模の社会・政治、経済・文化についても、日本におけるこの「市民文化」の未熟という問題性は、たしかに二〇〇〇年代の今日なおつづく。このため、日本の政治学、行政学をふくむ社会・政治理論すらも、私文化系譜のたんなる「実証研究」におちいり、「問題解決」という実務をめぐる政策・制度づくり、さらに運動論・組織論へのひろがりと責任をもつ、市民型の思考熟度はいまだに未熟である。

私が市民生活の《現場》における個別の〈問題解決〉をめぐって、日本の政治家の幼稚化、官僚・職員の劣化、またひろく日本における政策・制度型思考の欠落、あるいは公共財源のたえず水膨れしていくムダづかい体質をとりあげるのも、理由はここにある。この論点では、もちろん、ひろく政治学、法学から経済学、財政学までふくめて、理論責任が問われている。

都市型社会では、日常生活をめぐって、日々、地域規模に深まり地球規模にひろがる市民活動ないし市民文化の熟度こそが、市民の熟成をめぐって、たえず問われていく。だが、日本における中進国型経済高成長の終わりとなる一九八〇年代以降、バブル・デフレとつづく国レベルでの政官業複合の失敗によって、超絶借金による国、自治体の政府財政の破綻、さらに二〇〇〇年代での生活構造の目にみえる底抜けとなってきた。

日本はGDPでは世界二位にたどりついたが、かつての自民党政官業複合の長期政権によるムダづかいからくる巨大借金・政策失敗はすでに誰の目にもあきらかとなっている。たしかに、国の内外に国有資産をもつとしても、公開とともに使う工夫がないかぎり「死産」にすぎない。また、これにくわえて、日本企業の無気力はじめ、人口の高齢化と減少も現実となって、経済成長を制約する。地域あるいは自治体、国、国際機構をめぐる、多元・重層性をもつ市民活動の活性化、また市民型人材熟成の可能性いかんが、政策・制度開発とともに、あらためて日本の社会・政治、経済・文化の中核論点となる。

一九六〇年代にはじまる「農村型社会」から「都市型社会」へという、日本における文明史的地殻変動の過程で、自治・分権をめざした《自治体改革》の進行にもかかわらず、官治・集権の自民党政権持続があり、国、自治体同型に、人件費をふくめ財源のムダづかいという無責任な行政水膨れがその体質となっていった。このため、二〇〇〇年代にはいって日本は転型期となる。政策失敗、財政破綻をめぐって国、自治体ともにその再構築が日程にのぼっているというのが、日本の二〇〇〇年代の実状である。

そのとき、官治・集権のトリックである明治国家型の機関委任事務方式を打破した第一次の〈二〇〇〇年分権改革〉をふまえて、さらなる分権をめざした省庁縦割の打破、自治体の責任ある政策総合があらためて、日本政治の基本課題となる。この日本転型という基本課題をまえに、二〇〇九年、実質、戦後はじめての《政権交代》となり、戦後五〇年にわたる中進国型自民党永続政権の終わりとなった。

だが、日本の転型というこの課題を民主党政権、さらにひろく政治家はどれだけ自覚しているのだろうか。その課題となる(1)市民主権の展開から、(2)自治・分権社会の造出、(3)国会内閣制の確立にむけての個別の政策・制度づくりでは、政権交代半年後もいまだ停滞・摸索状況にあるとみたい。

私がくりかえしのべているように、日本では二〇〇〇年代の今日も、地域から出発する《市民自治》についでは、市民自体をはじめ、自治体・国の職員・官僚はもちろん、政治家、またジャーナリスト、理論家のおおくも理解できていない。とりわけ、知事、市町村長はカケゴエどまり、自治体議員も口利き地元議員から脱却できない。つまり、日本全体としても、自治・分権の社会文脈、自治体の課題の理解は、いまだ未熟である。

もちろん、自治体のいわゆる基本法として私が提起した「自治体基本条例」は、〈市民自治〉をかかげるため自治体職員が嫌うにもかかわらず、市町村を中心にすでに一〇〇前後の自治体でそれぞれ独自性をもって策定する時点となった(神原勝『増補・自治・議会基本条例論』、二〇〇九年、公人の友社参照)。自治体改革も、この基本条例というかたちで、各自治体の《市民》がみずから〈自治体再構築〉をめざして、ようやく自治・分権の《市民政治》への戦略を自覚しはじめるようになる。ここに〈私文化〉状況ないしミーイズムをのりこえる、あらたな日本転型の可能性をみたい。

私は、日本が都市型社会にはいりはじめる一九六〇年以来、「市民活動」「自治体改革」「シビル・ミニマム」、あるいは「都市型社会」「市民自治」「自治・分権」「自治体計画」「基本条例」という基本語を、理論範疇として順次、提起するとともに、その文脈をひろげ、従来の《私文化》発想では想像もできなかったのだが、私なりに前述の日本型「国家対個人」の図式をきりくずしながら、自治体理論を構築してきた。

私の出発時点にあたる一九六〇年前後は、「国家統治」をかざす農村型社会原型のムラ＋官僚統治を基軸にもつ、戦前以来の「官治・集権」の国家観念が、いわゆる旧保守・旧革新両系をふくめて、大学あるいはジャーナリズムにひろく横行していた。とりわけ明治以来の官僚法学・講壇法学は二〇〇〇年代の今日も明治国家型発想を変えていない。

一九六〇年以降、私がとりくむまで、市民主体の「現代都市理論」ついで「現代自治体理論」は、国レベルの「国会内閣制論」をふくめて、拙著『現代政治＊発想と回想』にのべたように、日本にはなかったといってよいだろう。

とくに、本書の主題の自治体という未開領域の理論化には、都市型社会への日本の移行時点としての、一九六〇年前後からの「市民活動」の始動、一九六三年からの「革新自治体」の群生という衝撃力をめぐり、〈新経験〉の共有が必要であった。当時、私が「自治体の発見」とのべたのは、このような文脈においてであった。

敗戦時、日本国憲法と同時に地方自治法の制定をみたとはいえ、日本国憲法と地方自治法の論理は、本書でくりかえしみたように、相反していた。この地方自治法は官治・集権発想の戦前型官僚による原案のため、「二〇〇〇年分権改革」までの日本の自治体は、戦前の明治国家におけるのと実質は同型で、戦後も「機関委任事務」方式によって、国が手足とする「地方公共団体」にすぎなかった。

だが、戦後五〇年、その間の市民活動、自治体改革の成果を結集する〈二〇〇〇年分権改革〉前後から、自治体をめぐる問題状況はようやく変わりはじめる。自治体理論についても、日本が都市型社会を成熟させる一九九〇年代から、ほぼ「無」だった各大学での講座の急拡大となるだけでなく、自治体職員出身理論家も輩出し、また自治体学会をはじめ自治体関連学会もおおく新設される。

さらに二〇〇〇年代ともなれば、国の政治家たちのおおくも、自治・分権の政治文脈が理解できないまま、あるいは改革派をキドッテ道州制を叫ぶというムダもみられるが（道州制論批判については本書1参照）、流行ないしムードとして「地方分権」ないし「地域主権」などを、ようやくのべるようになった。今昔の感がある。その間、自治体関連出版に鋭意とりくまれた公人の友社武内英晴社長には感謝したい。

もちろん、今日の日本の政治・行政、経済・文化の実質はいまだ官治・集権型にとどまり、「二〇〇〇年分権改革」さらに《政権交代》にもかかわらず、今なおつづく官僚法学・講壇法学のもとで、日本は自治・分権型に移行しえていない。この移行には、国レベルでの官僚内閣制の打破による、国会内閣制の構築という衝撃と成果も必要となる（その過渡における当事者の問題意識については、菅直人『大臣』新版、二〇一〇年、岩波新書参照）。

＊

日本が都市型社会にはいりはじめる一九六〇年以来、私は自治体理論に不可欠な、前述した新造語を必要におうじてつくり、今日では同型の用語がひろくつかわれているのも、今日的文脈での自治体関連用語がこれまでなかったためであった。

経済高成長の一九六〇年代以降は、数千年つづく農村型社会から都市型社会への移行のはじまりという日本史の画期をなすのだが、この都市型社会への移行のはじまりをふまえて、それこそこの時代の変化が《国家統治》型にかわる《市民自治》型の文脈をもつ言語を必要とし、自治体理論の構築が私の課題となったのである。

数千年にわたる農村型社会の「自治」（オノズカラオサマル）というムラ自治の土台のうえに、領主層さらに日本では宮廷あるいは幕府などの支配がつづいた。明治にいたって、おなじくこのムラを土台として、あたらしく国家の名での官僚統治に移行する。

この明治国家では、日本国憲法の戦後もつづくのだが、官僚法学、講壇法学による「官治・集権」型の《国家統治》理論のなかに、自治体、さらに市民個人は埋めこまれ、前述した「私文化」状況をかたちづくる。農村型社会でのムラ+官僚統治が、その「土台+基軸」として、日本の近代国家の政治原型となっていたのである。《市民自治》からの出発という自治体改革の理論は、私が提起するまで、想像すらされていなかった。

私自身は前掲拙著『現代政治＊発想と回想』にのべたように、小学校のころからの地域の町内会とのかかわり、旧制だったが中学・高校のころは空襲・地震での二回にわたる家屋喪失・地域崩壊のなかで、地域生活について私なりの問題関心を育てていた。一九六〇年前後、あらたに市民活動が出発して、日本でも〈私文化〉を崩壊させる、《自治・分権》が不可欠となる都市型社会への移行のはじまりをむかえることになる。

ここで、自治とは、私たち市民個人が自らの自己決定という責任で、人間の「相互性」ないし社会を構想・選択、予測・調整、組織・制御して、みずから市民型《公共》をかたちづくることをいう。本書にそくしていえば、以上を基本に、市民が日常における社会についての構想・選択、予測・調整、組織・制御をめぐり、自治体、国、また間接的だが国際機構各レベルの政府について、その構成・運用・抵抗に熟度と責任をもつという文脈となる(また、自治ないし公共については、前掲拙著『転型期日本の政治と文化』五七頁以降参照)。

この「私文化」状況をきりくずす《市民自治》の理論化にあたっては、一九六〇年前後から、私は市民活動の方々、あるいは自治体の先駆職員の方々から、市民の生活土台をかたちづくる地域、あるいはこの地域に責任をもつ自治体政府、ことに「基礎自治体」としての市町村政府の〈現場〉について、種々のご教示をいただいてきた。あらためて感謝する。そのとき、県は今日も国と市町村のはざまで、戦前とおなじく国の官僚を県行政幹部に常時出向させているため中二階にとどまり、広域自治体としての政府課題・自治責任の自覚にとぼしい。

たしかに、一九六〇年代は、日本における都市型社会への移行のはじまりとともに、市民活動が提起していくのであるが、ようやく福祉、公害、建設、清掃、水道、教育などなど、あるいは企業城下町や新コンビナート地区の実態、地域経済、地域文化、また自治体財政などの研究が専門単位でバラバラにすすみはじめていた。だが、都市型社会への総合展望をもつ、しかも市民文化の成熟にむけて、歴史のなかに構造変化をとらえる、自治体の《歴史・構造》理論はいまだうまれていない時期であった。

自治体理論としては、国家が許容する「団体自治・住民自治」という、戦前からのナサケナイ官治・集権型の法学系形式概念の操作に戦後の理論もとどまり、しかもこの考え方は法学概念としてすでに無意味にもかかわらず、今日もつづく。また、当時は内容のある自治体理論としても、せいぜい「民主主義の小学校」どまりという、自治体の位置づけであった。

このため、都市型社会固有の《市民》、ないし〈シビル・ミニマム〉の公共保障という私たち市民の生活構造から出発する、市民自治型の自治体理論の構築は急務であった（本書④参照）。この解答が、ＥＵならびに国連（案）の『地方自治憲章』にさきだつのだが、市民から出発し、市町村→県→国という政府間での「補完」という理論構成をとった、一九七三年の拙稿「市民参加と法学的思考」（前掲拙著『市民自治の憲法理論』一九七五年、岩波新書所収、また前掲拙著『国会内閣制の基礎理論』［松下圭一法学論集］第1章として再録）の構築である。

これらの理論創出をめぐって、私は一時つかった「都市科学」という言葉を科学主義の印象をあたえるためやめ、私本来の《歴史・構造》理論による、都市型社会固有の「自治体理論」の構築を基軸に、「都市政策論」、さらには「市民活動論」、「市民参加論」、「市民文化論」などの問題領域をそれぞれ定型化することになる。

一九七九年からは多摩東部の自治体職員諸兄との、月一回だが、今日もつづく研究会からホンモノの現場実態についての教示もいただいてきた。始めのころは「通達研究会」、その後は「行政技術研究会」と名づけたように、抽象論議をシナイというこの研究会の覚悟が、この会名にあらわれている。

また、日本の社会・政治理論が、古代律令制から明治国家、さらに戦後もふくめて、それぞれ時代のいわゆる先進外国からの翻訳理論調にとどまっていたため、この借り物状況を脱して、生活現場での「実務」に密着しながら、日本語の新造語とあわせて、私は日本における市民生活の土台である現実の《地域》から出発するとともに、政治・行政の〈実務改革〉をいかにおしすすめるか、をたえず課題としてきた。

＊

この実際の「政策・制度」をめぐる実務については、本書[2][7][8]でものべているように、その後、①法務、②財務、また③数務〈政策推計〉という問題領域を順次あらたに整理し、地域ないし政治・行政、また経済・文化の《現場》にそくしながら、新〈理論〉次元としての①②③それぞれを開拓していった。

私は、今後もたえず問いなおされる、⑴自治体改革、⑵国会・内閣改革における実務・理論の再構築へのとりくみは、この①②③をめぐる市民、ついで政治家、官僚・職員、またジャーナリスト、理論家の熟達にあるとみている。この〈私文化〉をこえる①②③は、今日では、社会の日常における市民自治型の市民教養なのである。

自治体レベルでみてみよう。①法務については、先駆自治体では一九六〇年代からはじまるのだが、二〇〇〇年分権改革にともなう自治立法・自治解釈の課題拡大にそくして、私の提案による文書係あらための法務室の設置というかたちをとり、講壇法学もようやく変わりはじめた。また、②財務では、一九九〇年代から私は連結財務という考え方を強調してきた。無能な総務省は、旧自治省以来の総合整備事業債、合併特例債、退職手当債などの大量発行で自治体に借金をふやさせたのちのため、すでにおそいのだが、ようやくアマイかたちであれ、二〇〇八年から自治体財務を透視しうる連結財務指数をつくるようになる。③数務については、日本の政策統計は時代オクレもある国の官庁統計が中心におかれ、市町村、県レベルが独自につくる将来の政策推計の不在が、国も同型だが、日本の自治体における政治・行政ないし地域経済・地域文化の自立のタチオクレの基本要因となっていることを、あらためて強調しておこう。

とくに政策効果の予測・調整をめざす政策推計というこの③数務なくしては、各自治体での政策・制度の自立ができないことは、誰でも理解できる基本論点である。しかも、③数務をふまえて策定される政策・制度の実効化のため、①法務・②財務として、議会での①立法・②予算の議決となり、自治体はもちろん、国をふくめて、その権限・財源の確定となる。また③数務は自治体議会では予測・調整としての自治体計画の審議には不可欠である。①法務・②財務・③数務への熟達なくしては、市民間の議論、また長・議会の討議、また自治体の政策・制度づくりは、たんなるオシャベリ、作文にすぎない。

自治体レベルでのこの①②③について、くわしくは、拙著『日本の自治・分権』（一九九六年、岩波新書）、『自治体は変わるか』（一九九九年、岩波新書）、とくに『自治体再構築』（二〇〇五年、公人の友社）を参照ください。

たしかに、自治省あらため総務省が夕張市財政破綻ショックで、官庁会計といわれた明治以来の大福帳（単式の家計簿型）方式の問題点がはっきりしたため、おくればせに二〇〇八年、前述の財政健全化法を制定し、ようやく、アマイかたちにせよ、「連結財務指数」の試行にはいった。

もし、この指数作成が三〇年はやければ、今日の自治体の財務破綻はおきなかったであろう。冷静かつ厳正な連結財務指数があれば、無責任な各省庁官僚による自治体財源の動員、あるいは自治省→総務省自体による「総合整備事業債」などの自治体へのオシツケ、ムダな合併特例債の乱発、また将来負担を拡大するだけの退職手当債の増発などもできなかったであろう。とくに、当然、私が早くから警告していたのだが、自治体みずからによる人件費の抑制、膨大な退職金への対処もおこないえたはずである。

財務をみずから透明化し、財政破綻をおさえこんだ先駆自治体も少数あるが、おおくの自治体では国とおなじく時代錯誤の大福帳会計のため、ムダな赤字のタレナガシになっていたのである。この総務省にくわえて、財政亡国状態をつくりだした大蔵省→財務省、とくに主計局の財務失敗の背景・文脈もここにみるべきだろう。

すでに、二〇〇〇年代にはいって日本の多くの自治体では、国とおなじく借金はかえせない規模となってしまっている。そのとき、私がかねがね強調してきたように、シビル・ミニマムの公共整備が自治体の基本課題のため、ミニマム以上のムダづかいによる赤字については、それぞれの自治体の覚悟による、「政策・組織・職員」についてのスクラップ・スクラップ・スクラップ・アンド・ビルド方式しか、その解決方法はない。しかも、政治・行政の「ムダ」をなくさないかぎり、「増税」はできないのである。そのうえ、口利きによる、国からの特定自治体への直接支援はありえないという覚悟は、自治体の自治責任として当然であろう。

二〇〇〇年代での基本課題となっている国・自治体をふくめた全体としての財源再配分も自治体全体の財源自立をめざすためで、財務能力なき破綻自治体の個別救済にはならない。私の若いころからの友人、西寺雅也元多治見市長による自治体再構築の記録『自律自治体の形成・すべては財政危機との闘いからはじまった』(二〇〇八年、公人の友社)をみるとき、いかに日本における自治体・国の行政水準が低いかが、理解できるだろう。

二〇〇〇年代での、国をはじめ、市町村、県それぞれの巨大借金は、国また市町村、県いずれも前述の①法務、②財務、③数務について無自覚ないしオクレからきており、これまで国、自治体をふくめて当事者の政治家ないし長・議員、あるいは官僚・職員それぞれを無責任にしてしまっていたのである。このような論点を日本の市民に提起できなかった、政治家はもちろん、ジャーナリスト、理論家、学者の責任もおおきい。

とくに、日本の行政学者・財政学者は、②をめぐって収入論としての「財源論」と支出論としての「財務論」の区別すら、今日もできていない。したがって、人件費をふくめた原価計算、事業採算の手法開発、また事業別予算・決算の工夫もできずにいる。行政学者・財政学者いずれも、国また市町村、県への財源配分というマクロの財政と、個別施策のコストをめぐる財源のヤリクリというミクロの財務との、区別がなかったのである。

また、これまで自治体レベルではすでにおこなわれていたのだが、国レベルではようやく民主党新内閣の「事業仕分け」が、このムダづかいをめぐる財務の論点を、未熟ながらひろく私たちにあきらかにする。たしかに、この公開の事業仕分けは従来型の国をめぐる政治・行政また理論の低劣性を、はじめてするどくあばいた。

明治以来の市町村、戦後は県をふくめて、「機関委任事務」方式というかたちで、自治体の自己責任である、①法務、②財務、③数務について、みずからその独自創出・習熟訓練をおこなわず、結果として省庁官僚からの通達・補助金という裁量のママ、さらには全国画一、省庁縦割、時代錯誤という構造欠陥をもつ国法のママに動く、「考えない」膨大な自治体職員を、日本は官治・集権型の地方自治法のもとでつくりあげてしまったのである。この事態は、自治・分権の《市民政治》からみて、今後も長くとりかえせない、戦後日本の惨憺たる大損失というべきだろう。この点、拙著『自治体再構築』（二〇〇五年、公人の友社）、また法務をおもにとりあつかった私の近著『国会内閣制の基礎理論』（二〇〇九年、岩波書店）も、参照ください。

以上の①②③への無自覚の結果、二〇〇〇年代の日本は、敗戦時とおなじく、ふたたび、国、自治体双方で、かえせない規模をもつ総政府借金を無責任につみあげてしまっている。EU加入条件としてのGDPの〇・六倍を各国での政府総借金の許容水準とみなせば、日本は国・自治体あわせてGDPの一・五倍をはるかにこえる借金となった。国、自治体の総政府借金はすでに世界各国に超絶した額となっている。国の内外に政府が資産をもつとしても、これを公開し活性化しないかぎり「死産」にすぎないことも強調しておこう。

それゆえ、この超絶借金は、国、自治体のムダづかいにたいする、批判欠如という私たち市民の〈私文化〉型政治無能の帰結でもあることを考えたい。また、国の政治家・官僚の無責任、さらに①②③無視という行政技術の未熟の結果でもある。自治体も無責任な国の政治家ないし省庁官僚に安易に追従したという責任をもつ。

いわば、国、自治体をふくめて、官僚主導だった日本の政治・行政水準が低いことを、私たち市民は率直にみとめなければならない。のみならず、国の官僚、ついで自治体では県の職員は、最近は長命化からもきているのだが、定年後の再就職先の開拓と政策作成を混同してきたといってよいだろう。なかんずく、国の官僚はいわゆる天下り、そのワタリの制度化を強行し、既得権として市民からの税金を略取していく。

民主党が近年、国会で追及するまで、国の政治家は全体として、この市民にたいする政治責任すら、自覚もしていなかった。二〇〇九年、自民党から民主党への政権交代は、この文脈では不可欠だったのである。だが、各党おなじく不勉強かつ未熟な日本の政治家たちは、この政治家責任をになえるだろうか。

国からの誘導をともなう過剰借金という、日本のおおくの自治体における財政破綻の実態については、職員年齢の逆ピラミッドからくる退職金急増をふくめて、一九八〇年代から私はきびしく指摘してきた。だが、これまで、自治体は国と同型に、政治家、とくに自治体職員自体、さらにこの論点に責任のある政治学者また行政学者・財政学者をふくめ、市民誰にもわかるようなかたちでの、その財務現実について情報の整理・公開すらもしていなかったのである。また、自治体では本書一九〇頁に整理したような人件費負担の自治体間格差すらも、市民はもちろん、責任当事者の長・議員、さらに自治体職員自体にもかくされてきた。

そのうえ、もし、利率があがれば国、自治体の政府借金は複利でみるみるふくらんでいき、もし株価がさがれば市民の社会保障積立金はみるみる縮小することすら、最近まで実態にそくした情報で十分に公開されていなかったのである。

国についても、省庁の「埋蔵金」問題にみられるように、その資産・借金全体の総額・構造すら、私たち市民どころか、責任ある政治家、官僚自体にすらも、整理・公開できていないためわからないという、「亡国」のナサケナサである。「政権交代」では、事実二〇〇九年におきたのだが、これまで以上に奇々怪々な国のカネの動きがあらためて白日のもとにされ、国の従来型政治家の無能、おなじく官僚の劣化が、時スデニオソシというかたちであれ、市民たちのあらたなイカリをかうだろう。「政権交代」の意義は、(1)政策転換だけでなく、この(2)前政権ないし前責任者の無責任という〈公務員の犯罪〉について、その摘発による将来への抑止効果にもある。

今日の政治・行政の、このような実態についての情報がなければ、国、自治体の財務体質改革の戦略も、私たち市民はつくれないではないか。私たちは、明治国家について、かつて後進国日本の「進歩と発展」をめざしてもってきたような、国ないしその政治家・官僚、さらには官僚供給源の国立大学への幻想をもつことを、もうやめようではないか。日本全体の〈国家破産〉はすでに迫っているのである。

私たち市民は、あらためて、〈私〉にとじこもったかつての「私文化」発想にとどまりえず、市民参加・情報公開の手続の確立、さらに国家統治にかわる《市民自治》の原則による①法務、②財務、③数務をめぐって、私たち市民みずからにおける、その熟達の急務性を確認したい。とくに時代の変化のはやくなった都市型社会の二〇〇〇年代、構想・選択、予測・調整、組織・制御としての、政策・制度型思考のたえざる再構築こそが、市民それぞれ、ついで政府各レベルに、宿命として要請される（前掲拙著『政策型思考と政治』参照）。

国家＝官僚統治にマカセキルというかたちで、戦前以来の〈私文化〉にひたるという時代は、日本の市民にはすでに去ったのである。市民自治型訓練の熟度が市民文化の熟成とあいまって、時代の課題となっている。

＊

本書は、自治体関連の対談集としては二冊目である。一冊目は、一九八四年、有斐閣からだした『都市文化をデザインする』であった。明治憲法制定前後以来、自治体史の画期となる《二〇〇〇年分権改革》の準備となった、自治体改革の理論・実務の摸索をおこなっていたころである。当時は、なお、現代自治体・現代都市をめぐる戦略とくに文化については、なお日々模索状況にあった。

同書は、この摸索状況における、当時数少ない、自治体理論のパイオニアの方々との対談で、当時の問題意識が一覧できる。このため、その目次を資料としてかかげておく。

都市型社会における自治 ＋佐藤　竺（成蹊大学法学部教授）〔当時・以下同じ〕
都市再生へのデザイン ＋木原啓吉（朝日新聞編集委員、のち千葉大学教養部教授）
文化システムとしての緑 ＋田畑貞寿（千葉大学園芸学部助教授）
市民文化の可能性と社会教育 ＋小川利夫（名古屋大学教育学部教授）
市民文化と行政の文化化 ＋田村　明（横浜市技監、のち法政大学法学部教授）
転換期の行政イメージ ＋西尾　勝（東京大学法学部教授）

このほか、すでに一九五〇年代末、出発したばかりの市民活動の、東京における最初のセンターとなっていた「都政調査会」（本書[4]で詳述）の研究員だった鳴海正泰さん（のち飛鳥田横浜革新市政特別秘書、横浜市企画調整局専任主幹、関東学院大学教授）、同じく研究員だった菅原良長さん（のち島野仙台革新市政特別秘書、美濃部東京革新都政特別秘書。残念ながら早く亡くなられている）、また本書での対談者で朝日新聞に当時ようやく新設された自治体専門担当の論説委員・編集委員についた川島正英さんらをくわえて、市民型発想から出発する自治体改革理論での第一世代とよんでおこう。これらの方々は、専門ワクをこえて交流し、ひろく発言していた。

この「都政調査会」には、その後、「環境自治体会議」「市民立法機構」などをささえ、生活社を主宰する須田春海さん、また北海道大学教授に移り、おなじく北海道大学教授だった元神奈川県職員の森啓さんとともに、有名な『北海道地方自治土曜講座』を推進した神原勝さんもくわわっている。

第二世代は、本書[8]にものべたが、一九八七年に出発する「自治体学会」に結集する層である。自治体職員を中心に、ひろく市民活動、自治体理論の方々とともに、革新自治体登場以降、日本の自治体史にはじめて、幅広い裾野をもちはじめていく。そのころ、自治体議員は、国会議員も同型なのだが、まだ残念ながらムラ型発想の方々がおおく、二〇〇〇年代ごろまでは会員は少なかった。

この自治体学会は、その後、一九九〇年代ごろからの時代・思想の急変のため、新設・急増しはじめた大学自治体関連講座での、自治体職員出身の教授や講師の供給源となった。自治体関連講座では自治体での「体感」が不可欠のため、大学院コースからという既成ルートでの供給では無理だったのである。戦後日本の「社会・政治理論」における、明治以来の国家統治型の空論から、新しく市民自治型の実学への転換には、このような大学における教授選任方法での改革も不可欠だったというべきであろう。この自治体学会の初代代表委員には、田村明、西尾勝、塩見譲（元日本経済新聞編集委員）さんにお願いすることになった。

この自治体学会設立の経過と資料については、元神奈川県自治総合研究センター研究部長をへて北海道大学教授となった前述の森啓さんの『新自治体学入門』（二〇〇八年、時事通信社）にくわしい。この自治体学会発足時の状況については、また、鳴海正泰さんの対談「自治体学会設立で開いた扉」（『都市問題』二〇〇七年一一月号、東京市政調査会）がある。前掲拙著『現代政治＊発想と回想』所収の「自治体学会出発のころ」も、短文だがみていただきたい。

これ以前、一九七一年、東洋経済新報社の叢書「現代に生きる」第6巻『市民参加』を私は編集している。この本は、市民参加について、日本で最初の本となったこともあって「吉野作造賞」をうけたが、私の論考だけでなく、異例にも、この本の編集の仕方が受賞対象にふくまれた。日本では未知の、新しい問題領域がそこにあったからである。

この時期は、たしかに時代の画期であった。私が『思想』一九六一年五月号に、いまだ、市民活動の自立以前だったが、まとまったかたちでは最初となる「地域民主主義の課題と展望」を寄稿した。この号は、アクチュアルな編集をさけている『思想』（岩波書店刊）が、日本の地域・自治体問題を特集した、今日からみて最初で、最後の号でもあった。

この『思想』論文の一九六〇年前後では、日本における《市民活動》は、本書5にみたように出発しはじめてはいたが、いまだそのカタチをまとまってみせていなかった。それゆえ、本論考は、いわば過渡形態ともいえる、いわゆる高野（実・総評事務局長）路線からはじまるのだが、日本の労働組合が当時はじめたばかりの地域ぐるみ活動の問題点もふまえながら、私の独自視点から民主政治における〈地域〉の可能性・戦略性を立論した。しかし、この労働組合活動はその後の日本経済の高成長のなかで、太田・岩井路線つまり「社会主義協会」派というかたちで、残念にもふたたび企業内のモノトリ福祉にとじこもる「企業組合」に逆流してしまった。

この一九六〇年代からは、日本が大衆社会→都市型社会にはいっていく結果、労働組合とは別に、新しく当時の「市民運動」、その後にひろくいう《市民活動》が自立しはじめ、日本史上、最初にそのカタチをつくりだすことになる（本書5参照）。

一九七一年、以上を背景に、この『市民参加』を編集する機会をもった。私は日本における市民活動の歴史起点を整理しながらその位置設定をおしすすめたが、これ以前、市民について、すでに「都市型社会」での普遍性をもつ《現代規範人間型》としての理論定式をかたちづくっていた。『思想』一九六六年六月号の拙稿「市民的人間型の現代的可能性」（拙著『戦後政治の歴史と思想』第5章、一九九四年、ちくま学芸文庫所収）である。

今日の市民活動が出発する条件を、まず（Ⅰ）《工業化・民主化》という現代普遍文明軸におき（図9－4本書二〇三頁参照）、（Ⅱ）この文明軸がおしすすめる⑴ムラの崩壊、⑵人口のプロレタリア化、さらに社会での⒜余暇と⒝教養の増大という、《現代》としての「大衆社会」「工業社会」ないし「都市型社会」の構造特性を設定し、さらに（Ⅲ）「シビル・ミニマム」（図9－5本書二〇四頁。一九六五年、私が造語、前掲ちくま学芸文庫、第6章「シビル・ミニマムの提起」参照）の公共整備が不可欠となる生活課題の噴出においている。

ここから、一九世紀ヨーロッパ近代における〈階級〉としての資本家概念・労働者概念それぞれと、都市型社会の成立にもとづく「現代市民」との歴史位置のチガイ、ついで、古代地中海都市国家の市民、中世ヨーロッパ自由都市の市民、近代ヨーロッパの資本家市民との《人間型》のチガイも、明示することになる。《現代》市民概念の定式については、その後研究者たちから説得性ある新論点がでていないため、本稿が最初となる。もちろん、私の考え方への批判もいくつかでたが、《現代》＝都市型社会という構造問題を理解していないため、「市民」の位置づけをめぐる、その《現代》特性を理論化できないため、批判にはなっていなかった（本書⑨参照）。

また、欧米における《市民》をめぐる今日の理論状況は、幅広く活動しているカナダのキムリッカの大著『現代政治理論』（一九九〇年、第二版二〇〇二年、千葉眞・岡崎晴輝ほか訳、二〇〇五年、日本経済評論社）をみると、「現代」市民について先見性・予測性をもっていた日本の私たちよりも、たちおくれているようである。キムリッカは「一九七八年には、『政治理論家のあいだでシティズンシップの概念は時代遅れになってしまった』と自信を持ってのべることができたが、しかし一九九〇年までに、シティズンシップはいかなる政治的立場をとる政治思想家のあいだでも『流行語』となっていたのである」とのべている。キムリッカ自体も二〇〇二年の第二版で「第七章　シティズンシップ理論」をつけくわえたが、状況解説にとどまり、その理論構成は弱い。

＊

ここで、日本での市民参加を最初に理論として設定した、この編著の目次をみていただきたい。

〔1〕ルポルタージュ　現場からの報告

Ⅰ　人間不在の都市計画を告発する　国立　山崎愛子
Ⅱ　コンビナート反対闘争以後　三島　溝田豊治
Ⅲ　緑の故郷目指すコミュニティづくり　大阪　川島慶造
Ⅳ　はるかな展望をもつ地域文庫運動　町田　浪江虔
Ⅴ　私たちは誰にもたよらない　千里山　萩原保江
Ⅵ　企業都市「豊田市」からの報告　豊田　渡久地政司・小林収
Ⅶ　公害追放運動と市民運動　臼杵　真田宣州
Ⅷ　市民による自治体づくりの構想　横浜　飛鳥田一雄

〔2〕市民参加とその歴史的可能性　松下圭一

市民運動の新しい問題状況／転機にたつ日本の自治体／自発的人間型としての市民／市民的人間型の形成条件／国民の政治成熟と政治変容／自治体における市民参加／明治の理想を問う私たち市民

〔3〕シンポジウム

（Ⅰ）市民と自治体　鳥海志げ子
市民からみた自治体／市民運動の難しさ／市民運動の自立性　志賀寛子
／情報公開と市民／自治体機構と市民／市民参加の組織問題　鳴海正泰
　鈴木実
／取捨選択と専門知識／市民自治のイメージを　松下圭一

（Ⅱ）市民とは何か

市民概念の歴史的背景／市民のヨーロッパ的展開／共和政治の異質性／対話と裁判手続／市民的自由と政治的公共性／おみこし構造からの脱却

松本三之介
小松茂夫
木村尚三郎
松下圭一

資料『革新都市づくり綱領（案）シビル・ミニマム策定のために』全国革新市長会・一九七〇年一〇月

この一九七一年の『市民参加』の目次をみるとき、私の問題設定は、用語法をふくめて二〇〇〇年代の今日と異なっていないことをご理解いただけるだろう。そのころ、すでに、戦後の「労働運動」主導という考え方をとる時代は、日本全体として実質終わっていると、私は考えていた。

あらためて後述するが、政治の対立軸は、一九世紀階級闘争型ついで二〇世紀冷戦型の「資本主義対社会主義」、当時の日本国内での言葉でいえば「保守対革新」という二元対立の時代は終わって、あらたに政治対立軸は《国家統治対市民自治》に転換していく、と私は考えはじめていた。

戦後の自民党長期政官業複合をめぐって、半世紀ぶり、二〇〇九年の「政権交代」をうみだした自民党対民主党の政治対立軸の大ワクをすでに予測していたことになろう。なお、前掲近著『国会内閣制の基礎理論』はこの今日の政治対立軸を整序した論考をまとめている。

だが、あらためて、民主党はこの新しい《国家統治対市民自治》つまり官僚統治対市民政治という政治対立軸をふまえうるのか、きびしく問いたい。政治では、表面の政治争点の対立軸と別次元での深層では、政治家ないし政党は相互にその体質は、それぞれの時代で同型だからである。

＊

一九六〇年前後の出発時では「市民運動」とよばれていたのだが、その後私のいう《市民活動》の幅広い出発があり（本書5参照）、また市民活動を起点とする自治体改革の理論を最初に現実政治のカタチとして全国展開したのが、一九六三年の統一自治体選挙にはじまる革新市長主導の〈革新自治体〉の群生であった。

革新自治体は、自治体の首長制を制度基軸とし、日本の農村型社会から都市型社会への移行を背景に、当時ようやく登場してきた市民活動、また新しく登場する都市の「批判票・浮動票」を結集して、全国の市の三分の一規模、またいくつかの県で成立した（当時の自治体労働運動の動揺については本書8参照）。

革新市長会については本書4でのべたが、この革新市長会はその綱領文書としてシビル・ミニマムをかかげる『革新都市づくり綱領（案）』（本書七九頁以降、一六八頁以降、および二七八頁参照）を作成している。革新自治体はほぼ一九八〇年までつづくが、その後はあらたに登場しはじめた改革派保守市長・知事までふくむさまざまの〈先駆自治体〉にうけつがれていく。

この革新自治体の成立・展開、課題・成果については、松下圭一、鳴海正泰、神原勝、大矢野修の編集によるのだが、革新市長会・地方自治センター編『資料・革新自治体』（一九九〇年、日本評論社）、地方自治センター編『資料・続革新自治体』（一九九八年、日本評論社）がある。

また、当時の理論問題を自治体の現実の課題にそくしてくわしく整理したのに、鳴海正泰著『地方分権の思想・自治体改革の軌跡と展望』（一九九四年、学陽書房）がある。今日からみて、当時の自治体改革でのくわしい理論系譜をめぐる、ほぼ唯一の業績である。

二〇〇〇年代では、たしかに、「市民活動」はどこにいったのか、という問いもみられる。だが、今日では、あらゆる領域に市民活動は遍在し、「特別」ではなくなっているため、このような問いがでてくる。市民活動が日常化したのである。事実、今日のマスコミに登場するほとんどのニュースは、この市民活動が造出ないし関連しているといって過言ではない。

最近でみても、「当事者」市民から出発する原爆被災者問題、基地問題、北朝鮮拉致問題、薬害問題、また選挙区制問題、情報公開問題などはもちろん、建築基準、環境基準や食品基準などの策定、またその偽装への政策対応から、生活格差、労働条件、あるいは年金・医療・介護、また子ども・老人福祉、農林水産・産業・金融、環境・資源などの政策再編、また緑化、景観、スポーツ、芸術活動、雑学大学などをふくむ市民文化活動などな ど、市民生活領域すべてに、当然ながら市民活動をはじめ、その法制化としてのNPO、あるいはNGOがとりくみ、マスコミの増幅効果をともなっていく。

自治体、国、国際機構の政府決定のすべてが、今日では、市民活動ないし市民世論を前提としてはじめて、その決定理由をもちうるといってよい。大衆（マス）デモクラシーは同時に「市民デモクラシー」でもあるという循環は、現代民主政治の構造必然として、私は若き日から、たえずくりかえしのべてきた。

そのとき、社会分業の深化にともなう業界団体→圧力団体→外郭団体、その裏返しの労働組合というかたちでつづく、省庁主導の政治役割移転の切開手術は二〇〇〇年代の日本における急務だが、これらと異なる直接の個人当事者からはじまる市民活動では、人間としての相互共感を初心にもち、たえず〈普遍市民政治原理〉としての「市民規範」（図9－2本書二〇〇頁）「市民公準」（図9－3本書二〇〇頁）が引照され、その活動準則となっていく。

今日では、この市民の文化水準、情報水準に対比するとき、日本の政治・行政では、例外はあるとしても、二、三世議員が多くなったための政治家の幼稚化、また受験優等生からなる官僚・自治体職員の劣化、とくに政治家、官僚ともに「創意ある仕事をしたくない症候群」ともいうべき活力停滞も、自民党政官業複合の永続とあいまって、露呈してきた。この現状改革の突破口は、日本の戦後で実質最初の「政権交代」からあらたに、曲折しながらはじまるかもしれないが、政権交代があっても、国、県、市町村各レベルそれぞれでの政府・政治家のおおきな決断がないかぎり、いましばらくは明治以来の官僚統治という政治また文化の深層は変われないだろう。

ついで留意したいのは、老後は誰もが基礎自治体の市町村に見守られるのだが、今日もいまだにつづく日本のジャーナリストや理論家、学者、また政治家、官僚の「自治体無視」「国家観念崇拝」という、時代錯誤の思想深層構造である。彼らでは、〈職業〉からみて国レベルついで国際レベルでの発想がこれまで主流となるため、みずからの、あるいは家族の〈生活〉の拠点であり、それぞれ個性をもつ《地域》から出発する、政治ないし情報の多元・重層性が今日も見失われてしまう。

もちろん、私の自治体理論への出発のころであった一九六〇年前後は、自治体理論どころか、自治体問題自体が自立していなかった。戦前以来、「戦後改革」ののちも、自治体は明治からつづく「国家」つまり官僚機構に包括される「地方公共団体」にすぎず、「二〇〇〇年分権改革」まで、縦割省庁の裁量つまり恣意による通達・補助金に完全従属し、しかも二〇〇〇年代の今日もその惰性はつづく。二〇〇〇年分権改革で廃止となった「機関委任事務」方式がこれである。二〇〇〇年分権改革まで、市町村長、知事も、実質、市民の代表機構ではなく、国の「機関」つまり手足にすぎなかったことに注目しよう。戦後の「自治省」もそれゆえ、「官治省」の偽装だったのである。

国レベルのみに政治・行政、経済・文化を想定する日本の今日の思想家ないしその理論家について、私がなぜ明治国家型、あるいは「後進国」ないし「中進国」状況というのかという理由が、ここで御理解いただけるだろう。今日も、今は崩壊しつつある、いわゆる国家観念指向の〈私文化〉型知識人層からは、「生活・地域・自治体」という問題連関は無視されつづけ、彼らの官治・集権思考は市民性ないし日常性を喪失していた。その典型が前掲拙著『国会内閣制の基礎理論』で全面批判した、今日もつづく日本の大学における公務員養成用の「講壇法学」、また官僚の「官僚法学」である。

くわえて、日本では二〇〇〇年代でも、私たち市民個人の思考の自由すらも、国の〈制度〉としては、実質、許容されていないことに留意したい。もちろん、すでに現実は崩壊状況にあるが、旧内務官僚が戦後に文部省で制度化した、日本国憲法の対極にある「社会教育行政」制度の、今日もつづく驚くべきタテマエがこれである。私たち市民は主権市民ではなく、市町村、県、国からの「行政」による、「教育対象」ないし「行政対象」にすぎないというシクミが、社会教育→生涯学習、ついで〈公民館〉というかたちで、崩壊寸前だが二〇〇〇年代でもつづいている。拙著『社会教育の終焉』（一九八六年、筑摩書房、新版二〇〇三年、公人の友社）を参照ください。公民館からは無用のため自治体職員をなくし、市民管理・運営の「地域市民センター」に早急に改革したい。

この行政による市民への社会教育（生涯学習）とはまったく逆に、私は貧弱な地域景観など低劣な水準にとどまる、日本の官治型行政職員・官僚の発想改革、つまり市民型への「文化化」、ついで自治体が地域個性をかたちづくる「地域文化戦略」の構築を対置しつづけてきたのである。

「機関委任事務」方式の廃止という、『地方自治法』大改正にともなう《二〇〇〇年分権改革》後も、個別行政では、まだ官治・集権の明治国家の惰性はつづく。福沢諭吉が嘆いたオカミ崇拝が、政治家の幼稚化、省庁官僚の劣化する今日もつづき、私たちは自立した〈考える市民〉に成熟しきっていない。日本の市民の「悲しさ」である。

*

一九六〇年代からはじまるのだが、日本の都市型社会への移行につれて、当時、「市民運動」「革新自治体」が激発していった。その理由は、農村型社会原型の「ムラ+官僚統治」という政治・行政がつづき、明治以来の

〈絶対・無謬〉という、時代錯誤の国家崇拝が当時の思考の中核をしめていたからである。前掲拙著『国会内閣制の基礎理論』に収録した諸論考は、戦後の、しかも今日もつづく、日本の官僚法学、講壇法学での官治・集権型「思考構造」を析出している。

このため、都市型社会への移行がはじまる日本の一九六〇、七〇年代は、「市民活動」「自治体改革」、さらには「現代都市政策」についても、当時の政治家はもちろん、官僚、理論家、ジャーナリストの問題意識としても、まだ未熟であった。さらに、当時は「市民」という言葉の用法についても合意すらなかった。私のいう現代の「規範人間型」というよりも、かつてのブルジョア、あるいは行政単位である「市」の住民だから市民という水準での理解がひろがっていた。

この〔補論〕の最初にみた、国家観念に安住する〈私文化〉型知識人をふくめ、日本におけるこの市民未熟、つまり時代錯誤である私たちの〈私文化〉型という政治水準を反映していたため、そのころ急増する人口の「都市化」もスプロール化にすぎず、そこに都市・公害問題が噴出することになる。二〇〇〇年代の今日、誰もが承認する官治・集権型政治・行政における、政治家ついで省庁官僚・自治体職員への批判点は、すでにこの時点から顕在化していたのである。

首都の東京ですらも、一九六四年の東京オリンピックのころは、戦前の後藤新平など先駆者たちのわずかな都市づくり遺産をひきつぐものの、まだ現代都市「以前」の、巨大なムラのひろがりとして、ヌカルミ道がつづき、下水道もほとんどなかった。国道1号線も、まだ舗装は終わっていない。いわば、日本の都市では、当時の政治家・官僚、また知識人ないし「高級」思想家をふくめて、〈後進国〉状態での「市民以前」だったのである。

このような事態のなかで、一九六三年の統一自治体選挙にはじまる革新自治体の群生、ついで私も毎回出席したのだが、《都市づくり》をめざして「革新市長会」が発足する（前掲『資料・革新自治体』正・続参照）。一九六〇年における「自治体改革」という造語による私の理論提起以来、三年にして、革新首長の大量当選がはじまったのである（本書4参照）。革新首長の実態は私がくりかえしのべてきたように、「泥田の中の丹頂鶴」という状態だったとはいえ、明治以来、はじめての、しかも想像をこえる、《衝撃》がおきたのである。この《革新自治体》の大量登場は、当然、自治体理論をもたない当時の理論家、政治家などの想定外でもあった。

それだけ、国レベルの旧保守・旧革新の各政党ないし政治家、また官僚の時代錯誤ないし無為無策が露呈したといってよいだろう。〈国家〉崇拝にかたまる政治家、官僚、また知識人、ジャーナリスト、学者も、「都市型社会」ついで「市民運動」「自治体」に当時は〈無知〉で、当然、対応力をもたなかった。だからこそ、市民運動は激発し、革新自治体も日本の市の三分の一におよぶといわれるほどの群生をみたのである。

もちろん、革新自治体は、その後、理論・政策としては、都市型社会モデルの、前述した『革新都市づくり綱領（案）シビル・ミニマム策定のために』をかかげて、「市民参加による市民福祉」をめざすとともに、《現代都市政策》の構築にむけて日本での第一歩をふみだしていく（本書4参照）。

《市民福祉》としての社会保障、社会資本、社会保健（図9－5本書二〇四頁）という、現代市民生活の全域をめぐる、これらの総合としての《現代都市政策》については、私は市民の生活権（憲法二五条）としての「シビル・ミニマム」の空間システム化と定義しなおしていた。当時、国では省庁縦割の旧内務省・新建設省の土木政策しかなかったのだが、この革新自治体主導で長期・総合の〈自治体計画〉（本書4参照）から出発する「現代都市政策」が自立しはじめるのである（拙著『シビル・ミニマムの思想』一九七一年、東京大学出版会参照）。

革新自治体は、従来のバラマキ型の保守自治体にたいしてはもちろん、さらに国の省庁官僚における農村型社会モデルの縦割バラバラ政策にたいして、〈市民参加〉による長期・総合の「自治体計画」の策定を提起して、一八〇度、政策発想の転換をめざしていく。これにたいして、自治省官僚は地方自治法への「基本構想」の導入をめざすが、その考え方は国の縦割バラバラの省庁計画を自治体計画の上位に位置づけるため、革新自治体の考え方の対極をなし、自治省官僚の官治・集権発想をしめすことになる（本書6参照）。

長期・総合計画によるシビル・ミニマムの公共整備をかかげる革新自治体にたいする「バラマキ福祉」という批判は、全体としてみるとき、都市型社会についての対応力のない国家統治型理論家ないし石頭の官僚、政治家の無力感による妄想、あるいは革新自治体ツブシの謀略だったのである。

前掲『資料・革新自治体』（正・続）の目次をみていただくと、そこには都市型社会に必然となる新型の幅広い政策領域を模索しながらきりひらいて、今日につづくことが理解できる。事実、当時、全国規模でとくにタチオクレていた緑化について主導権をとったのは武蔵野市、また下水道設置の主導権をにぎっていたのも三鷹市、また都市計画でも横浜市をはじめとする革新自治体であった。革新自治体はバラマキ福祉だったというかたちで、歴史は偽造されてはならない。

一九七一年には、武蔵野市民だった私は、おなじく武蔵野市民の佐藤竺さんらとともに、またのちにはおなじく武蔵野市民の西尾勝さんもくわわり、「市民参加」の武蔵野市方式をつくりだして著名となった、長期・総合の《自治体計画》の策定委員、またその後緑化市民委員会委員長になって実務、つまり市民行政にもなっていく。このシゴトは、今日からみて、私にとっても画期と考えている。その問題性と実効性については、拙著『自治体は変わるか』（一九九七年、岩波新書）所収の「回想の武蔵野市計画」にまとめている。

また、横浜、京都、神戸、金沢などをはじめ、おおくの革新市長さんたちと、都市型社会の新課題領域について、当時まだ国の省庁、また自治体も手つかず、あるいは未熟だったのだが、基礎自治体から出発する緑化、下水道、ついでひろく公害をふくむ環境、さらに福祉、教育などとともに、これらのシビル・ミニマム計画の策定手法などについても話しあった、個人懇談がおもいだされる。これらの先駆革新自治体では、福祉、環境、下水道、緑化また景観の整備は、国の具体政策立案以前だったが、たしかに加速をみていった。

その後も私は、ほぼ七〇歳ごろまで、全国のおおくの地域あるいは自治体を機会あるごとに毎週のように訪れてきた。その折、また種々の御教示もいただいている。私の考え方は、研究室からではなく、自らの足でかたちづくってきた。御教示いただいた市民の方々、自治体の方々に、あらためて御礼申しあげる。

＊

私の一連のつながりをもつ、「市民活動」「自治体改革」「現代都市政策」「シビル・ミニマム」、ついで「市民自治」「市民文化」「自治・分権」などという、これまで日本でも未知だった新しい問題・理論領域は、とくに首都東京のため影響力のつよかった美濃部革新都政における『広場（市民参加）と青空（シビル・ミニマム）の東京構想（案）』（一九七一年）というかたちでの具体展開となっていく（本書4参照）。

これらの戦略構築ないし理論構成をへながら、ようやく、（1）いまだ農村型社会モデルにとどまっていた当時の大学、大学院の理論ないしカリキュラムを「都市型社会モデル」に転換させるとともに、その後さらに、（2）明治以来の国家観念崇拝だった「国家統治」論にかわる、市民主導の《運動・組織》論、《政策・制度》論の理論大ワクを、私はかたちづくっていく。当然ながら、いわゆる「都市計画」論も旧内務省系の土木事業型から、「シビル・ミニマムの空間システム化」と再定義し、総合性をもつ「自治体計画」、さらに市民参加型へと再編していった。二〇〇〇年代では、官僚をもふくめて誰もがひろく認める《現代》における政治・行政の考え方を、当時すでにかたちづくってきたのである。

この「政治主体」の市民が主導し、ついで自治体を「制度主体」とする新理論構築に対抗して、その反転攻勢をはかったのが、国の建設官僚がかたちづくった、自民党の『都市政策大綱』（一九六八年）ないし自民党政府の

『新全国総合開発計画』（一九六九年）、ついでその総集が田中角栄首相の有名な『日本列島改造論』（一九七二年）であった。

これらへの批判が、拙稿「田中内閣論」（『中央公論』一九七二年九月号、拙著『昭和後期の争点と政治』一九八八年、木鐸社所収）である。私は国土計画の分権型構成の不可欠性を中軸にのべたが、その後、国も私の批判・予測のように、国土計画自体の廃止まで、作文にとどまるにせよ、その後自治体参加の手続が不可欠という発想をとるよう、追いこまれていった。

この『日本列島改造論』はただちに土地インフレをおこして破綻したが、これらにえがかれた日本地図上のいわゆる「線」は、その後官僚主導型公共事業の肥大ないしムダの遠因をなし、ついに二〇〇〇年代、日本を借金大国にしてしまった。つまり、この官僚土木の思考系譜は、その後、自治体をもまきこみながら、自民党政官業複合の政策原型をかたちづくり、中進国型の巨大な「公共事業費」をつみあげていく。日本一国で全ヨーロッパ諸国の公共事業費をこえると、当時いわれていたのである。日本が〈土建国家〉と批判された理由である。この論点については、高成長期全体にわたる幅広い視野から、土山希美枝著『高度成長期「都市政策」の政治過程』（二〇〇七年、日本評論社）がきびしくまとめている。

くりかえすが、この〈土建国家〉はついにバブルをひきおこし、このバブル後のデフレ対策とあいまって、前述したように二〇〇〇年代には、国際比較で超絶した政府借金をさらにつみあげ、日本は国をはじめ、また自治体の政府責任を強く自覚していた「少数」の自治体をのぞく、おおくの国依存自治体ともに、「財政破綻」となる。だが、そこに不可欠の省庁・自治体再編ないし行政・財政改革は、情報の整理・公開なき、(1)官僚のムダづかいによる政策・制度肥大、(2)省庁ポケットマネーとなった「特別会計」肥大、(3)天下りさらにワタリのための省庁外郭組織肥大というかたちをとる、官僚内閣制型の三重の伏線によって、妨害されていく。

ここから、《日本再構築》は、国における「政権交代」による自民党政官業複合の解体によってはじめて可能性がでてくるという理解が日本の市民にひろがり、ついに半世紀にわたる自民党政府の崩壊となった。そこでは、省庁官僚を組織・制御する市民型政治家による、たえざる政策・制度、また法務・財務の改革にむけての決断がまたれる。だが、日本の政治家はひろく、この課題にふさわしい市民型の品性・力量と熟度をもつのだろうか。

＊

まず、戦後もつづく明治国家以来の政治・行政、また政策・制度、さらに思考・理論について、「官治・集権型」から「自治・分権型」へというかたちでのその再編を、私は「国家（官僚）統治」から「市民自治」への思考軸の転換というかたちで、その理論化をおしすすめてきた。その理論出発が前掲の一九七三年「市民参加と法学的思考」であった。日本でようやく、前述した「市民活動」が多元・重層性をもって、全国の各地で自立しはじめたころであった。

それ以前の一九七一年、拙著『都市政策を考える』（岩波新書）は、今日からみれば試行のため、こなれた文体になっていないが、市民活動と自治体改革・現代都市政策とをむすぶ、日本で最初の本となった。

これをひきついで、一九七二年、伊東光晴、篠原一、松下圭一、宮本憲一編集による岩波講座『現代都市政策』（全一二巻）は、現代都市政策を市民主体の自治体計画から出発し、「シビル・ミニマムの空間システム化」として位置づける画期性をもった。

いずれも、明治以来、官僚統治型の土木・建築＋公衆衛生、つまり旧内務省系官治行政のヨセアツメである旧型都市政策発想を打破して、農村をも今日型の生活様式をもつ都市と位置づけ、「市民参加」によるシビル・ミニマム（憲法二五条〔生活権〕を想起。今日でいうセーフティ・ネット）の空間システム化としての「地域づくり」

という、《現代都市政策》についての市民常識をつくりあげた。若い世代の方々には、ぜひ、この〈思考転換〉の意義を理解していただきたいとおもう。

つまり、〈農村型社会〉の「国家統治」から、〈都市型社会〉での「市民自治」へという、思考革命を日本の政治・行政理論にくりひろげて、この講座は画期となった。このため、当時は新鮮な知的活力を結集することができたため、おおきな影響をもった。

そのうえ、いわゆる「冷戦」の終わる一九九〇年代以前だったが、一九六〇年前後から、私は「資本主義・社会主義を問わず」、あるいは「保守・革新をこえて」というかたちで、「工業化・民主化」という〈現代〉の《普遍文明軸》を設定していた。ここから、戦前から戦後にかけて、ひろく日本の思想・理論を条件づけていた、農村型社会を前提として、「一元・統一」をめざす〈国家主権〉、ついで国家をめぐる資本主義・社会主義という「二元・対立」の〈階級闘争〉という思考からの脱却をも、当時訴えていた。

市民活動の起点となる都市型社会を原型に、私は日本の社会理論を新しく〈分節型〉への再編、つまり「多元・重層」の「市民政治」をめざして考えていき、やがて「冷戦」の終わりをむかえることになる。この私の理論構成のマトメが、次頁別掲の**図1、2**である。新しい時代は新しい理論を必要とする。この**図1、2**は普遍性をもって、後・中進国にもひろくあてはまる。

本書の中心論点となっている《二〇〇〇年分権改革》は、ようやく、明治国家以来、戦後も半世紀つづく、官治・集権型の政治・行政をかたちづくった「機関委任事務」方式の廃止という画期をつくりあげることになる。この分権改革後の自治体課題については、市民参加・自治体改革をかかげた、前述一九七二年の岩波講座をひきつぐのだが、おなじく岩波講座『自治体の構想』(全五巻)を、二〇〇二年、松下圭一、西尾勝、新藤宗幸編でまとめていく。

図1　歴史構造の理論展望

伝統段階	近代化過渡段階			現代《市民政治》段階	
	I型	II型	III型		
支配の継続 (原基政策)	政府の構築 (絶対国家)	国富の拡大 (経済国家)	生活権保障 (福祉国家)	政治スタイルの転換	世界共通課題
貢納・徴税政策 ＋ 治安・軍事政策	国内統一政策	経済成長政策	福祉政策 都市政策 環境政策	分権化 国際化 文化化	国際人権　核危機 南北調整　＋　侵略 環境保全　テロ
伝統政治理論	一元・統一型理論構成 (国家主権)	二元・対立型理論構成 (階級闘争)	多元・重層型理論構成 (大衆政治)	多元・重層型分節政治理論	

歴史的展開 ――――――――――――――――――→ 現代的累積

←―――――――――――――――――――――――― 現代的再編

図2　国家による政治・経済・社会の再編

近代化I型	政治の再編(初　期　産業革命)	共同体・身分	→ 国家の一元・統一権力造出
近代化II型	経済の再編(第一次産業革命)	農業主導	→ 工業主導の国民経済形成
近代化III型	社会の再編(第二次産業革命)	共同体扶助	→ シビル・ミニマムの公共整備

なお、この「二〇〇〇年分権改革」の画期性については、いまだに、戦前型国家観念を脱却できていない、学者、ジャーナリスト、あるいは政治家、法曹、経営者、とくに既成発想が根強くのこる自治体、省庁の職員・官僚をふくめて、ほぼ一〇年後の今日も理解されていないといってよいだろう。古代律令政治以来、明治国家をへて今日までつづく日本の官治・集権発想つまりオカミ崇拝の現実がこれである。自治・分権発想による《市民政治》の熟成には、二〇〇九年の「政権交代」があっても、まだまだ時間がかかる。

むしろ、《市民政治》による多元・重層の分節社会を理解できていないマス・メディアの相乗効果が煽る「マス・デモクラシー＝マス・ナショナリズム」としてのポピュリズム劇場政治こそが、日本における「現代政治」の病理をしめすことになる。そのうえ、現在、個別権限・財源の分権化をめざす第二次分権改革というかたちで、自治・分権への次の突破口の摸索がめざされているが、いまも時代錯誤の既得権をかかえる省庁官僚、またどの党にもいる既成発想の旧型政治家による抵抗はつよい。自治体自体すらもその多くは、いまだ「自治・分権」を理解していない。

たしかに、二〇〇〇年代の日本は、明治国家以来の官僚主導による官治・集権型の「進歩と発展」段階をすでに終わっている。政治発生源の多元・重層化をおしすすめる自治・分権型ないし分節型の《市民政治》をきずきあげないかぎり、日本は⑴政権交代の成果もなく、また⑵巨大借金の加重によって、官治・集権型の中進国状況のまま、「没落と焦燥」の時代にはいっていくとみるべきだろう。

「市民文化」の熟成からくる「成熟と洗練」という先進国型の《市民政治》を、日本ははたしてきずきうるのだろうか。この問いこそが、二〇〇〇年代、私たち市民への基本の問いとなっている。そこでは、《官僚内閣制》を批判した前掲拙著『国会内閣制の基礎理論』でものべたが、（Ⅰ）「都市型社会」の成立による、分権化・国際化をともなう〈市民活動〉の成熟を土台とし、（Ⅱ）〈自治体改革〉を起点においた、（Ⅲ）国の政治の「官僚内閣制」から〈国会内閣制〉への転換との連動が急務となっている。私は、くりかえし、くりかえし、この（Ⅰ）（Ⅱ）（Ⅲ）それぞれの課題の連動を強調したい。これがまた、若き日から「戦後民主主義」の〈表層性・表見性〉を批判してきた、《市民政治》にむけての私の理論課題であった。

*

今日からふりかえるとき、日本の「戦後理論」「戦後思想」、あるいは同時代人たちにたいして、またひろく今日では地球規模のひろがりで、私が提起した課題をあらためて整理すれば、次の論点だったと思われる。

まず、《現代》をめぐる理論座標軸として、一九五〇年代から構想した《大衆社会》→都市型社会というかたちでの、工業化・民主化という現代普遍文明軸の設定からの出発である。

（1）工業化については、地球規模での東西・南北をつらぬく、また情報革命をもふくむ、今日の「普遍工業原理」、（2）民主化についても、個人自由、市民主権、立憲政治、今日ではこれにくわえて政治発生源の多元・重層化＋抵抗権をふくめる「普遍民主原理」と位置づける（図9－4本書二〇三頁参照）。

前述したように、一九九〇年代の「冷戦の終わり」以前の一九六〇年前後から、「資本主義・社会主義」「保守・革新」を「問わず」というかたちで、私はそのいずれをも相対化し、この二元対立をのりこえる、工業化・民主化を普遍文明軸として設定してきた。そのとき、日本の今日的状況は、この普遍文明軸の熟度からみれば、いまだに「市民政治」形成以前の《中進国》状況にとどまることになる。事実、(1)政権交代なき、(2)「官僚内閣制」の持続としての自民党永続政権がほぼ戦後半世紀つづいた、戦後日本の官治・集権政治は、〈中進国政治〉と誰もがみとめざるをえないだろう。

以上の立論について、その理解のための、私の問題設定をあげておきたい。

(1) 〈近代・現代二段階論〉（前掲拙著『現代政治＊発想と回想』参照）を定式化して（図1本書二九〇頁）、都市型社会における現代都市、現代市民、さらに現代市民政治の構造特性についての構想

(2) 明治国家型のムラ＋官僚統治という、農村型社会を原型にもつ日本の戦後政治をめぐり、いわゆる「戦後民主主義」の「表見性・表層性」を批判して、その突破戦略としての〈自治体改革〉〈国会内閣制〉を提示

(3) 社会・政治理論をめぐっては、「スナップ写真」に似た実証・検証どまりから脱却して、歴史に構造変化を透視する《歴史・構造》論理の構築をめざすとともに（とくに拙著『現代政治の条件』一九五九年、中央公論社、『転型期日本の政治と文化』二〇〇五年、岩波書店）、日本では今日も理論フロンティアである〈運動論・組織論〉（とくに拙著『市民文化は可能か』一九八五年、岩波書店、『戦後政党の発想と文脈』二〇〇四年、

東京大学出版会〉、ついで〈政策論・制度論〉（とくに拙著『政策型思考と政治』一九九一年、東京大学出版会、『国会内閣制の基礎理論』二〇〇九年、岩波書店）という新問題領域の開拓。

この(1)(2)(3)は、日本における社会・政治理論の生産性・実効性をたかめるための私の模索・試行であったが、また日本での今日の戦略論点でもある。はたして、日本の私たちは、都市型社会にふさわしい、分権化・国際化をともなう、多元・重層の《市民政治》を、その理論とともに熟成できるだろうか。

＊

二〇〇九年八月三〇日、衆議院総選挙で、民主党は三〇八議席という圧勝となり、戦後五〇年余はじめて本格の〈政権交代〉となった。今回成立した民主党政権は、拙著『国会内閣制の基礎理論』（二〇〇九年、岩波書店）にのせたのだが、一九九六年に提起した「国会内閣制」の規範論理の方向を今日のところめざしているようにみえる。

だが、やがて明治以来の「官僚内閣制」のなかで育ってきた官僚たちの反撃ないしサボリもでるだろう。間接占領のため戦後も破壊されなかった戦前以来の官僚内閣制型官僚統治の系譜は短時間では変わらず、日本再構築には急務である、基本の［1］市民型行政再編をめざす公務員制度の抜本改革、［2］市民型財政再建をめざす税制・財政の本格改革をめぐって、まず民主党が政治力量をしめさないかぎり、今後も官僚統治の系譜は実質つづく。

くわえて、民主党にも、日本の政治家の多くにみられる世襲系のボッチャン政治家もおり、また旧型の「政治とカネ」とくに労働組合をふくむ圧力団体との関係についても整理ができていないだけでなく、市民型新法制・新準則をつくるという自覚も弱い。各党の日本の政治家たちに市民型の政治熟達はありうるのだろうか。

自民党永続政権崩壊の背景には、①日本の農村型社会から都市型社会への移行にともなう「市民政治」段階の成立、②国、自治体の財政破綻によるバラマキ財源の消失、これにともなう業界団体（労働組合もふくむ）↓圧力団体↓外郭団体の底抜け・老化、くわえて③生活格差の拡大となった小泉内閣以降の政策再編の失敗、④市町村大合併強行による、無所属保守をふくむ自民党系市町村議員、つまり地域保守活動家層の大量消滅による選挙活力の減退、⑤自民党国会議員の世襲肥大、長年の官僚依存、与党ボケ、⑥自民党政権をささえた省庁官僚における、今日の行政劣化と身分特権による〈官僚内閣制〉の政治破綻、などをあげることができよう。ここから、今後、自民党は従来型の組織特権をうしない、他党と同位となる。

私が本書にのべた、日本の社会・政治の官治・集権型から自治・分権型への構造転換をめぐって、民主党新政権の政治熟度、とくに政権党として不可欠の法務・財務・数務能力については未知だが、与野党をふくめて官僚内閣制の残像がつづくため、官治型発想をもつ多くの日本の政治家が政治の深層を変えるには、これから時間がかかる。とくに、官僚法学、講壇法学の解体には世代交代が必要なため一世代つまり三〇年は必要となる。また私たち市民自体については、いずれの与野党をもたえず批判がでる六〇点どまりで、一〇〇点はありえないとみなして、各政党を「冷たくみる」とともに、参加型市民熟度も必要となる。こうして、はじめて、国会は官僚原案による「閣法」中心の〈官僚内閣制〉型運用ではなく、各党の討論集約としての「国会立法」が中心となる《国会内閣制》に移行できる。つまり、ようやく国会内閣制型の政治家訓練のはじまりとなる。

自治体をめぐる本書の関連でいえば、民主党のいう「地域主権」については、今日もつづく政治家における自治体理論の未熟もあって、地域における、Ⅰ市民活動、Ⅱ団体・企業圧力、またⅢ自治体として相互に緊張・対立する市町村・県、さらにⅣ国の官治・集権型シクミ、Ⅴ国際機構の世界政策基準という、五層のあいだでの政策・制度複合をめぐる諸論点が整理されないまま、いまだにスローガンないし思いつきとして、つかわれているのみということを指摘しておこう。地域ないし自治体についての経験・理論の熟度を、日本の各党とおなじく民主党もまだもたないのである。ただ、民主党はようやく基礎自治体としての市町村からの出発に目覚めはじめて、ムダな道州制論議から離脱したようにみえる。本書1に整理したような理由で、当然であろう。

自治体改革では、⑴官治・集権型から自治・分権型への国の法制・財政の抜本再編をめざしたたえざる改革、⑵閉鎖・身分型から開放・市民型への国、自治体における公務員制度の大改革、これとともに、出向、天下りをともなう国、自治体の地方支分組織、外郭組織の整理・廃止を加速するとともに、さしあたりは⑶戦前からつづく県幹部職への大量出向官僚（総務省報道資料『国と地方公共団体との間の人事交流状況』二〇一〇年一月二九日参照）の総引き揚げの早期断行が課題となる。この⑶に早急にとりくめないとき、県は戦前型官治・集権のトリデという性格は今日も変わらないため、民主党の「地域主権」論は空文と断言しておこう。この⑶では、当然、各省庁も縮減するが、とくに総務省での特権官僚の新採減、定員減となる。なお、⑷として、知事会など地方六団体職員幹部について総務省人事の排除は当然である。民主党は《自治体改革》にむけたこの基本決断をなしうるのだろうか。

明治以来、近代日本の政治原型は《①ムラ＋②官僚組織》であった。この原型解体をめざした市町村・県の（1）自治体改革は、（2）国会内閣制の構築とともに、日本の市民の基本戦略課題なのである。

＊

本書の編集にあたっては、章名の変更（原題は各章の末尾に明記）のほか、私の発言については発表時の文脈の枠内で文意を明確にするため手をいれている。また発表時以後の新論点については、（本書追記）としてつけくわえた。寛恕をお願いしたい。

表紙カバーの装画は、妻黄沙の筆による。もちろん、意図してかかれたわけではないが、私は寓意として、これまで、いわゆる「権力」といわれてきた各政府レベルの権限・財源のあり方、つまり政治ついで行政のシクミについて、これらは市民の「信託」による市民の道具にすぎず、「下から」つまり各地域から市民の目でみるほうが、このシクミをよく透視できることをしめすために選んでいる。

私は一九六〇年前後の三〇歳ごろから二〇〇〇年代まで、機会をえて日本各地の市民活動の方々や自治体の方々との議論のなかで、自治体についての私の考えをまとめてきた。後進国段階の明治以降、中進国段階の戦後も、日本の知識人たちは政治学・法学はもちろん、経済学、社会学をふくめてひろく「国家理論家」であった。このため、私は先進国段階としての市民政治・市民文化の「成熟と洗練」をめぐって、絶対・無謬をかかげてきた国家「観念」の打破、さらに自治体、国、国際機構への政府の三分化を整理し、市民生活の土台である地域からの出発をくりかえし、くりかえし、のべつづけてきた。人は大地の水と緑に生きるとは、人類の始原はもちろん、農村型社会、ついで都市型社会もおなじである。

最後になったが、出版事情がきびしい今日、法政大学出版局、とくに格段の配慮をいただいた編集代表秋田公士さんに厚く御礼申しあげたい。

二〇一〇年五月

松下圭一

編著者

松下圭一（まつした　けいいち）

1929年福井県に生まれる．法政大学名誉教授．元日本政治学会理事長，元日本公共政策学会会長．

著書：『市民政治理論の形成』『現代政治の条件』『現代日本の政治的構成』『戦後民主主義の展望』『現代政治学』『シビル・ミニマムの思想』『都市政策を考える』『現代婦人問題入門（編）』『市民参加（編）』『市民自治の憲法理論』『新政治考』『職員参加（編）』『市民自治の政策構想』『都市文化をデザインする（編）』『市民文化は可能か』『社会教育の終焉』『ロック「市民政府論」を読む』『自治体の国際政策（編）』『都市型社会の自治』『昭和後期の争点と政治』『政策型思考と政治』『戦後政治の歴史と思想』『現代政治の基礎理論』『日本の自治・分権』『政治・行政の考え方』『自治体は変わるか』『都市型社会と防衛論争』『戦後政党の発想と文脈』『自治体再構築』『転型期日本の政治と文化』『現代政治＊発想と回想』『国会内閣制の基礎理論』『自治体改革＊歴史と対話（本書）』など．

自治体改革＊歴史と対話

2010年 8 月27日　初版第 1 刷発行

編著者　松　下　圭　一

発行所　財団法人　法政大学出版局

〒 102-0073 東京都千代田区九段北 3-2-7
電話 03-5214-5540／振替 00160-6-95814

整版・印刷：三和印刷　製本：ベル製本

ISBN 978-4-588-62522-0